JN190086

日経連の賃金政策

の

賃金政策

定期昇給の系譜

田中恒行[著]

Wage Policy of
Japan Federation of Employers' Associations (NIKKEIREN)

晃洋書房

はしがき

　現在，「労働問題」が改めて脚光を浴びている.

　その端緒となったのは，安倍政権による「働き方改革」の推進である．政府が率先して労働者の働き方を変えていこうとする試みは，企業の国際競争力を強化するための「生産性向上」と結びつくとの説明がなされている．しかしながら，政府が提示している政策の実現を通じて目指すべき社会の具体像が明確に示されているとは言いがたい.

　「労働」は「教育」と同様に，国民は誰もが経験していることなので，共通の話題として議論しやすい．しかしそうであるがゆえに，個人の思い込みや偏見，またそれぞれの人々の立場などが影響して，ともすれば客観的な議論が難しくなることも間々見受けられる．「働き方」に関する議論が百花繚乱となり，時として混乱することは避けられないことかもしれない.

　かつてこの国には，日経連（日本経営者団体連盟）という組織が存在した．1948年から2002年まで活動した日経連については，もはや人々の記憶の彼方という感もある．日経連を主導した経営者である「櫻田武」の名前を知らない若手経営学者も最近では少なくない.

　労働問題，もしくは労使関係の行方が日本の命運を左右するという時代に日経連は誕生し，「労使（関係）は社会の安定帯」との信念の下，数多くの経営者が日経連の活動に参画し，労使関係，ひいては日本社会の安定を導いてきた．同時に日経連は労働問題に関する数多くの提言を公表し，世論をリードする役割を果たしてきた．多くの企業は日経連の主張に賛同し，それを取り入れ，具体的な政策にすべく努力をしてきた.

　本書は各方面に渡る日経連の主張・提言の中から，賃金，なかでも日本の賃金決定において中心的な役割を果たしてきた定期昇給に焦点を当て，日本の経営者が日本の賃金についていかなる考えを持ってきたのかを探ることを目的としている．賃金をテーマとした理由は，それが今日においても最も論議を呼ぶ

労働条件であることからである．日経連に着目した理由は3つある．第一に時代の「代表性」，第二に団体としての「一貫性」，第三に提言の「具体性」である．日本の賃金について取り上げてきた研究は数多くあるが，経営者の立場を代表して一貫して具体的な主張を展開してきた日経連の提言を時系列に検討した研究は未だ存在しない．本書はその空白を埋めることを目的としている．日経連は2002年に消滅したが，歴史の流れが現代にも通じていることを示すために，経団連と日経連とが統合して発足した日本経団連（日本経済団体連合会）の活動についても，2012年まで触れている．

　日経連による賃金の歴史を振り返って改めて感じるのは，過去70年あまりの間で提起された諸課題は決して「過ぎ去った話」ではないことである．それどころか，労働問題に改めて注目が集まる中，新たな光を浴びて現代的な色彩を放ちつつ，我々に問いかけてくるかのようである．「働き方改革」の議論には国際比較も重要だが，まずは日本で起こってきた歴史に目を向けた上で，解決策を考えることが求められるのではないかと考える．本書を世に送り出すのは，そのような問題意識によるものである．

目　　次

序　章　日本の賃金制度を
　　　　支配してきた定期昇給

1．なぜ賃金は「上がり続ける」のか，という疑問

　かつて高度成長時代を享受した1960年代から70年代前半までの日本は，「ベース・アップ」と呼ばれる賃金水準の上昇が毎年10％を越える水準で推移していた．その分物価も上昇してはいたが，多くの勤務労働者（いわゆるサラリーマン）は，毎年の大幅な賃金上昇を享受していた．

　一方で90年代に入ると，「ベース・アップ」はほとんどなくなり，現代では多くの勤務労働者については，いくつかの高度な専門職種を除いては，賃金が大幅に上昇していくことは見られない．しかし給与明細を見れば，ほとんどの勤務労働者（ここでは主としていわゆる正社員を指す）の賃金は毎年「上がっている」のである．

　賃金を毎年上げている仕組みが，定期昇給制度である．日本の勤務労働者は，大幅ではなくても「毎年賃金が上がる」ことを当然と思っているが，定期昇給制度は世界的に見ても珍しい制度であると言われている．

　「賃金が毎年上がる」制度がなぜ日本の勤務労働者に定着しているのか．この問題は，日本の賃金制度を考える上で重要な問題であるが，これまであまり突き詰めて考えられたことはなかった．その理由としては，日本の賃金研究は従来から職務給，職能給，成果給といった「賃金形態」への関心が強いこと，

定期昇給制度は「空気が存在すること」と同じくらいにそもそも当然視されていたことなどが挙げられる.

　しかし最近の経営をめぐる環境（特に国際競争の激化，少子高齢化による従業員の年齢構成の高齢化など）は，当然視されていた定期昇給制度に対しても改革を迫っている.「賃金は毎年上がるわけではない」と公言する企業も最近では珍しくなくなった.

　しかし，戦後から定着してきた定期昇給制度が，簡単に消滅するとも思えない. 結論を先に言えば，定期昇給制度こそが，日本の賃金制度の根幹であったし，それは今後も変わることはない. しかしそのことをきちんと説明するためには，客観的な証拠に基づいた議論が必要となる. それこそが本書が執筆された理由である.

　本書は，「空気のように意識されていない」定期昇給制度が，なぜ日本の賃金制度の根底において存続し続けてきたのか，それが職務給，職能給，成果給といった「賃金形態」にいかに影響を与え，日本の賃金制度を「支配」し続けてきたかを論じることを目的としている. 本書の「学術的な事項」に当面ご関心のない方は，「物語」が始まる第2章から読み始めれることをお勧めする.「物語」を読み終えた後で序章，第1章を読んで頂ければ，私が本書で意図したことをご理解頂けるのではないかと期待する次第である. それぞれの時代の資料や活躍した人々の証言を通じて，人々が定期昇給制度を中心とした賃金制度をいかに語り，いかなる方向に向けていこうとしたのかという「時代の息吹」を，本書を通じて感じて頂ければ，筆者にとってはせめてもの幸いである.

（1）なぜ定期昇給に焦点を当てるのか

　定期昇給は，遡れば太平洋戦争前にその起源を求められる. 戦前は主として職員の賃金決定の手法として，戦後は労働側によるベース・アップ要求に対抗する賃金決定の手法として経営側から提示され，日本的慣行の特徴の一つとされるいわゆる「年功賃金」において，重要な役割を果たしてきた.

　「定期昇給」はさまざまな定義が付与されているが,「毎年一定の時期を定め，その会社の昇給制度に従って行われる昇給のこと」（日本経団連出版編『人事労務

用語辞典』第7版，285頁）という意味は，概ね共有されている．

　戦後，定期昇給が経営側から推奨されるようになってから50年以上が経過している．近年，経済活動のグローバル化の進展が進み，企業をめぐる内外の環境が大きく変わったにも関わらず，定期昇給制度は未だ消滅する気配はない．

　定期昇給については，これまでさまざまな研究や文献が公表されているが，定期昇給に関して，戦後から時系列に研究してきたものはほとんど存在しない．その理由は，定期昇給は賃金の中で「あって当然」という前提が労使双方に共有された上で賃金交渉・協議が行われているという実態があるために，定期昇給自体に対する関心が向けられていないことが挙げられる．しかし，賃金制度に対する議論が錯綜する現代において，戦後の日本において脈々と続いてきた定期昇給の意味を時系列に改めて捉えなおすことは，今後の日本の賃金制度，より広く言えば労働に対する報酬のあり方を日本の経営者がいかに考えてきたかを考察する上で，重要な論点であると考える．

　戦後の賃金体系は，電産型賃金体系に代表される生活給にはじまり，職務給，職能給，成果給，役割給など，さまざまなものが提案されてきた．しかしその中においても，定期昇給は存在し続け，その時代においてさまざまな位置づけがなされてきたが，その意味するところは概ね一貫してきた．

　本書は，賃金を決定する経営側の視点に注目し，経営側がいかなる理由で定期昇給にこだわり，定期昇給を維持してきたのかを時代ごとに明らかにすることを目的とするものである．定期昇給の意味を時系列に考察することにより，戦後日本の経営者が定期昇給，ひいては賃金についていかに考えてきたのかを問うことに繋がるものと思料する．

（2）「定期昇給とは何か」に迫る

　定期昇給は，端的に表現すれば，初任給から始まり定年退職時までで終わる「昇給基準線」に則って賃金が上がっていく仕組みである．従業員にしてみれば，「毎年賃金が上がる」ことが期待できる．企業にとっては，従業員の新陳代謝による内転原資により賃金の原資が安定するという点で，また賃金管理の上で「従業員秩序」を形成していく点で，企業組織の安定性を保つという観点

(年)

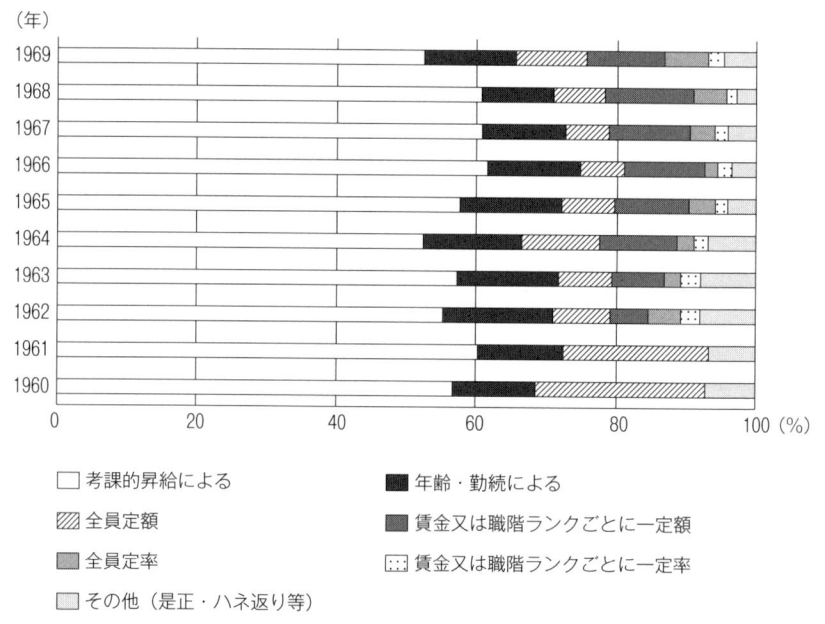

図序-1　定期昇給の配分根拠（率）（1960～1969年）

資料：日経連「昇給・ベース・アップ調査」.

凡例：
□ 考課的昇給による
■ 年齢・勤続による
▨ 全員定額
▨ 賃金又は職階ランクごとに一定額
▨ 全員定率
⸬ 賃金又は職階ランクごとに一定率
▨ その他（是正・ハネ返り等）

から望ましい制度であった.

　定期昇給は「査定的昇給（人事考課により決定される部分）」と「機械的昇給（学歴, 年齢, 勤続年数により決定される部分）」とに分けられて運用されてきた. 実際には査定による差が個人別についているが, 従業員全員が何らかの形で「毎年賃金が上がる」というのが, 定期昇給と言われる所以である.

　図序-1と図序-2は, 日経連及び日本経団連によって毎年行われる「昇給・ベース・アップ調査」において, 賃上げ率全体を100％としたときに, その根拠を構成する要因がそれぞれ全体のどの程度の比率を占めているかを示したものである. いわゆる昇給配分の根拠としては, 考課的昇給・査定分のほか, 図序-1では1960年から69年にかけて「年齢・勤続による」, 「全員定額」, 「賃金または職階ランクごとに一定額」, 「全員定率」, 「賃金または職階ランクごとに一定率」などを聞いている. また図序-2では, 1970年から2013年にかけて「職務・資格に応じて配分」, 「一律定額分」, 「定率分」, 「是正・調整分」などを聞

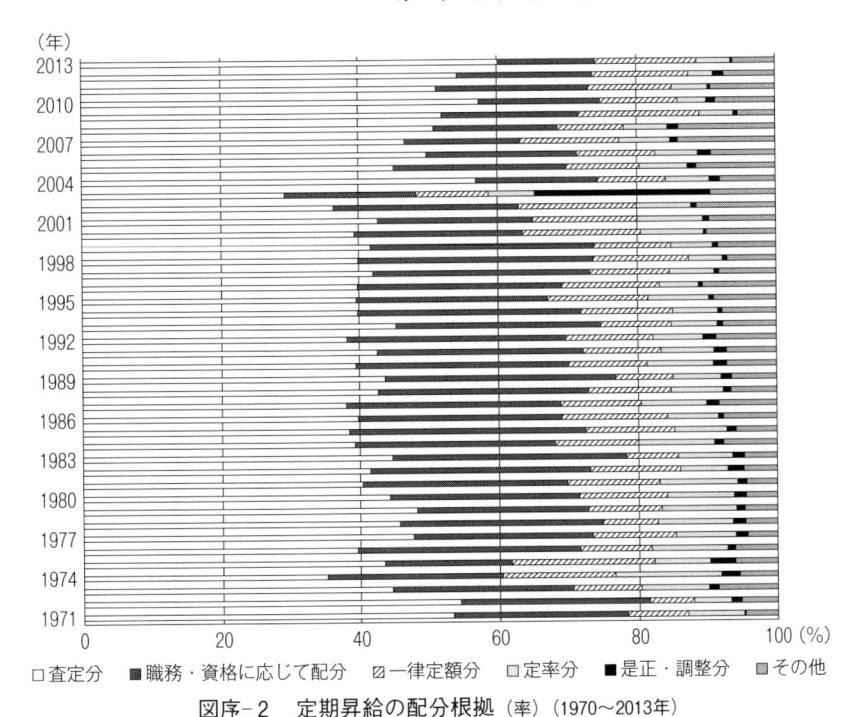

図序-2　定期昇給の配分根拠（率）（1970〜2013年）

資料：日経連，日本経団連「昇給・ベース・アップ調査」．

いている．**図序-1**において1960年代の動向を見ると，考課的昇給が50〜60％程度を占め，ほかに「年齢・勤続による」が10〜15％，「全員定額」，「賃金または職階ランクごとに一定額」を合わせて15〜25％，「全員定率」，「賃金または職階ランクごとに一定率」を合わせて5〜10％で推移している．この時期にすでに考課的昇給の比率が過半を占めていることに注目すべきである．ただし，同時に機械的昇給と関連する部分が一定程度を占めており，それがコンスタントに維持されているところにも留意しなければならない．

　このような傾向は1970年度以降になっても基本的には維持されている．すなわち，査定分は時期により差があるが，全体の30％〜60％を占めている．これに「職務・資格に応じて配分」を加えると，全体の60％から70％を占めており，最近では80％近くを占める[1]．ただし，職務・資格に応じた配分が年功的なものであれば，結果的には機械的昇給と関連する部分が一定程度を維持しているこ

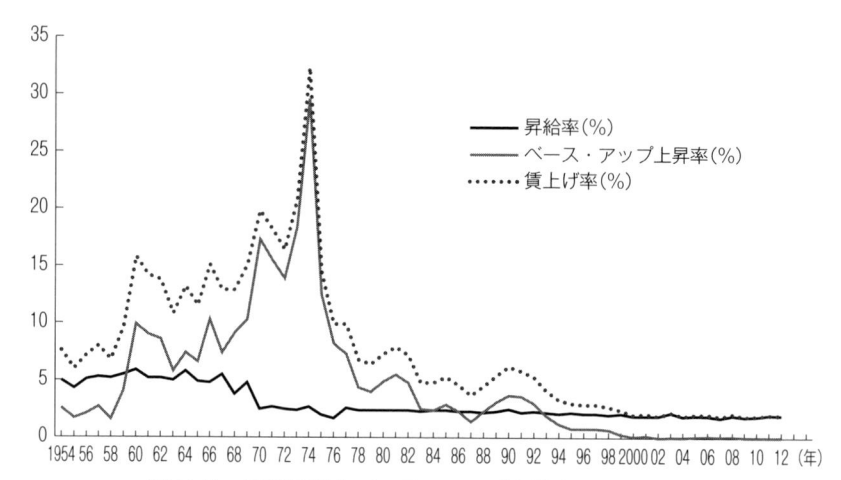

図序-3　定期昇給とベース・アップの動き (1954～2012年)

資料：日経連，日本経団連「昇給・ベース・アップ調査」.

とになる．**図序-3**は，**図序-1**，**図序-2**と同じく，日経連および日本経団連によって毎年行われる「定昇・ベース・アップ調査」より，賃上げ率を昇給率とベース・アップとに分けて，過去50年に遡って示したものである．ここでいう昇給率は，定期昇給を意味する．**図序-3**によれば，1950年代は昇給率がベース・アップを上回っていたが，1960年代に入るとベース・アップが昇給率を上回り，石油ショックを契機とする1970年代前半の物価高の時代にはベース・アップは30％に迫る勢いで上昇した．しかし70年代後半からベース・アップは次第に低下し，1993年に再び定期昇給を下回った後には，ほとんど0％に近い状態で推移している．一方で定期昇給については，1960年代まではおおむね5％程度で推移していたが，70年代に入ると2％台になり，この状況は最近まで続いている．近年では，ベース・アップが0％近くにまで低下したために，賃上げ率は昇給率とほぼ同率となっている．このことは換言すれば，過去半世紀近くに渡り，日本の賃金においては定期昇給が根強く存在し続けてきたことを示している．

　本書は，定期昇給制度について賃金を実際に決定してきた経営側が戦後から

現代にかけていかなる意味を付与し，維持してきたかについて時系列に分析することを目的とする．その変遷を探ることで，戦後の日本の経営者の賃金政策の一端を垣間見ることができると考える．

　経営側の視点に立って検討する理由は，定期昇給はそもそも経営側が主導で提唱してきたこと，定期昇給は戦後に経営側が提案してきたさまざまな賃金制度と密接な関係をもっていることから，定期昇給を議論することは，日本の経営者による賃金政策の変遷を知ることにつながることに繋がると考えられるからである．

　本書の分析枠組みについては第1章で詳しく説明することとする．以下，本書のアプローチの方法について論じることとする．

2．歴史から見る定期昇給制度

（1）経営側の視点
—— 日本経営者団体連盟の提言および意見への注目 ——

　経営側の視点を探るに当たって，日本経営者団体連盟（以下，日経連）及び日本経済団体連合会（以下，日本経団連）の資料を使用することにする．

　日経連および日本経団連を取り上げる理由は以下のとおりである．財界におけるかつての「経済4団体」においては，経済団体連合会（経団連）は大企業を中心とした産業政策や行財政改革を提言する，商工会議所は中小企業の利害を取りまとめて代表する，経済同友会は経営者が（企業を離れて）個人の立場で自由に意見交換する，日経連は「財界労務部」と呼ばれたように労働問題に特化して活動する，という役割分担があった．つまり日経連は，経営側において労働問題を取り扱う専管団体であり，当時の有力な企業の経営者や人事労務担当者が集い，労働問題についてさまざまな提言や意見を発表してきた．そのことが本書において日経連に着目して議論する理由である．2002年に日経連と経団連が統合して「日本経済団体連合会」が発足したことにより，現在財界は「経済3団体」の体制となっている．

　日経連が労働問題の専管団体として日本全国に影響を及ぼしてきたのは，以

下の理由による.

　第一に, 日経連の政策は, 個別企業なかんずく日本の労務管理を先導した有力企業の意向等を反映したものであること. 日経連は全国47都道府県に所在する地方経営者協会と有力な業種団体 (時期により50から60団体程度) から構成される文字通り「団体連盟」である. その傘下会員総数は約 3 万社に及び, 日本の主要企業のほぼすべてを網羅する団体であった[2]. 日経連を承継する日本経団連は, 企業会員と地方団体, 業種団体から構成される団体であり, 同様に日本の主要企業のほとんどを網羅している.

　第二に, 日経連の政策は, 会員でない企業を含め, 個別企業の労務管理に広く影響を及ぼしたものであること. 日経連の活動は広くメディアを通じて紹介されており, 特に春闘に対する経営側の取るべきスタンスを主張する報告書や, 「昇給・ベース・アップ調査」や「春闘賃上げ調査結果」,「賞与・一時金調査」に代表される賃金に関する統計は, 会員企業以外にも広く活用されてきた.

　第三に, 日経連の政策は, 企業だけでなく労働組合や政府の政策決定に影響を及ぼしたものであることである. 日経連はかつての労働組合のナショナルセンターであった総評, 同盟や IMF-JC と定期的に懇談を行ってきた. また, 現在のナショナルセンターである連合とも, 定期的に協議を行っており, それは日本経団連に承継された現在でも続いている. 一方で政府とも頻繁に意見交換を行っており, 1970年代からは産業労働懇話会と称された政労使のトップ会談にも積極的に参加するなどして, 政府の労働政策に対しても影響力を及ぼしてきた[3].

　舟橋尚道は日経連の性格について, 「日経連の見解は, 必ずしもわが国の個別資本の意思と一致しているわけではないが, 少なくとも今後わが国の資本が向かうべき方向を明らかにしているという点で重要な意義をもつものである」(舟橋 1961：316) と紹介している[4]. 換言すれば, 舟橋は日経連の主張は日本の経営者の現状を反映していると同時に, 経営者にとって「あるべき姿」を示している述べている.

　このような前提のもと, 経営者の意見を代表する団体として, 日経連およびその後継団体である日本経団連の主張を取り上げ, 検討していくこととする.

（2）本書で使用する資料

使用する資料については，以下のものが挙げられる．

（1）公式文書①

　春闘などの賃金決定の機会に，経営側のポジション・ペーパーとして日経連が公表した提言および意見書．1970年代前半まではさまざまなタイトルが付けられていたが，1974年には『大幅な賃上げの行方検討研究会報告』，75年から78年までは『賃金問題研究委員会報告』，79年以降は『労働問題研究委員会報告』という名称で取りまとめられてきた．2003年以降は日本経団連による『経営労働政策委員会報告』として公表されている．本資料は，日経連，日本経団連の有力会員企業を集めた委員会を開催し，当時の経営者の議論を直接反映させる形となっていることから，本書において最も高い比重が置かれている．

（2）公式文書②

　企業の人事労務の実務担当者の春闘対策向けに発行された『賃金交渉の手引き』，『春季労使交渉の手引き』，『春季労使交渉・協議の手引き』などである．『労働問題研究委員会報告』などを補足する資料として，1978年より現在まで毎年刊行されている．執筆しているのは日経連及び日本経団連の事務局職員で，日経連会員企業の経営者の主張をわかりやすく，実務に沿った形で展開するために必要な知識を提供するものである．本書では主として，1980年代以降の動向を分析するために使用している．

（3）雑誌論文

　日経連の月刊誌である『経営者』．日経連の幹部経営者や，日経連の活動を担った企業の実務担当者，日経連の事務局職員が，日経連の政策について解説や意見の陳述を行っている．日経連の公式見解を補う論文や，経営者の「本音」を垣間見ることができる座談会など，日経連及び日経連会員企業の主張を知る上で重要な資料である．2002年の日経連と経団連との団体統合により廃刊となった．本書では，1950年代から90年代までの期間の分析に使用している．

（４）機関紙

『週刊日経連タイムス』である．日経連の活動や行事について会員企業に向けて発信する広報紙である．日経連幹部の経営者の発言や日経連に関わる企業担当者の意見，統計や調査の概要などが報道される．現在は日本経団連が『経団連タイムス』として発行している．本書では，定期昇給に関する記事を主として使用している．また毎年新年号に掲載される「会長談話」は，日経連，日本経団連の政策の方向性を確認するために使用した．

（５）書籍

日経連には弘報部（「広」報部ではなく，あえて「弘」を使っていた時期が長く続いた）があり，毎年さまざまな書籍を刊行してきた．その大多数は労働問題に関するものである．日経連にとって特に重要な報告書（『能力主義管理』や『新時代の「日本的経営」』など）は，刊行物として発表されている．本書では主として，日経連の賃金に関する意見表明のための書籍，能力主義に関する書籍や，日経連職務分析センター（現在は経団連人事賃金センター）が発行した職能給や職能資格制度についての書籍を使用している．特に1980年代の職能資格制度の確立を契機に出版された書籍は，日経連の職能給に対するスタンスを知る上で有用である．日経連弘報部は現在，経団連事業サービスという名称の独立組織として活動している．本書では特に断りのない限り，日経連の発行した書籍の発行所はすべて「日経連弘報部・広報部」である．

（６）統計資料

日経連は，会員企業を対象として，主として賃金に関する調査を行っている．「定期賃金調査（年1回）」，「昇給・ベース・アップ調査（年1回）」，「初任給調査（年1回）」，「退職金（一時金・年金）調査（隔年1回）」，「春季労使交渉に関するトップマネジメントへのアンケート調査（年1回）」などである．日経連の時代には日経連労政部が担当していたが，現在は経団連事業サービスが主体となって実施している．本書では，「昇給・ベース・アップ調査」を主として使用している．

（７）「内部資料」等

日経連は上記の公式に発行された資料以外に，会員企業向けの「内部資料」

を数多く発行している．その目的は，会員企業の主に実務担当者に対して，日経連の考え方を広く伝搬することや，労使交渉に必要なデータの提供である．主なものとしては，「労政資料」，「産業経済研究所資料」，「労働経済研究所資料」，「労働情報」などがある．本書では，1970年代の日経連の賃金政策の動向を分析するために，主として「労政資料」を使用した．

以上のように，労働問題に関して，経営者の立場からこれだけ広範に意見表明を行ってきた団体は日本には他に存在しない．またその見解も，当時の経営者や人事労務担当者の意見が集約された形で表明されたものである（なお，本書に記載した人物の肩書・役職はすべて当時のものである）．よって，日経連および日本経団連を研究することは，日本の経営者の労働問題に対する見解を研究することと言ってもよいだろう．

3．本書の構成
　　──1950年代から現代までの歴史を追う──

本書は，日経連および日本経団連の賃金政策，特に定期昇給に関する主張に焦点を当てて，時系列に議論していくという体裁を取る．各章は以下のような構成から成る．

第1章は，先行研究の検討を行う．ここで扱うのは日経連の賃金政策についてである．日経連の賃金政策については，扱っている研究は多くない．本書では日経連の賃金政策について，定期昇給に焦点を当てながら，1950年代からそれぞれの時代を扱っている先行研究を取り上げて検討した．先行研究が取り上げている主題は，日経連の政策の中でもその後の日本企業の賃金制度に大きな影響を与えた資料を扱うものがほとんどであるが，いずれも重要な未解決の点が散見される．加えて，日本の経営者が賃金政策，とりわけ常にその中心に存在し続けた定期昇給について，時系列に渡って検討した研究は存在しない．本書は上記の先行研究の空白を埋めるために，日経連に代表される日本の経営者の賃金政策，なかんずく日経連に代表される経営側が時代ごとに定期昇給に付

与してきた位置づけに焦点を当てて時系列で検討を行うことにより，日本の経営側の賃金政策が戦後一貫して保持してきたものは何かについて明らかにすることを目指すものである．

　第2章は，終戦後から1960年代末までの時代について論述する．この時期の前半は，労働組合による過激なまでの賃上げ（ベース・アップ）要求に対して，経営者が経営権を奪還すべく，日経連が定期昇給による賃上げを提起して，それを経営者に推奨した時代である．その前提としてあったのは，定期昇給は内転原資により賄われるため，企業の財務的追加負担はほとんどないという考え方である．日経連は企業の過大な負担を回避しつつ賃上げを行うことを，定期昇給によって実現できると考えていた．

　この時期の後半においては，従業員間の「同一労働同一賃金」を目指して，日経連は職務給を提唱し，職務に基づく賃金決定を目指した．定期昇給は一時期否定的に扱われた時期もあったが，職務給とは「併存給」もしくは「混合給」という形で，「毎年賃金が上昇する仕組み」という形で存続してきた．やがて職務給の日本での施行の限界が議論されるようになるが，その理由としては，経営側が「経営権」として獲得した定期昇給における考課的昇給と，職務遂行能力を基本とする資格制度の概念が企業に広く伝播していたために，職務給が純粋な形で企業に受け入られることが難しかったことが考えられる．

　日経連が定期昇給を提起してそれを広く伝搬した経緯や，定期昇給が職務給と対峙し，やがて妥協，共存するプロセスを通じて，定期昇給が日本において強く根付いた仕組みであった当事の状況を考察することが，第2章の目的である．

　第3章では，1970年代から1980年代末までの時期を取り上げる．この時期は，前半の1970年代においては，オイルショックを契機とする急激な物価上昇とそれに伴う賃金上昇に対していかに対応するかが，日経連に代表される経営者の最大の関心事であった．日経連は1969年に生産性基準原理を提唱して賃金水準の抑制に全力を傾注し，その成果もあって，賃金上昇圧力は70年代後半には鎮静化した．この時期において日経連が賃金体系として推奨していたのは，本来の定義に比べれば厳密さを欠く「職能給」である．「能力の伸張に応じて賃金

も上昇する」という能力主義に基づいた職能給は,定期昇給と併存が可能であっ
た．しかし当時の職能給が年功主義の影響を受けて，勤続年数や年齢，学歴に
基づく管理になっていた状況が多くみられたことも事実である．

　後半の1980年代においては，再び定期昇給に関する日経連の主張が強まるこ
とになる．その理由としては，賃上げにおけるベース・アップの比率が低下し，
定期昇給の比率が高まっていったこと（図序−3参照），従業員の高齢化や定年延
長の動きの中で，定期昇給についても内転原資によるのではなく，支払能力論,
すなわち従業員1人当たりの付加価値労働生産性に基づいた運用が求められる
ようになったことが挙げられる．日経連の支払能力論は生産性基準原理と結び
ついて80年代に理論的にほぼ完成する．それはかつて日経連創設者の1人であ
る櫻田武の思想である「労使共同体論」を体現したものである．賃金体系と関
連させて言えば，この時期の定期昇給は，「新職能資格制度」に基づいた職能
給と併存するが，ここで提起された職能給も「能力給＋属人給」という，定期
昇給と妥協した形での賃金体系であった．しかし90年代が近づくにつれて賃金
管理の個別的管理への指向が強まることとなり，定期昇給については考課的昇
給への比重が高まっていくことになる．

　第4章では，1990年代から現代（2010年代前半）までを取り上げる．この時期
の前半は，日本では1990年のバブル崩壊を契機とした長期の不況が始まり，海
外に目を向ければ，冷戦の終結に伴って発生した経済活動のグローバル化がも
たらした国際競争が激化し始めた時期である．日本企業は賃金制度の抜本的な
見直しに迫られ,「成果主義」の導入が各社で試みられた．日経連は1995年に
公表された『新時代の「日本的経営」』において，総額人件費管理に基づく「雇
用ポートフォリオ」を前面に打ち出し，合わせて定期昇給の見直しを提言した．
同時に雇用の多様化の流れの中で，正規従業員と非正規従業員とを区別した雇
用管理の徹底を主張し始める．賃金管理の個別化の動きはますます強まり，そ
の実現のために考案された賃金制度が2002年に公表された「多立型賃金制度」
である．「多立型賃金制度」において定期昇給はあくまでも正規従業員を対象
とするものであり，賃金体系も正規従業員を中心として設計されている．一方
で「仕事」によって正規従業員と非正規従業員との処遇の区別を行うとする「雇

用ポートフォリオ」の思想も「多立型賃金制度」には反映されている.

　後半の2000年代は，日経連を引き継いだ日本経団連の活動に焦点を当てている．日本経団連は2007年より「仕事・役割・貢献度」を基にした賃金決定を提唱した．ここで目指している賃金制度は「職務給に近い職能給」とも言えるものである．そして定期昇給については，査定昇給は残すものの，機械的昇給は停止すべしという姿勢を示しており，その主張は今日でも続いている.

　この時期において留意すべきは，定期昇給は正規従業員を対象とするものであるが，1990年代以降には非正規労働者がこれまでにないペースで増加し始め，現在では従業員の４割近くを占めるに至っていることである．これまでも定期昇給は正規従業員と非正規従業員とを分ける制度的な仕組みになってきたが，その性格は非正規従業員の増加により，一層際立つものとなっている.

　次章では，日経連の先行研究について検討するとともに，本書の分析枠組みを明示し，研究の方向性について示すこととする.

注

1）「査定分」の比率が低い年は，「職務・資格に応じて配分」が高く出る傾向がある.

2）数字は日本経営者団体連盟（1998）による.

3）日経連を引き継いだ日本経団連は，経済財政諮問会議に会長が民間議員として参加するなど，より広範囲な分野に渡って政府の政策に影響を及ぼしている.

4）舟橋の主張の箇所を正確に引用すると，以下のとおりである．「わが国の資本の労務対策において指導的役割を果たしている日本経営者団体連盟は，昭和36年１月に『新段階の日本経済と賃金問題』というパンフレットを発表した．日経連の見解は，必ずしもわが国の個別資本の意思と一致しているわけではないが，少なくとも今後わが国の資本が向かうべき方向を明らかにしているという点で重要な意義をもつものである．ところで日経連の対策は，このパンフレットの第三章「賃金体系の合理化方策」において明らかにされており，その主張の大筋は，年功序列賃金が「経済構造の近代化という新しい局面への展望の中で，それを支えてきた要因がしだいに解体することによって，一つの転換すなわち職務給への指向を迫られつつある」ということにつきている.」ここで示された主張は，本論文において検討される重要なテーマである.

第1章　日経連の賃金政策は
いかに議論されてきたのか

　定期昇給と密接にかかわる日本の年功的な賃金について検討した代表的な研究としては，小池和男，小野旭，野村正實を取り上げることができる．そのうち，小池和男は主に知的熟練と定期昇給を結び付けて議論を展開した（小池1966；小池 1991；小池 1999；小池 2005）．反面，小野旭は生活給と定期昇給を連動させた（小野 1989）．一方，野村正實は生活給としての定期昇給がまずありきで，熟練は賃金コストを回収するために後で付与するものととらえた（野村2001）．これらはいずれも参照すべき重要な論点を提起しているが，日経連の賃金政策を主な研究課題としているものではない．

　日経連の賃金政策に関する先行研究は，日経連が定期昇給を提起した時期（1950年代半ば）における議論や，1969年に公表された能力主義管理に関する議論に集中しているのが現状である．これらの先行研究が扱う主題は，日本の賃金研究においても「エポックメイキング」の時期である．

　日経連が日本の労働分野において重要な役割を果たしてきたことは序章で示したとおりだが，日経連の賃金政策を長期間の時系列で検討した研究は皆無である．しかし序章で述べたように，日経連の主張は日本の経営者の見解の反映である．日本の経営者が賃金について何を考え，どこへ向かうことを指向していたかを検討することは，日本の賃金政策の変遷，すなわち何が変わり，何が変わらなかったのかを考察する上でも有用と考える．

　本章ではまず，日経連の主張に関する先行研究を，おおむね10年の時代区分

により検討する．先行研究への論究を通じて，日経連の賃金政策がいかなる形で議論の対象となってきたかを検討し，定期昇給に対するこれまでの評価を踏まえて，本書の意義について明らかにすることとする．

　次いで本書の分析枠組みについて説明する．先行研究を踏まえて，日経連の賃金政策を定期昇給に焦点を当てていかなる視点で分析していくかを，賃金水準・賃金格差（個別的管理，集団的管理）およびミクロ（企業経営レベル），マクロ（国・社会レベル）の視点から論じる方法について示す．この作業を通じて，日経連に代表される経営側が定期昇給に対して，各時代にいかなる意味を付与してきたのかについて多角的に検討することができると考える．

1．日経連の賃金政策に関する先行研究

（1）1950年代における日経連の賃金政策

　個別企業単位での賃金格差との関連で，1950年代の定期昇給に関する議論を行ったのが，野村正實『日本的雇用慣行──全体像構築の試み──』である（野村 2007）．

　野村によれば，「定期昇給制度の確立を推進しようとした日経連は，昇給制度を『労働者の職務能力とその発揮度の上昇に対応して個々の労働者の賃金序列を修正する目的で，一定の査定基準に基づいて定期または臨時的に定額制の給与の基本的部分の調整増額を行い，併せて労働者の標準的な生活費の保障を考慮しようとする方式を制度化したもの』（日本経営者団体連盟（1954）5）と定義し，この定義と対になって，『ベース・アップ』を『経営的基礎の有無にかかわらず全員一律に労働者の生活水準向上のために行う賃金増額」（日本経営者団体連盟（1954）7）[1]』と定義した」とする（野村 2007：322-323）．

　一方で野村は，日経連が昇給制度について，上記と異なる定義もしていると指摘する[2]．それは，「『昇給曲線』を維持しながら個々の従業員の賃金を引き上げるのが『昇給』，昇給曲線の引き上げが『ベース・アップ』である[3]」ということである．その理由として，「日経連は，『昇給』と『ベース・アップ』は『実際はそれほど明確な区分をすることができない』という正しい事実認識を持っ

ていたとする．それではなぜ日経連は，一見すると明快に見えるものの実際に
は非現実的な『賃金曲線』，『賃金基準線』なるものを持ち出したのだろうか．
じつは，日経連は，これから『賃金基準線』を作ろう，という政策提言として
『賃金基準線』を持ちだしたのである」としている（野村 2007：327）．

　野村による「定義その一」は，査定による企業内における秩序の維持に，「定
義その二」は，賃金原資の内転性に基づく永続的な制度維持と賃金秩序の明確
化に焦点が当てられている．よって両者の定義は矛盾するわけではない．ここ
で注視すべきは野村が，日経連による定期昇給とベース・アップの区別が，実
際にはそれほど厳密ではないと見ている点である．実際に多くの企業では，定
期昇給とベース・アップの区別がない，もしくは企業独自の定義で両者を分類
している例は見られるので，賃金指標をみる際には，このことに留意しなくて
はならないのは事実である．

　「日経連が賃金基準曲線をつくろうとしていた」とは，日経連が賃金カーブ
を設定した上で，その上に従業員を位置づけようと考えていたことを意味する．
しかし日経連がつくろうとしていた基準曲線の根拠はどのようなものなのか．
考課的昇給によるものか機械的昇給によるものか，野村はそこまでは分類した
形で議論していない．本書で詳しく検討するが，賃金基準曲線の根拠は，個人
別の査定による昇進・昇格のスピードの変動はあるものの，おおむね後輩が先
輩の後を追って賃金が上昇していくという考え方である．

　厳密に議論すれば，査定による昇給は考課的昇給として明確に定義できる一
方で，機械的昇給は必ずしも生活給とは一致しない．機械的昇給は勤続・年齢
に基づく昇給ではあっても，その主たる目的には外部労働市場の不備を補完し
て内部労働市場における従業員の位置づけを明確にすることである．機械的昇
給は，生活給のみを目的とするものではない．よって，機械的昇給を含めて日
経連が，昇給にどのような意味合いを持たせたのかを確認する必要があるとい
える．本書が，昇給の根拠として経営側が何を考えたかを歴史に即して確認し
ようとする所以である．

　一方，定期昇給から職務給，能力主義への流れを追った研究としては兵藤
（1997a：156-196）がある．兵藤の研究でも個別企業単位での賃金格差との関連

での議論が行われている．兵藤は1954年の日経連による定期昇給推進の目的を「昇給基準線の導入と人事考課制度の確立」であると指摘した．そしてそれに続く職務給の導入は「同一価値労働同一賃金という近代的原則」に則った「賃金制度近代化の王道」であるという日経連の主張を紹介している．さらに能力主義管理については，「定期昇給制度確立の呼びかけにはじまる労務管理刷新の企てが頓挫しつつあるという状況のもとで，職能資格制度と小集団活動の推進によって『年功制の欠点からの脱却』をはかり，『少数精鋭主義経営』の実現をはかろうとするものであった」と論じている．

　兵藤は日経連の定期昇給の提唱から能力主義への移行のプロセスを簡潔にまとめている．しかし，定期昇給と相反するとも見える職務給がいかに定期昇給と融合していったかについてのプロセスは明らかでない．能力主義管理についても，定期昇給がなぜ能力主義管理と両立していったのかという問題意識は希薄である．

　以上の先行研究を踏まえ，本書は，① 定期昇給における考課的昇給と機械的昇給との区分を明確にした上で，日経連が1950年代から60年代にかけて，定期昇給に対していかなる機能を付与してきたのか，② 職能給，能力主義管理を導入する中で，日経連がその時々で定期昇給をいかに位置づけてきたかについて，個別企業の賃金格差という観点から議論することとする．

（2）1960年代における日経連の賃金政策

　1960年代における日経連の賃金政策についての研究としては，石田（1990），間（1981）がある．いずれも個別企業単位での賃金格差に関する研究として位置づけられる．

　石田（1990：51）は「2．日経連の賃金体系政策とその思想」において，日経連の「能力主義」についての小括を行っている．石田は能力主義を，従来の米国中心の労務管理手法に対する，日本的な手法の確立であると評し，さらに「すでに近代を超えた労使関係観であった[4]」としている．

　石田は，① 能力主義管理は日本の企業が賃金の「きめ方」を確立した契機であること，② 能力主義管理は日本の従来の人事労務管理を再発見する形で

形成されたものであること，③能力主義管理は労使間においても共有される価値観となったこと，と論じている．能力主義における賃金制度は職務遂行能力にもとづく職能給とされているが，文脈から判断するに，石田は能力主義を体現する職能給を，「日本的な賃金管理手法の到達点」であると評価している．問題は，職能給と定期昇給との関連性である．毎年能力が開発されて伸張すれば賃金が上がっていくという状況においては，職能給は定期昇給に似た賃金曲線を描く．実際に毎年査定を行い，査定に応じて賃金が上昇していくことになれば，定期昇給と職能給はほぼ同じ形状を描くことになる．石田は明言していないが，能力伸張により毎年賃金が改定されれば，能力主義による職能給は，定期昇給に限りなく近いものになりうる．

　石田と同様の発想は，間にもみられる．間は，日経連の主張が1950年代まではアメリカ的なものを評価する姿勢をもっていたが，60年代に入ってその論調が変化したとする[5]．そして1969年に刊行された日経連の『能力主義管理──その理論と実践──』を，「日経連能力主義管理委員会が，70年代に向けての労務管理のあるべき姿を2年間に渡って研究した成果を，世に問うた画期的なものであった」と評価している．間にとって『能力主義管理』は，日本の労務管理が「アメリカ的な発想」から脱却する契機となった意義のあるものであった[6]．能力主義が従来の米国式の人事管理方式と根本的に異なる，日本独自のものであることを強調しているということは，能力主義に基づく職能給も日本独特のものであることを暗に示唆している．

　石田，間はともに，能力主義管理を「日本独自の管理の到達点」であるとして肯定的に見ている．本書でも「日本的」なるものの意義は否定しない．現に，当時の日経連にも「日本的な要素の導入の必要性」という思惑はあった[7]．問うべきは，その日本的なるものと定期昇給との関連性である．定期昇給自体に焦点を合わせれば，能力や業績を評価する考課的昇給は1950年代から存在していたし，定期昇給における考課の比率が70年代に大きく高まったわけではない．したがってこの時期の実態は，賃金の集団的管理の手法としての職務給の導入の限界が明白になり，その地位を職能給が代わりに占めるに至ったとみるべきである．

重要なことは，1960年代において職務給の導入が不十分な形で終わったのは，職務給による職務に基づく従業員管理が，経営者が経営権の奪回の名の下に獲得した定期昇給における「（主として能力に対する）考課」による賃金決定上の主導権と両立しなかったことがその理由の1つとして挙げられる点である．このことが日経連をして職務給から能力主義管理及び職能給へと比重を移行させた理由である．このように見れば，この時期の実態は，能力主義管理や職能給が「日本的な労務管理の到達点」であるという，ある種「大仰な話」とややかけ離れていると言わざるを得ない．

本書は，1960年代における職務給の導入から後退へのプロセスを定期昇給との関連を詳細に追うことにより，職務給の後退と能力主義管理の台頭の背景には，日経連が定期昇給とりわけ職務遂行能力に対する考課的昇給を強く意識していたことを，日経連の資料に基づいて，個別企業単位での賃金格差という観点から論じていくこととする．その作業を通じて，先行研究が指摘する「日本的な特徴の確立」とは異なる姿が見えてくるであろう．

（3）1970年代における日経連の賃金政策

（i）マクロ的な賃金政策に関する研究

日経連のマクロ的な賃金政策に関して論及した研究はほとんど見られない．日経連のマクロ的な賃金政策である「生産性基準原理」という言葉は知られているが，その内実に関しての論究に関心が示されていないのは，生産性基準原理が日経連の単なる「スローガン」だと考えられていることが理由として推測される．

生産性基準原理については，丸尾（1993：294）が「抽象的な単純化された純理論モデルから価値判断に基づく具体的政策を安易に引き出す悪しき一例」と批判している．生産性基準原理については後に詳述するが，恒等式を微分して変化率の式に転換した上で，いくつかの前提（労働分配率一定など）の下で関連する経済現象（特にインフレ率の抑制）を説明するのがその要諦である．そこに「インフレ抑制」という政策的価値判断が入っていることは否めないが，理論そのものは所得政策の考え方に基づいており，そこに恣意的な歪曲があるとは

言えない.

　本書では,生産性基準原理について,その理論的な裏付けを示すととともに,生産性基準原理が主としてマクロレベルでの賃金水準,賃金格差の形成に当たって定期昇給といかなる関連をもってきたのかについて,日経連の賃金決定の政策と関連させながら論じることとする.

(ⅱ) 個別企業単位での賃金格差に関する研究

　この時代における個別企業単位での賃金格差の観点から日経連の能力主義管理について,論じたものには津田 (1976) がある.

　津田 (1976) は能力主義について,「能力評価主義と能力開発主義」に分けて議論し,日経連の能力主義を後者と位置付けている[8]. このことは,日経連の能力主義管理が能力開発の必要性を強調していたことと整合的である.

　能力評価主義管理は欧米的な職務を中心としたテイラー主義的な管理であり,それを日本の企業は受入れなかった. 代わりに受け入れたのは,能力開発の視点を取り入れた「能力主義管理」であったというのが,津田の解釈である.「要するに日本的経営の原理に忠実であろうとするならば,賃金についても昇進についても,大幅な格差をつけた報酬制度を実践することはできないのであって,終身雇用制のもとで,長い期間をかけてゆっくりと報酬を与えるような運用をはからざるをえないのである.」(津田 1976:86) との指摘は,定期昇給がもつ個別企業単位における集団的管理としての賃金格差設定に対する考察のために,有用な示唆を与えるものである.

　津田は企業の単位を超えて能力開発の必要性を主張している. その結果として,賃金水準は日本全体として抑制されたものとなり,大きな賃金格差は生じない. それが「人間中心」を根底とした日本的経営の実践であるというのが,津田の意図するところである.

　能力主義管理が能力開発管理を中心に据えていたとする津田の主張は肯定できる. しかし,評価と開発を切り離し,「能力評価主義管理は欧米的な職務を中心としたテイラー主義的な管理であり,それを日本の企業は受入れなかった」という指摘には疑問がある. これまで論じてきたように,日経連がこだわってきたのは考課による企業内における従業員の序列づけであり,定期昇給におけ

る考課的昇給はそれを実現するための手段であった．つまり日本における能力開発主義管理は，厳しい能力評価を前提としてはじめて成り立ったのである．

　能力開発主義は考課に基づく能力評価とは矛盾するものではない．能力主義管理は従業員の能力の開発について大いなる期待を抱いていたし，能力に対する評価は従業員のさらなる能力開発を促すものである．本書は能力開発と能力評価の関係や「考課」について，すなわち個別企業単位での賃金格差に焦点を当てることにより，能力主義管理が考課的昇給といかに関連してきたかについて論じることとする．

（4）1980年代における日経連の賃金政策

　この時代の定期昇給について，個別企業単位での賃金格差，そのなかでも集団的な賃金管理について扱っているのが金子 (1983) である．

　金子は，「日経連の"昇給制度"の提唱において，昇給制度は『労働者の職務能力とその発揮度の上昇に対応して個々の労働者の賃金序列を修正する目的で，一定の査定基準に基づいて定期的に定額制の給与の基本的部分の調整増額を行い，あわせて労働者の標準的な生活費の保障を考慮しようとする方式を制度化したものである』」と述べている (金子 1983：135)．そして「この定義は職能給と生活給の併存した賃金体系を前提としたものであるが，わが国の年功賃金体系といわれるものの大部分はこの併存型か，あるいは両者を混合したいわゆる総合決定給であるから，この定義は一般的には今日も通用すると思われる」とする．さらに金子は，日経連の定期昇給の定義の中に，職務給や職能給が定期昇給と共存する可能性があったこと，その結果として定期昇給の職務給・職能給との併存や融合が起こっており，今後も起こり得ると指摘している．

　留意すべきは，金子が，日本の賃金の企業管理的な性格を集約するものとして定期昇給を規定していたことである．したがって金子は，「根本的には25年前（1950年代後半：筆者注）に既に指摘されたように，わが国の賃金体系を古い"昇給制度"から"個別賃金体系"に切り換えることが必要である[9]．」と主張したのである．

　金子の指摘する"個別賃金体系への切り換え"については，1974年において

日経連が否定的な見解を示している．その理由としては，個別賃金体系は属人的要素に向かいがちであること，今後の賃金体系は仕事給，職務職能給の方向にあるということを取り上げている（日経連調査研究部調査室 1974：60）．この時期，定期昇給をはじめとした昇給制度は原資の面からは批判の対象となりつつあったが，少なくとも日経連は昇給制度そのものを否定的な“古い”ものとみなしていたわけではない．

　本書では，この時期の定期昇給をめぐる日経連に代表される定期昇給に関する認識について，日経連の主張を時系列に沿って論じることにより，1980年代において定期昇給による賃金水準及び集団的管理からみた賃金格差の意味付けについて明らかにする．

　一方兵藤（1997b）は，戦後の日経連の政策に関して，中でも能力主義管理の1つの「到達点」としての「“新”職能資格制度」について論じている．兵藤は，「新職能資格制度の意図するもの」を次のように解釈している（兵藤 1997b：362）．

　　　「（1980年に）日経連が提起した人事制度改革の方向は，より具体的に言えば，組織上の地位としての役割体系と職能資格として表示される処遇体系とを分離し，役職中心の管理から資格中心の管理へと移行することであった．つまり，これまでの人事管理は，役職管理を基本に据え，職能資格制度にはその補完機能を果たすべきものという位置づけしか与えてこなかったが，今後は職能資格制度を社内序列の基軸にすえて，人事管理を進めようというのである．そこに，日経連が“新”という言葉を付したゆえんがある．」

　兵藤が論じているように，「能力主義管理」は，1980年代に「“新”職能資格制度」として再提起された．この制度の最大の特徴は，役職中心の管理から職能資格制度による管理への移行である．その背景には，企業内の従業員構造が高齢化するにつれて，役職の数が適格者数に比べて多くなってきたことへの対策が求められていたことがある．さらにこれまでの職能給が，年齢給，勤続給などと混在していたことに対して，職能資格が高まることが，昇給の条件であ

ることを改めて強調した点に特徴がある.

　問題は，何が真に新しいものか，ということである．資格制度は職務遂行能力に基づいて実施すべきであるという主張は，実は1960年代から存在していた．したがって「新職能資格制度」の「新」たる所以は，兵藤の指摘する「職能資格制度を社内序列の基軸にすえて，人事管理を進めること」だけではないと言える．日経連が「新職能資格制度」の下で，後に「人事トータルシステム」と命名された，賃金管理，雇用管理や能力開発に至るまでの人事管理を総合的に構築していこうとする試みを提示したことが，この時期の日経連の賃金政策における「新しい点」である[10].

　本書では，定期昇給制度との関係に触れつつ，「新職能資格制度」とそれを展開する手段としての「人事トータルシステム」について検討することとする．このことを通じて，この時代において定期昇給が生み出した企業内の集団的および個別的管理により賃金格差の形成に対して定期昇給が果たした意味について論じることとする．

（5）1990年代以降における日経連の賃金政策

　1990年代以降における日経連の賃金政策に関して，個別企業単位での賃金格差，そのなかでも集団的な賃金管理について扱っているのが，幸田浩文「賃金体系合理化の史的展開──日本経営者団体連盟『賃金白書』にみる賃金体系合理化の推移──」（幸田 2013）である．

　幸田は，「経営側は，労働組合主導の賃金体系である電産型賃金体系に対抗する目的で職務給を導入しようとするが失敗に終わり，時代を経て幾度となくその普及を試みる．しかし，そこではいつも属人給（年功給）との妥協を余儀なくされる．結局，職能給は属人給と職務給の妥協の産物である」と主張する（幸田 2013：300）．そして「わが国の賃金体系は，1975年以後，生活給＋能力給，年齢給＋職能給，本人給＋職能給，属人給＋職能給と属人給＋仕事給の二本建基本給の方向に定着した．これは，日本型賃金体系の再編成が行われたことを示している」（幸田 2013：300）と述べている．

　能力主義とその実現手段ともいえる職能給については，「日本的な妥協の産

物」という見解が示されている．成果・業績主義ともいわれる現代においても，職能給的な賃金は存在し続けるという見解を示しているようである．しかし，「潜在能力を含む能力主義から，顕在能力のみを評価対象とする成果・業績主義時代の賃金体系は，年功的要素を徐々に排除しつつ，その落ち着き先を見出せずにいる」（幸田 2013：301）と幸田はみている．

　経営側である日経連・日本経団連が打ち出している賃金の「落ち着き先」は，実はすでに明らかである．それが「仕事・役割・貢献度を基軸とした賃金制度」である．後に詳述するが，その基本的な概念は，従来の「能力重視」という「供給サイド」の視点から「仕事・役割」重視という「需要サイド」の視点へのシフトである．換言すれば，労働者の能力伸張に対する期待から，企業において顕在化した貢献度へと，賃金支払の対象が変化したということである．

　この供給重視から需要重視への転換という解釈は，今野（1998：83-92）と石田（2009：22）によって提起されている．要は1990年代以降の日本の人事・賃金制度は，人材の能力伸張に対する暗黙の期待を根本におくという「（労働の）供給サイド」の重視から，「仕事」や「成果」の面を重視するという「（企業側の）需要サイド」を重視するようになったというのである．ただしこれらの研究は，このような転換を経営側である日経連／日本経団連の政策に即して具体的に解明しているとは言えない．

　本書では，先行研究ではこれまで取り上げられることのなかった，日本経団連の打ち出した「仕事・役割・貢献度を基軸とした賃金制度」について，それがこれまでの経営側（日経連，日本経団連）の賃金政策の中において企業内でいかなる賃金格差を生みだしているのか，その背景にある思想は何か，定期昇給といかに関連しているのか，さらにはこの制度が定期昇給と結びつくことによって浮き彫りとなった「社会的格差」の問題について論じることとする．

2．本書の分析枠組み
——賃金格差と賃金水準・個別的管理と集団的管理——

　本書の目的は，定期昇給制度が，戦後から今日にいたるまでいかに議論され

てきたかを，経営側の視点に立って時系列に分析すること，そしてその変遷を探ることで，戦後の日本の経営者の賃金政策について検討することである．そのために，以下のような分析枠組みを用いることとする．

　経営側の賃金管理は基本的に次の二つを課題として行われる．第一に働く者の賃金水準を適切に管理することである．賃金水準は，戦後から一貫して労使双方の大きな関心事項だった．終戦直後において労働組合は「食うための賃金」のスローガンの下，過激なまでの賃上げ闘争を行い，経営者は防戦一方という状況だった．1960年代になると労働組合は「ヨーロッパ並みの賃金」をスローガンに掲げ，高度成長を背景に，大幅なベース・アップの獲得を目指すことになる．1970年代はオイルショックを契機とする大幅な物価上昇とそれに伴う賃上げに対して，経営側が結束して対抗することとなる．そして1990年代以降は，日本の賃金は世界最高水準であるとの認識から，経営側による賃金水準抑制の圧力が強化されることとなる．定期昇給の分析枠組みとして「賃金水準」を利用することは，経営側の視点としては，自社の生産性を基にした支払能力，さらには社会全体の労働生産性に基づいたマクロ的な意味での支払い能力との関連で賃上げ，とりわけ定期昇給をどの程度まで許容できるかを考察するために有用である．

　第二に働く者のなかでの賃金格差を適切に管理することである．企業は営利追求という目的を持つ以上，その目的に沿った組織を形成する必要がある．査定により経営や組織管理・監督を担うにふさわしい人材とそうでない人材と区別し，なお適材適所に人材配置をすることにより，企業はその目的を達成するための組織を編成する．従業員の秩序はその過程で必然的に生まれてくる．賃金格差は通常，このような従業員秩序の反映であると同時に，より望ましい従業員秩序を形成するための手段でもある．

　これらの賃金管理は，賃金が経営の一方的な意思によってではなく，経営と労働者あるいはその集団との間の「取引」を介して決められることを前提とすれば，次の二つに分けられる．一つは，経営と個別労働者との間で賃金が決められる個別的管理である．これは採用における個別的な賃金交渉をさておくと，

通常は日常の業務において，経営者の意を受けた管理監督者が，従業員と仕事を遂行する過程で従業員の日々の業務をチェックしつつ，従業員とコミュニケーションを取りながらその査定を実施することである．また目標管理に代表されるように，経営側が従業員と経営課題を共有しつつ，目的の達成度に応じて賃金を決めるという方法も，1990年代以降には盛んに行われている．

　現に日本の企業は個々の従業員に対しては，査定昇給を実施することにより，個々の従業員に対する評価に差をつけ，従業員の序列を形成してきた．興味深いのは，日本の労働者もこの査定を容認してきたことである．ただし，その容認は昇給を前提としてのものであった．人により額に差があったとしても，「毎年賃金が上がる」という意味での定期昇給は日本の労働者には歓迎すべきものだったのである．しかし，1990年代におけるデフレの状況下でベース・アップがほぼ消滅し，加えてグローバル競争の激化による企業を取り巻く環境が厳しくなる中，個別管理に対する査定強化の動きが強まる．「成果主義」と呼ばれる近年の一連の賃金改革の動きも，そのような背景から生じたといえる．経営側による査定強化の動きは今日に始まったことではないが，現代におけるその圧力は顕著である．

　賃金管理のもう一つは，経営と労働者集団との合意に依拠し，あるいは労働者集団の慣行を考慮して賃金を決めなければならない集団的管理である．集団的管理にはいくつかの側面がある．第一に，日本には「春闘」と呼ばれる，多[11]くの企業が賃上げ交渉を一定の時期に集中させて行うという慣行が1955年頃より続いてきた．春闘において労働組合は「ベース・アッププラス定期昇給」という要求を長年に渡り続けてきた．高度成長期においてはベース・アップが10％を超えていた時期もあったが，現在ではベース・アップは消滅し，賃上げ率はほぼ定期昇給と同率となっている．定期昇給を実施するか否かはそもそも経営側の主導権の下で決定される，いわゆる「経営権」の事項だったが，近年では定期昇給の実施の可否が労使交渉の議題となりつつある．

　第二に，「集団的管理」としてみる場合，労使での賃金制度の設計に関する交渉を見逃すことはできない．例えば職能資格制度の設計の際には，通常，経営側から案が提示され，労使間で協議・交渉が行われ，その結果として職能資

格制度が正式に決定されることとなる．つまり，賃金制度の設計が労使交渉の場で論議される「集団的管理」の対象となっているのである．

第三に，日本の企業においては，同年度に入社した「同期」と称されるグループがあり，場合によっては「同期」の前後数年分を含むグループごとに管理されるのが通例である．若年時においてはその差は「同期」内での範囲（レンジ）に止めているが，中高年層になればその差は顕著になり，昇進・昇給していく者とそうでない者との差は明白になる．

第四に，特に1990年代以降においては，総額人件費管理や雇用ポートフォリオが，企業の人件費全体を制御するという意味で賃金の集団的管理の性格を強めていく．この時代の集団的管理は，「成果主義」に代表される個別的管理と相まって，企業は賃金抑制を一層強力に進めていくことになる．

上記の2つの課題に加えて，賃金は個別企業だけでなく，個別企業の範囲を越えて社会的に決定される側面をも有することに鑑みれば，賃金管理あるいは賃金政策は，個別企業単位で実施されるミクロ的なものと，社会的あるいは全国的な範囲で行われるマクロ的なものとがあるといえる．

前者は，日本経営者団体連盟（以下，日経連）が主張してきた「支払能力論」が代表的なものである．「支払能力論」とは何かを簡単に説明すれば，「従業員の付加価値労働生産性の上昇率の範囲内で賃上げ率を決定する」という考え方である．ここで定められた賃金原資を基にして，職務給，職能給などの賃金体系に則って従業員への配分を経営者は決定している．

後者は，日経連が春闘時に主張してきた「生産性基準原理」が挙げられる．「生産性基準原理」とは，労働分配率が一定という仮定の下で，マクロレベルの付加価値であるGDP（国内総生産性）の就業者1人当たりの増加率（国内経済生産性）の上昇率の範囲内に，マクロレベルの賃上げ率を抑制することにより，ホームメイド・インフレ（国内要因により引き起こされるインフレ）を抑制することができるという考え方である．

日経連は生産性基準原理を喧伝する一方で，生産性の高い企業や業種に対して，自社の生産性が高くとも高い賃上げを行うことは日本国内での賃金格差を

助長するものであるとして自重を促し,「適度な賃上げ」を求めてきた. その背景には, 高生産性部門に追随して低生産性部門が賃上げをすることにより引き起こされる「賃金インフレ」を予防するとともに, 業種間, 企業間の賃金の「社会的な格差」の拡大を防ぐという目的もあった.

　興味深いのは, 定期昇給がこれらの賃金管理あるいは賃金政策のすべてに深くかかわっているという点である. 説明しよう.

　第一に, 定期昇給は, 個別企業単位での賃金水準と深くかかわる. 日経連は労働組合からの熾烈なベース・アップ要求を抑制するために, 定期昇給の必要性を提起した. その根底にある理論は本来は「内転原資」論であった. その背景には, 従業員は入社から退職時までの賃金を繋げた「昇給基準線」に則って, 賃金が決定されていくとみなす考えがあった. つまり入社する者と退社する者の比率が等しいという前提の下, 査定による個人差はあるにしても概ね昇給基準線上で定期昇給を実施していくのであれば, 追加的な賃金原資を必要としない, すなわち内転原資により定期昇給を賄うということである. 内転原資で賄われる定期昇給は, 個別企業単位における賃金水準を安定させる役割を果たしてきた. しかし従業員の年齢構成の変化により, 1980年代に入ると, 定期昇給の原資をめぐる議論は, 内転原資論から生産性を基本とした支払能力論へとシフトしていく.

　第二に, 定期昇給は, 個別企業単位での賃金格差, そのなかでも集団的な賃金管理とかかわる. いままで「年功制」と言われてきたものがそれである. すなわち, 同年度に入社した「同期」といわれる集団を基本にして, 多くの日本企業は「同期」ごとに賃金を引き上げてきた. その根拠はいわゆる「年功」に基づくもので, その内実は勤続年数や, 勤続年数に基づいて形成されてきた(との前提に立った) 従業員の「能力」の伸張度などである. 多くの日本企業は若年時においては勤続年数に応じた賃上げを行ってきたが, それは若年時においては「同期」の中では顕著な差をつけないという意味においてである. 実際に「同期」内での差は, 入社後20年程度を過ぎた後より明らかになるような仕組みを, 多くの企業は取ってきた. 個別企業単位での賃金格差, そのなかでも集団的な

賃金管理の形成を定期昇給において担ってきたのは，主として機械的昇給である．

　第三に，定期昇給は，個別企業単位での賃金格差，そのなかでも個別的な賃金管理とかかわる．従来，これは「考課」というタームで論じられてきた．すなわち従業員に対して，その能力や業績によって「差」をつけることである．そのための手法として「考課」が用いられてきた．考課は企業にとって，経営者や管理・監督者を選抜するために必要である．さらに考課は，普段の業務において，できる者とできない者を識別し，従業員に対する仕事の「動機付け」を促す役割をも果たす．ここでは定期昇給は，主として考課的昇給の効果により，企業内における考課・査定に基づく従業員の実力主義的な秩序形成のための手段となってきた．

　第四に，定期昇給は，マクロ的な意味での賃金水準と深くかかわる．いわゆる「生産性基準原理」をめぐって議論されてきたものがそれである．すなわち，生産性に基づいた賃金決定が，定期昇給に対しても求められてきたということである．労使交渉の場では賃上げは，「ベース・アッププラス定期昇給」という形で議論されていたが，1960年代から1970年代にかけては，ベース・アップが賃上げ率の主役であった．定期昇給は「あって当然」という前提が労使で共有されていたとも言える．しかし1980年代に入り，ベース・アップの比率が低下するに従い，また従業員の高齢化や定年延長などによって内転原資論が成立しなくなり始めてから，定期昇給も生産性基準原理およびそれを企業の賃金決定に応用した支払能力論の対象内に入ることになる．

　第五に，定期昇給は，マクロ的な意味での賃金格差と深くかかわる．集団的賃金管理と個別的賃金管理の両側面を含め，社会全体でどのような賃金格差を設けるかは，戦後まもない時期から日経連の関心事項であった．日本においては，業種間（特に製造業と非製造業），規模間（大企業と中小企業）の生産性格差が大きく，生産性格差が賃金格差の原因となってきた．日経連は生産性の高い業界や企業に対して，国民経済生産性上昇率以上の範囲内に賃上げ率を抑制すべきであると働きかけ，国内の業界・企業における賃金格差が拡大しないことを目論んでいた．日経連の主張の背景には，生産性の低い業界・企業が生産性の

高い企業の（生産性に見合った）賃上げに追随することにより，賃金インフレが起こることを避けるべきという考えがあった．しかし「高い賃上げを避ける」という意図はあくまでもベース・アップについてであり，日経連は定期昇給を，賃金決定における経営側の主導権を発揮する手段として一貫して活用してきた．特に考課的昇給についてはその傾向が強い．

　注視すべきは，この定期昇給自体が近年，社会的な賃金格差を設ける重要な手段となりつつあることである．1990年代以降，日経連／日本経団連は「雇用ポートフォリオ」や「多立型賃金体系」さらには「仕事・役割・貢献度を基軸とした賃金制度」を社会に広げるために力を注いできた．これらは多様な雇用形態を前提とするものであるが，その多様な雇用形態は実際に定期昇給と密接にかかわっている．すなわち，コアとみなされる従業員層あるいは社会的階層に対しては昇給を容認し，周辺とみなされる従業員層あるいは社会的階層に対しては昇給を与えない，という考え方である．ただし，このような格差付け，つまり，正規従業員と非正規従業員との間で「定期昇給の有無」をもって区別するのがはたして「社会的公正」という面からみて容認できるものと言えるのかという疑問は残る．

3．これからの議論の展望

　ここまで，日経連の賃金政策に関する先行研究と，本書における分析枠組みについて論じてきた．

　日経連の賃金政策に関する先行研究は，特定の時期や話題に焦点を当てたものが主たるものである．これらの先行研究が取り上げるテーマは，その後の日本企業の賃金制度に大きな影響を与えたものであり，研究により得られた成果は少なくない．しかしその多くは本書が提起する分析枠組みから見れば，定期昇給をはじめとする日経連の賃金制度についての考察がまだ不十分であると言わざるをえない．

　本書は，本章において説明した分析枠組みを用いて，日経連が定期昇給に対して，さまざまな賃金体系の下で運用する中で，それぞれの時代においていか

なる意味を付与してきたのかについて考察することとする．その作業を通じて，これまで明らかにされてこなかった，定期昇給が日本の賃金体系において常に根底に存在してきた理由を明確にすることができると考える．

　定期昇給については，研究者の中にも「あるのが当然の前提」と考える向きが少なからず存在する．そのことが，定期昇給が存在してきた意味については，これまで深く議論されてこなかった理由であると思われる．

　本書は，日経連に代表される経営側がそれぞれの時代にどのような考えの下に定期昇給にこだわり，それを維持したのかを時代ごとに明らかにすることを研究することにより，日本の経営側が「継続事業」という条件の下に，労働への分配に対していかなる政策を展開してきたのか，またその背後にあった思想や外的・内的条件は何かを明らかにすることを目的とする．そのことを通じて，「日本独自の賃金制度」と広く言われている定期昇給，すなわち「定期」に「昇給」することを日本の経営者はいかに運用してきたのかについて，経営側の視点から，日本の賃金制度の歴史の中で捉えることができるものと考える．

注
1）これを野村は「定義その一」としている．
2）以下に示す定義を，野村は「定義その二」としている．
3）実際の表現は以下のとおり「ところが日経連は同じ1954年に，上記とは異なる『昇給・ベース・アップ』の概念も主張していた．別の定義によれば，『昇給制度』は『新旧入退職者の労務費の差額に見合う昇給率により，企業の負担能力の向上なくして，ほぼ一定の労務費総額の下において，昇給曲線による昇給を，永続的制度として成り立たせている』．それに対して『ベース・アップ』は初任給も上がるし，初任後から停年までの間の各時点における昇給曲線から導かれる賃金を，それ以上の新たな水準に引き上げる」（今村久寿輝「昇給とベース・アップの論理」『経営者』1954年1月号，58）というのである．」（野村 2007：324）．
4）「職務給対職能給の昭和30年代後半の争いは「職務遂行能力」という概念を導き出した．この新しい概念の発見とその運用によって勤労者の意識に内在した形で賃金制度の合理化をはかる手掛かりをつかんだと言ってよい．この動きが"能力主義"として完成されるまでには，英米に追随するのではなく日本の条件それ自体を吟味する主体的な姿勢がなくてはならなかった．しかしひとたびその姿勢が確保されるや，『職務

遂行能力』を倫理化することを通じて，“能力主義”は自らを『人間形成』の哲学として開花させる結果となった．これは日本の勤労者が無定形であれ懐いていた『能力』観に対するフェアネスを徹底して倫理化したものであり，容易なことではあらがえない哲学であった．それは，しかし視角をかえて言えば『人間尊重』の内容に示唆されるように，すでに近代を超えた労使関係観であったことを十分留意しておかなければならない．」（石田　1990：51）．

5）「1955年以降72年までの（日経連の：筆者注）主要課題は，職務給，ヒューマン・リレーションズ，それに能力主義の3つに集約されよう．これらの基調は，アメリカ的労務管理に求められていた．50年代一杯は，使用者団体の意向として，労務管理におけるアメリカ的な技法を最高のものとして評価し，日本の伝統的な雇用慣行については否定的な立場が取られていた．それが60年代に入ると，日経連の論調は，いわゆる日本的特質を重視しなければならないという立場に変わってくる．……日経連においても，1958年以降の急速な経済成長が，世界の脅威の的となるに及んで，たんなる近代的＝アメリカ的な管理技法でなく，日本の労使関係の伝統を踏まえた革新的継承という現場の行き方を再評価する傾向が強まってきた．」（間　1981：326-329）．

6）その理由として，「ここでは，かつての近代化＝アメリカ化という発想ではなく，むしろ近代化＝普遍的合理化の考え方が貫かれている．他の箇所では『能力主義管理の中心的考え方に職務中心主義をもとにして各人の適性に応じた個別管理で（ママ）あるが，それを急ぐあまりともすれば看過されがちな日本人の民族の特性である集団主義についてはこれを再認識し，むしろ小集団による能力の発揮をはかるべきである』とか，強い否定の対象となっている年功制についても『われわれは年功制のすべてを否定し，いっきょに全く新しい人事労務管理に替えようとしているのではないし，それは不可能でもある．従来の年功制の能力主義であり得なくなった点，その陥った欠点を改め，長所は生かそうとするものである』とか述べて，特殊日本的なものを積極的に活用しようという態度が示されている．」（間　1981：330-331）．

7）1968年3月の日経連総会における前田専務理事による「労働情勢報告」に「日本の特長をただわけもなくかなぐり捨てて，ヨーロッパのまねをすることが近代化だと思うのであれば，これはとんでもない間違いである．」という記述がある．

8）「昭和30年代末に能力主義が唱えられたときには，実力主義ともよばれたのであって，これからは学歴・年齢によらず実力の発揮によって従業員を選別するのだという意味の荒っぽい議論が展開されていたのである．やがて昭和40年代前半に入って日経連の『能力主義管理』と題する大部の報告書が刊行された頃から，能力主義管理の一つの体系が明らかにされるようになった．これを能力評価主義管理と呼んでいる．しかし，欧米の当時の状況をみても，1960年代後半は機械中心の人事労務管理から人間中心の管理へと大きく転換する時期であって，日本的な経営もまた能力評価主義管理を受け入

れなかった．こうして能力評価主義管理への批判の中から，能力開発主義に立つ能力主義管理が登場してきた．」（津田 1976：81）．

9）その理由は「"昇給制度"はその運用において，戦後の新しい生活給概念や職能給概念を採り入れているとしても，形としては戦前の"企業内管理賃金"である．"賃金の解放"の第一は団体交渉制であるが，第二は"個別賃金"の明確化でなければならないからである．」．しかし「25年間の歳月をもってしてこの"個別賃金"体系確立が遅々として進まなかったことの原因の一半は，わが国の労働組合が"賃金体系"の問題については驚くほど保守的であったことを指摘せねばならない．もっとも近年における春闘賃金要求における"標準労働者方式"は，個別賃金に基づいたベース・アップ要求であり，それが当然定昇を除いた真のベ・アのみに関するものであることは高く評価される．しかしわが国の複雑な企業別賃金体系の下では，同一産業内でも基準となる個別賃金の設定は非常に困難であって，"標準労働者"方式をもって現在のベ・ア方式にかえることは当分困難であると言わざるをえない．それは"個別賃金体系"の存在を前提とし，さらにその統一を志向するものであるからである．」（金子 1983：149）．

10）「人事トータルシステム」の原型になった概念図が，日経連職務分析センター編（1980：56）に掲載されている．

11）現在日本経団連は「春季労使交渉・協議」，連合は「春季生活闘争」という言葉を使っているが，本書では「春闘」で統一する．

第2章　経営権としての定期昇給と
　　　　職務給の導入
——1950年代～1960年代——

　終戦直後において，経営者が定期昇給制度の樹立を求めた最大の目的は，賃金決定における経営権の奪還であった．経営権と定期昇給の関係について触れる前に，「経営権」について先行研究に基づいて簡単に確認しておきたい．

　間は経営権について「経営権という言葉そのものは必ずしも明確な概念ではないが，現実の労使関係の展開の過程では，2つの意味が，相互に重なり合いながら用いられてきた．その一つは所有権，占有権，営業権などを基礎におく使用者の法律上の権利としてのそれであり，いま一つは，労働組合との組織上の力関係における事実上の支配権力である．そして戦後，使用者側が主張してきた経営権の確立とは，この両方の意味を含んでいた」と説明している（間1981：248）．つまり「経営権」とは端的に言えば，経営者が自己が法的に正当に所有する資本（有形資産，無形資産を含む）を基にして，雇用している労働者（もしく労働者の集合体としての労働組合）を使用して経営活動を行う権利のことである．「経営権」は企業経営においてごく当然のものであるかのように思えるが，終戦直後においては，経営側があえてこのような主張をしなければならないほど，労使関係が深刻な状況に陥っていたということである．

　栗田は，日経連の経営権の主張について，「経営権の不可侵性を唱え，企業を経営者の専権領域とした上で，労使関係をその専権事項に閉じ込められた労働者との間のみに限定するという日経連の主張は，したがって実際には，対等な労使関係の否定であった．……経営者にとって必要だったことは，労働組合

との信頼関係の中で経営者に許されている権限を，もっと明確な経営権として確立することであり，まぎれもないルールとして労働者に承認させることであった.」と説明している（栗田 1994：109-110）. 栗田は，日経連の当初の意図は，労働組合に対する徹底的な対峙であったこととしている.

　しかし日経連は，経営権について必ずしも労働側と対決姿勢を示していたわけではない. 日経連の創設メンバーの1人である櫻田武は，経営権について以下のように述べている.

　　「経営力に関する重要問題は，経営権の正しいあり方である. これはやはり資本と労働を使って，労働者を使って，この資本と労働をうまくコンバインさせて，そして物を造り上げる. 人類に必要なものを造り上げることになるのだから，結局は自分の経営する事業をパブリック・オーガンだという見方に立脚しなければならない. ……労働者，組合が経営者を生み出す一つの母体であるということである. 今日の経営体のあり方としては，労働者と経営者の立つ「場」は変わっていない. ……対立して抗争する場合は，あるルールに従ってするのは当然である. ただ争いのための争いではなく，前述のごとく資本と労働をうまくコンバインして国民の経済生活に必要なものを造り出していく，そのための争いでなくてはならない.」(櫻田 2000：9-12).

　櫻田の主張をまとめると，第一に，経営者は，自分の経営する事業を「パブリック・オーガン（「公器」：筆者注）と考えなければならない. そのためには，資本と労働をうまくコンバイン（「結合」：筆者注）させる必要があること.

　第二に，労働者・組合は，経営者を生み出すための母胎である. つまり，労働者の中で経営の能力に長けた優秀な者が，経営者に昇進していくこと.

　第三に，労使が対立するにしても，それは一定のルールに則って，資本と労働をうまくコンバインして国民の経済生活に必要なものを造り出していくためのものでなければならないことである.

　ここでは経営者が従業員の中から選ばれるという主張に止まらず「(労働：筆者補足) 組合」という，踏み込んだ表現を使用している. つまり，労働組合員

から経営者が生まれるということであり，その意味で労使は思想的にも一体，もしくは思想的に根本的な対立・齟齬がないという認識を櫻田は示している[1].

　以上のことから，日経連にとっての経営権の奪還とは，必ずしも労働側との対立ではなく，安定した良好な労使関係の確立であったことが確認できる．その上での，経営側が本来目指すべき，企業における賃金秩序の回復こそが，経営権奪還の意味するところである[2].

　終戦直後の労働組合による過激なベース・アップ要求に対して，日経連をはじめとする経営側は，経営者が本来経営上のイニシアティブとして持つべき「経営権」を確立するために，定期昇給制度の確立に精力を注いだ．

　以上をふまえ，本章では以下の2点について論じることとする．

　第一に，1950年代において，日経連が定期昇給を，賃金決定の中心的な手法として経営者に提起するに至った経緯を，当時経営側が強く求めていた「経営権の奪還」を軸にして議論する．定期昇給はいくつかの大企業において戦前から存在していたが，定期昇給を賃金決定の中心的な概念として日経連が全面的に押し出してきた背景には，企業内における賃金秩序をいかに形成し，保持していくかに関する，経営者の強い問題意識がある．この課題について日経連の文書を基に論究することで，定期昇給の性格を明らかにする．

　第二に，1950年代から60年代にかけて日経連が導入を試みた職務給について，それが定期昇給といかなる関係性をもっていたのかについて議論する．戦後まもない時期において，日本企業は従来の「日本式の経営方式」を「時代遅れ」のものとして考え，欧米風の方式を企業経営に相次いで導入しようとした．職務給の導入もその一環である．同時に日経連は，経営における賃金決定の主導権をより強化するためにも，職務給を導入しようとしていた．しかし職務給は「仕事につく」給与であり，初任給を始点として毎年賃金が上昇していく「人につく」定期昇給とは，本来は相いれない方式である．この相矛盾する方式はやがて妥協し，共存していくプロセスを，定期昇給を中心に考察するのが，本章の課題である．

　この時期の定期昇給は，当初はマクロレベルの賃金水準の問題（ベースアップの抑制）として提起されたが，現実的には主として，個別企業単位での賃金水

準の問題（内転原資論），個別企業単位での集団的格差（職務給の導入に際しての基準設定）及び個別的格差の問題（個々の従業員への人事考課）との関連で議論がされた．日経連による定期昇給の提起から職務給導入にかけてのプロセスを日経連の文書を通じて見ていくことにより，定期昇給が日本の風土に深く根付いた制度であることが浮かび上がってくる．

1．経営権としての定期昇給

（1）経営権回復の象徴としての定期昇給の意味

　歴史を追跡する前に，この時期に定期昇給がなぜ経営権回復の象徴として意味を有したかを説明しておこう．この時代における経営側の最大の関心事は，賃金決定の主導権を労働組合から奪還することであった．終戦直後においては激しい労働争議の中，労働組合は生産管理やストライキなどのあらゆる労働争議により，実質的に企業を支配していた．経営者はしばらくの間「呆然自失」という状態が続いていた．やがて経営側は経営権の奪還を目指して，1946年から各都道府県で経営者団体を設立し始めた．労働問題の専管団体の全国組織として日経連が設立されたのが1948年である．

　この時期以降，経営側の主導権奪還を象徴するものとして位置づけられたのが定期昇給であった．ただし「毎年賃金が上がる」という意味での定期昇給は，戦前においても限定的ではあるが一部の企業では実施されていた[3]．よって定期昇給が経営権奪還といかなる関係を持っていたのかを知るには，定期昇給が日経連によっていかなる意味付けがされてきたのかを先ず検討する必要がある．それを整理すれば，以下のようになる．

　第一に，定期昇給の賃金水準の問題である．これは定期昇給の原資と関連する．終戦直後の労働組合は，強烈なベース・アップ要求を経営側に突き付け，経営側もそれに対する有効な手立てを取れなかった．そのために賃金上昇圧力は強く，経営側は賃金コストを制御できなくなり，財務上の負担は重くなる一方であった．

　これに対して，経営側が思いを寄せたのが定期昇給であった．ベース・アッ

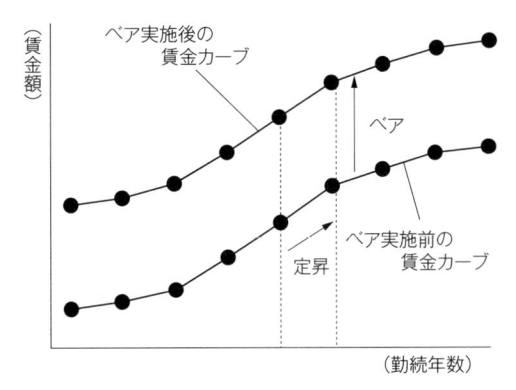

（賃金額）

ベア実施後の
賃金カーブ

ベア

定昇

ベア実施前の
賃金カーブ

（勤続年数）

図2-1　定期昇給とベース・アップの関係

出所：筆者作成.

プと異なり，定期昇給の原資は，内転原資（論）により調達できると考えていたのである．ここで内転原資論とは，企業に入社する従業員と退社する従業員の比率が同じであるという前提の下，従業員が毎年新陳代謝していくことにより，企業にとっては追加的な財務上の負担をすることなく，従業員の賃金を毎年上げ続けることができるという考え方である．

　図2-1は，定期昇給とベース・アップの関係について示したものである．定期昇給は入社から退社までの賃金水準を結んだ「昇給基準線」に則って行われる．この昇給基準線を上方に動かすのが，ベース・アップである．終戦直後は経営の混乱の中，昇給基準線が確立しておらず，賃金は無秩序状態で，賃上げはベース・アップが主たるものであった．これに対し，日経連が目指したのは，昇給基準線の確立並びに昇給基準線に則った定期昇給の運用であった．人員構成が変わらないという前提において昇給基準線に則っている限りにおいては，個々の従業員の賃金は毎年上昇するが，経営側には財務上の追加負担なく，賃金を制御できる．定期昇給の確立は，経営側による経営権奪還の一環として，昇給基準線に則った賃金決定と従業員に対する考課権の確立による賃金秩序の回復，さらには経営財務の安定を目指した試みであった．

　現に日経連「当面の賃金問題に対するわれわれの見解」（昭和30（1955）年3月4日）には，以下の記述がある．

（前略）

　二．恒例のベース・アップ方式による賃上げは適当ではない

　　かかる日本経済の厳しい状況にも拘らず，総評並びに基幹労組は政治的階級的賃金闘争の立場から，過去のインフレ期に慢性化した変則的一律ベース・アップによる賃上げ要求を恒例の如く繰り返さんとしているが，かかるベース・アップ方式はすでに昨秋公務員給与決定の際に否定されたところであり，われわれ経営者はコスト引き下げの目的達成のためにも，また労働関係の左記現状からしても当面ベース・アップは妥当と考えられない．

　　　1．現状において賃上げを要求する経済的根拠は乏しい
　　　2．賃上げは企業経理を脅かし雇用の安定に影響する
　　　3．一部大産業労組の賃上げは賃金格差を益々拡大させ社会不安を醸成する

　ここでは，賃金原資を増大させるベース・アップに対する反論が前面に出ている．その背景には賃金問題における労働組合からのベース・アップ要求が非常に苛烈であった事情が横たわっていた．日経連は労働組合からの要求には断固対峙し，ベース・アップは絶対に許さないという毅然たる姿勢を示したのである．

　実際のところ，1954年に日経連が定期昇給を強力に推奨し始めて以降，ベース・アップは抑制されるようになった（図序-3）．その意味で，経営側は経営権を奪還し，定期昇給を中心とした賃金制度を導入することで，賃金水準を抑制することができたと言えよう．

　第二に，定期昇給における賃金格差，特に個別的管理の賃金格差である．これは「考課」，「査定」や「年功」の問題と関連する．定期昇給には「考課的昇給」と「機械的昇給」の2つの側面があることは序章ですでに説明した．日経連は定期昇給における考課的昇給を強調することで，賃金の決定権を経営側に取り戻すことを試みた．ただし，機械的昇給を無視したわけではなく，労働者

の生活保障に対する一定の配慮を示し，機械的昇給の意義を認めている．しかしあくまでも，考課的昇給が主で，機械的昇給が従であるという関係を，日経連は強調してきた．

　「昇給基準線の設定による賃金秩序の回復」が定期昇給の目的であったとしても，なぜ入社時から退社時までが「右肩上がり」になるのか，すなわちなぜ若い時に賃金が低く，中高年になるに従って賃金が上がっていくのかという前提が成立するのかという疑問が残る．日経連がその理由としてきたのが，日本における「外部労働市場の不在」であった．日本では欧米のように，職種ごとに賃金が決まるという仕組みが存在していない.[4] 換言すれば，職種ごとにあるいは社会的な集団ごとに適切な賃金差を設定するという枠組みがないのである．市場賃金が唯一機能する機会は，学校卒業から入社する時に決まる初任給である．つまり，学生が内部労働市場に参加する機会においてのみ，その時々の経済状況や労働市場の需給関係により賃金が決定されるというのが，日本の仕組みである．

　外部労働市場の不在を補うために経営側が行ったことは，内部労働市場における従業員の序列の形成である．外部労働市場が機能していれば，外部労働市場において職種別に決まっている賃金に基づいて，従業員を序列づければよい.[5] しかし外部労働市場が機能していなければ，企業内で序列づけを行うしかない．企業内において外部労働市場を補完するための序列づけを担ってきたのが，最低限労働者の生活保障的な配慮を考慮した上での年齢・勤続である．年齢・勤続に基づく賃金は生活に配慮すると同時に，勤続年数が何年であれば，この程度の能力は身につけているはずであるという前提に立って実施される．つまり，勤続年数を能力伸張の代理変数とすることで賃金水準の相場感を企業ごとに設定し，内部労働市場を形成したということである．「毎年昇給基準線に則って誰もが賃上げする」という定期昇給は，この前提に立って成立していた．定期昇給においてこの機能を担ってきたのが「機械的昇給」である．日経連及び日本経団連が今日に至るまで考課を主体とした定期昇給の確立を目指しつつも，機械的昇給を無視することができなかったのは，この理由によるといえよう．

　以下では，定期昇給に関連して，経営権，内転原資論，定期昇給の性格（考課的昇給と機械的昇給）をめぐる日経連の議論について検討することとする．その議論のプロセスを通じて，日経連が定期昇給の推奨を「賃金決定における主導権の奪還」の一環として捉えていたことが明らかになる．そしてその最たる目的は，労使関係を安定させた上での「人事考課権」の確立であった．

（2）日経連の設立

　第2次世界大戦後まもなくの数年間は，経営者にとっては「呆然自失の時代」といってもよい．激化する労働運動に対してなすすべもなく，ただ「見ているだけ」という状況が続いた．やがてそのような状況を打破すべく，経営者の組織化が進み始めた．1946年には東京地区の経営者協会である関東経営者協会が設立され，やがて全国各地でも経営者協会が設立され始めた．そして1948年に，全国の都道府県に設立された経営者団体を包括する全国組織である，日本経営者団体連盟（日経連）が設立された．

　1948年に設立された日経連はその第1回総会において，「宣言」を高らかに唱えた．それは，戦後，自信を喪失していた経営者に対する檄文のような響きをもつ内容であった．以下はその抜粋である．

　　「日経連第1回総会・宣言（1948年4月12日）[6]」
　　「我等経営者は，志を同じうし憂いを共にして，相寄り相集い，経営者団体連合会の改組強化を計り『日本経営者団体連盟』の旗印の下に，総力を結集して，その知識経験を動員，その熱意と勇気を振作，以て経営権を確立し，産業平和の確保と，日本経済の再建に向かって，不退転の努力を傾倒せんとするものである．
　　『経営者よ，正しく，強かれ』」

　経営側が「経営権」を強く主張した背景には，労働側の熾烈な賃上げ要求，賃金支払能力の不足感や，職工員身分の撤廃による企業内の賃金秩序の崩壊に対する危機感もさることながら，経営体制の転換に対する強い危機感があった[7]．また，日経連は，「労働権」が1947年に公布された日本国憲法（第27条及び28条）[8]

に規定されているのに対して，当時の激しい労働争議の中で「経営権」が無視
されている状況を受けて，企業経営における経営者の主体性を取り戻すべく，
「経営権の確立」を強く主張したのである．

　ただし日経連は，「経営権」の名の下に，「労働権」そのものを否定したわけ
ではないのは，先に示した櫻田の発言が語る通りである．1949年までの経営側
の姿勢は，労働組合に対する徹底抗戦の姿勢を貫いていた．しかし，1950年5
月9日に公表された「新労務管理に関する見解」では，労働権を尊重し，労働
の役割を積極的に評価する一方で，労働権の濫用を抑制すべきとの主張を展開
している[9]．つまり，労働権との共存による健全な労使関係の確立を訴えたので
ある．このことは，先に示した櫻田の発言と整合的である．しかし栗田（1994：
80-86）が指摘するように，経営権確立のためには，その後も大規模な労働争議
は避けられなかったことも事実である．

（3）経営権の奪還と定期昇給をめぐる日経連の議論

　終戦直後における経営側，特に日経連の最大の関心事は，前述のように経営
権の奪還であった．よって，賃金に関する主張についても経営権が強調されて
いる．

　ここで，当時の日経連の賃金に関する主張を，定期昇給を中心に見ていくこ
ととする．

　日経連が定期昇給の導入を積極的に推進し始めたのは1954年からである．そ
れ以前からも日経連は，労働組合からのベース・アップ要求に対する反論を続
けていた．一方で実際には，定期昇給自体はすでに多くの会社で導入されてい
た．ここでは，1954年以前の日経連の主たる主張を取り上げ，日経連が定期昇
給を推進する背景について検討することとする．

　まず日経連の示す「経営権」についての定義を改めて確認しておく．

　日経連労務資料 No. 12「新労働協約の実態調査」（昭和25（1950）年3月17日）
は，「経営権」には，経営管理権と人事管理権があり，人事管理権に，昇給・
昇格が含まれるとしている．つまり経営権は企業の管理全体を指す概念であり，
賃金管理一般をも含む．

日経連臨時総会（1949年9月30日）「新労務管理の確立に関する決議」には，以下のような記述がある．

（一）労務管理の基盤たる経営権の確立とこれが正当なる行使についてすみやかに対策を樹立すること

（二）非組合員の範囲の明確化，職場秩序，服務規律の保持励行につとめること

（三）職階制の制定ならびに賃金形態の整備，合理化を図る

（四）企業経理，生産コストを基礎とする高能率高賃金の原則を樹立すること

（五）職務分析と人事考課制度を整備して職務権限を明確にし労働生産性の増進を期すること

（六）設備の改善，作業環境の整備，適正労働量の確定によって生産効率の向上を期すること

ここでは経営権を「労務管理の基盤」と位置づけ，あわせて賃金形態の整備や職務分析と人事考課制度の整備の必要性が強調されている．この時期においては，経営権の確立による労務管理，ひいては労使関係の安定が，日経連の最大の関心事であったことが伺える．

日本経営者団体連盟（1950b）「当面の利益分配的諸要素に対する経営者の態度」には，当時労働組合が強烈に要求していたベース・アップを否定する見解が以下のように示されている．

・賃金の決定に当たっては企業の生産性並びに市場性を考慮し，経営効率とリンクせしめること

・経済情勢並びに健全経営の見通しの不明確なる現段階においては，原則として賃金のベース・アップは適当でないこと

また日本経営者団体連盟（1953）「基本的労働対策にかんする意見」は，以下のように訴えている．

　二.　賃金対策については，従来の年中行事的な一律ベース・アップによる
　　　労使の紛争傾向を除去し，これに代わるべきものとして事業の実態と能
　　　率に即する給与制度の合理化を図らしむること

そしてその背景説明は，当時の賃金をめぐる経営側の認識をよく表している.

　　「賃金問題の合理的解決は労使関係の安定，労働能率の向上，ひいては
　産業平和を期するために最も必要な課題である.　戦後わが国の労働組合の
　賃金闘争の方向は過去のインフレ期を通じ賃金要求はもっぱら生活給にの
　み偏し，年中行事的ベース・アップ闘争を繰り返してきた.（中略）また最
　近の一部産業特に大規模企業における国民経済の現実を無視した極めて利
　己的な賃金要求傾向を放置するときは国民経済を破壊に導くのみならず他
　面その分配面での不均衡は業種規模別格差を拡大し，労働不安社会不安を
　も醸成する要因となるであろう.　叙上の如き諸般の実情に鑑み政府は当面
　左記の諸点につき適切な諸施策を講ぜられんことを要望するものである.」

　ここに，経営側がもつべき賃金決定の主導権を回復するために，経営権を奪
還しなければならないという危機感が見て取れる.　そして解決のための諸施策
として，賃金制度合理化の推進，労働協約中賃金制度の明記，公務員給与制度
の改正，調査機能の拡充強化を訴えている.

　一方で実際に当時から，定期昇給制度を導入している企業も多かった.　日経
連労務資料 No. 16「最近における賃金実態の一側面」（昭和25（1950）年 5 月27日）
では昇給制度の実例として数社が紹介されている.　例えば以下のような事例が
ある.

　　K 社（食料品製造）
　　　年齢給・勤続給は一年の経過年数に応ずる機械的昇給を行う
　　　能力給は評定会により昇給を決定するが，職務上上位の者が職務上下位
　　　の者を評定の上，総合点数により査定する
　　S 社（食料品工業）

　本人給を年齢給，勤続給，能力給の三要素に分し，年齢給，勤続給は毎年一回下の方法により自動的に昇給する

　能力給総額の10%を昇給総枠とし，技能及び成績等に応じて各人の査定を行う

　また，関東経営者協会 (1953b) は，「関東経営者協会による昇給制度調査 (昭和28年2月)・183社回答」を紹介している．調査によると，協約・昇与・昇給規定等により定期昇給もしくは臨時昇給を制度として定めている企業の割合は，従業員1,000人以上の大企業では，106社中82社である (77.4%)．そして企業規模が小さくなるにつれて，その比率は低下する．昇給の回数は「年1回」が101社 (67%) で，うち100社が定期昇給によるものである．

　これらの事例は，定期昇給制度がこの時期にすでに多くの企業で導入されていることを示すものであるといえる．

　以上のように，経営権の確立による賃金決定権の奪還を，日経連は強く意識しており，労働組合から強烈なベース・アップ要求に対して，断固闘う姿勢を示していた．一方で，1954年以前においても，定期昇給制度を導入している企業は多かった．そのような中で，1954年に定期昇給制度に関する重要な提言が，日経連から出されることになる．

（4）1950年代前半における定期昇給をめぐる議論

　定期昇給制度が，戦後の経営側の賃金決定の中心的な主張として，日経連により強力に推進され始めたのは1954年からである．しかし定期昇給制度自体は戦前から存在しており，戦後も実態としては多くの企業で採用されていたのは前述の通りである．

　日経連の機関紙である日経連タイムスは，No. 239 (1953年3月8日付) において，「日経連・関東経協主催・賃金管理者講習会開く (1953年2月24〜26日)」との記事 (対談) を掲載しているが，そこでも定期昇給に関する議論が交わされている．対談の中で板倉正明 (三菱金属鉱業給与課長) は，定期昇給には戦前から人事考課による側面と，自然増加的な側面があり，その性格は変わっていな

いと語っている. しかし1940年代後半から50年代前半にかけては, 労働組合によるベース・アップの要求が熾烈であったために, 日経連もベース・アップ抑制の主張を強調することとなり, 労使の間で定期昇給自体が主たる議論となることはあまり見られなかった.

このような背景の中, 1954年に入ると, 定期昇給とベース・アップを明確に分離して, 定期昇給の確立を経営権の奪還の象徴として捉えるべきであるとの主張が日経連から出てくる. その嚆矢といえるのが, 今村 (1954：56-59) である. 今村は, 日経連の事務方を支援する企業側 (日本化薬) のスタッフとして, 長年に渡り, 日経連の主張の草案を作成する作業に携わってきた. 今村は, 昇給を (イ) 労働者の業務能力 (労働力の経済的価値) の上昇, (ロ) 勤続を条件として, 労働者の消費単位の質的・量的向上に対処する個別賃金の引き上げとする一方, ベース・アップを, その広義の意味において, (イ) 物価上昇に対処して実質賃金を維持するための賃上げ, (ロ) 物価上昇がなくとも, 労働者の生活水準を相対的に向上さすための賃上げ, と分類した. 今村の主張を要約すると, 以下のようになる.

① 昇給は, 企業内の従業員の秩序を保つための制度である
② 昇給の原資は, 必ずしも内転によって得られるわけではない
③ 昇給はまず能力主義ありきで, 生活給の要素は後から追加されている

そして, 賃金の正常なあり方として,

① 昇給制度が主であり, ベース・アップは追加的な措置であるべき
② 昇給制度においては, 能力主義に基づく査定が主となり, 生活給は従となるべき

としている.

今村は賃金水準が低かった当時の状況において, 労働者の生活向上のためにはベース・アップを一時的に実施することは許容している. しかしそれはあくまでも暫定的な措置であり, 最終的には昇給制度, それも能力査定に基づく制度が主体たるべきであるというのが, その主張の根幹である. もっとも今村は

昇給について，制度として生活費追加的機能の一面をもつことを認容している．
ただし生活費上昇分が能力上昇分を上回ることはないこと，生活給が残る段階
においては賃金の上下格差が不十分であるために，新旧入退職者の労務費の差
額は不十分であるとして賃金秩序の混乱が起こることを今村は指摘する．この
議論は本書の分析枠組みで見れば，個別企業単位での個人的格差に関するもの
である．

　また今村は内転原資による原資の調達については，いささか懐疑的である．
その背景には，今村自身が労働側からのベース・アップ要求に対してこの時点
では完全には対抗できないと考えていたこと，能力主義による査定が原資を増
やす可能性があると考えていたことが挙げられよう．この議論は，本書の分析
視角によれば，個別企業単位での賃金水準及び賃金格差に関する議論である．

　今村の論文は，定期昇給における賃金水準と賃金格差について正面から扱っ
た最初の試みである．ただ，機械的昇給の部分については「生活給」という表
現に止めており，機械的昇給の性格を狭く捉えている感がある．しかし今村の
議論は，その後の日経連の定期昇給に関する議論の1つのモデルとなったと言
える．

（5）日経連が主張した「経営権としての定期昇給」

　1954年の中央労働委員会による私鉄賃金争議に対する調停は，ベース・アッ
プに代わって定期昇給が賃金決定における方式たりうることを広く世に知らし
める契機とされている．

　私鉄総連（労働組合）は1954年1月以降のベース・アップ要求について，「一
律2千円プラスアルファ」を要求したが，経営側はこれを拒否し，中労委に調
停申請を行った．4月17日に私鉄53社各社に調停案が出されたが，その冒頭に，
下記の文言が出てくる．

　　中労委私鉄賃金争議調停委員会調停案（1954年4月17日）
　　一．昭和29年4月以降定期昇給を実施することとし，右昇給分を含めて現
　　　　行基準賃金（税込）を左の通り増額する（幅は会社により7.5％～3％）

　私鉄総連は，アップ率が過少にすぎ，生活が保障されていないこと，定期昇給制度の導入は職制による組合圧迫の恐れがあること等を理由として，調停案を拒否したが，5月までには各社ともに斡旋または自主交渉により妥結した(中央労働委員会事務局編 1954：103-107)．

　中央労働委員会の調停を受けて，日経連が定期昇給に関するこれまでの自らの主張を取りまとめたのが「定期昇給制度に関する一考察」(日本経営者団体連盟・関東経営者協会 1954a) である．定期昇給制度に対する経営側の理論の確立を図るべく策定された同文書の背景には，1953年以降の国際収支悪化を契機として日本経済の未曾有の危機が予想されることから，労働面における最も大きな課題である賃金について，国民的見地から賃上げ抑制措置が真剣に検討されるべきという問題意識の下，定期昇給制度を，賃上げ抑制と賃金体系合理化という観点から位置づけようという発想があった．

　ここでは，ベース・アップは適用対象を全労働者として一斉に適用される一方で，定期昇給は個々の労働者を対象として賃金序列の修正を意味するものとして，両者を区別している．また，定期昇給は2つの概念に分けられるとして，1つは「定期に行われる昇給」，もう1つは「定期昇給」としている．前者は，単に昇給が定期的に行われるということである．一方後者は，企業内における賃金の秩序を保つために，個々の労働者の賃金の査定替えを行うことである．そして，定期昇給の決定については，「労働基準法を引用するまでもなく昇給基準線，最低基準，人事考課の方法等昇給の一般方針については労使対等の立場において決定せられなければならないが[12)]，一度決定した定期昇給制度の個々の労働者への適用は，当然経営権の枠内で行われるべきものである．」としている．ここで日経連は，定期昇給制度を経営権の一環として明確に位置付けている．

　さらに，定期昇給制度実施に際して考慮されなければならない定期昇給対象賃金として，以下のように，職務給及び職能給を挙げている．

　　「賃金管理の目的である，『職務と人との関係において，給与の支払を合理化し，もって満足な関係を維持し，最高の生産性を挙げる[13)]』という趣旨を

もっともよく生かした職務給，能力給等の職能給体系であるということができる．そして昇給の根拠として，年々の労働者の能力の伸張もしくは熟練の度合いの上昇があげられている．」（日本経営者団体連盟・関東経営者協会 1954：9）．

　また，定期昇給の原資として，「労務構成が変化しないという前提においては，内転原資において維持できるので，企業の負担は少ない」としている．短期的にみれば査定の幅の広狭により人件費の変動は起こり得るが，長期的にみれば人件費は内転しているということである．しかし，企業の経営状況が苦しくなったり，労務構成の変化が生じたりすれば，その実施も困難になることから，日経連は，定期昇給制度の導入を画一的に要請していたわけではない．しかしベース・アップに比べればその原資は少なくてすむはずであるという認識があったことは相違ない．

　1954年に日経連が定期昇給を賃金決定の中心に据えるべきであると主張した理由をまとめると，① 個別企業単位での賃金水準を抑制するために，膨大な原資を必要とするベース・アップに代えて，内転原資で賄える定期昇給を推奨したかったこと，② 個別企業単位での賃金格差に関して個々従業員に対して「考課」を導入したかったことである．日経連が「経営権奪還」を目的として定期昇給の導入を目指した背景には，この2つの理由があった．これらはそれぞれ，本書の分析枠組みから見れば，個別企業単位での賃金水準の問題，個別企業単位での個人的格差の問題に対応している．

（6）定期昇給における「考課的昇給」と「機械的昇給」

　ここでは，定期昇給における「考課的昇給」と「機械的昇給」をめぐる議論について，より詳細に検討していくこととする．

　「定期昇給制度に関する一考察」の公表前に日経連が定期昇給を含む昇給制度について網羅的に論じている資料が，1954年7月に刊行された『昇給制度』(1954b) である．ここで昇給の定義は，「労働者の職務能力とその発揮度の上昇[14]

に対応して，個々の労働者の賃金序列を修正する目的で，一定の査定基準に基づいて定期または臨時的に定額制の給与の基本的部分の調整増額を行い，併せて労働者の標準的な生活費の保障を考慮しようとする方式を制度化したものである」とされている．ここでは昇給を，定額又は定率による昇給をも含め考課の余地なく機械的に適用基準が変更される機械的昇給と[15)]，一定の査定基準に基づいて人事考課或いは職務評価等を行って実施する考課昇給とに分け[16)]，このうち後者の考課方式による昇給が本来の意味での昇給制度の主たるものであると論じている．

　興味深いのは，機械的昇給が起こる理由の1つとして，「統一的」な職業市場の不成立，換言すれば日本の外部労働市場の未整備を挙げていることである[17)]．機械的昇給が起こる理由として，なぜ日本の労働市場の特質があげられるのか．その理由は，「資本主義の発展が未成熟で作業の分業化，標準化はもとより労働市場も完全に近代化されていない日本では，厳密な意味での職業別にみた統一的な労働市場はほとんど形成されていないことから，わが国における企業内の賃金較差はもっぱら学歴別，勤続年数別，或いは経験年数別，年齢別，性別等によって規制されているのが一般的な実情である」（日本経営者団体連盟 1954b：6）ということである．つまり，従業員の属性により賃金を決定する「内部労働市場」により，未整備であった外部労働市場における賃金決定機構の代替をさせていたと解釈できる．

　一方で，「労働の質と量に基く相対的価値の合理的な評価を前提としながら，一面では労働者の生活保障をも併せて考慮することによって労働力をもっとも効果的に経営の中に把握し，労働意欲の向上と経営能率の増進をはかろうとするものである」（日本経営者団体連盟 1954b：36）との記述がある．このことは，経営側（日経連）が，生活を保障することによって企業内における生産性の向上と従業員秩序の形成を試みていたことを伺わせるものである．

　ところで，先に示した今村（1954）の論文発表とほぼ同時期に企画された座談会「直面する課題：定期昇給制」（日本経営者団体連盟 1954a：10-19）は，定期昇給に関する当時の企業人事担当者の意見を反映している．その中から主な発

言を紹介する（役職はいずれも当時のもの）.

・江渡三郎（日本油脂取締役勤労部長）

「昇給制度はベース・アップとちがって，経営の主体性の下に行うものである．したがって，ある程度恒久的な制度としてこれを確立しなければならないわけであるが，そのためには昇給のファンドが安定的に確保されていなければならぬ．……昇給制度は個々の労働者の基本給の改定，もっと詳しくいえば，職務の価値及びそれに従事する労働者の能力に応じた賃金の格差を妥当につけるための一つの制度であると考える.」

・石橋大（三井金属鉱業給与課長）

「年1回の定期昇給がなければ，賃金の配分は無差別平等になる．定期昇給を実施する際に各人に適用される基準（年齢，勤続，学歴，能力，職階，職務）によって賃金格差が生まれるが，一番考えやすいのが能力格差から出てくるところの賃金格差である.」

・江渡三郎（日本油脂取締役勤労部長）

「労働組合の定期昇給に対する反対の理由は，① 定期昇給になれば，賃金の上昇を抑えられるのではないか，② 経営者側に査定権をもたれて，経営者側の自由な恣意に基づいて賃金が決定されるのではないか，という懸念である.」

・板倉正明（三菱金属鉱業賃金課長）：職務給と定期昇給について

「（労働組合では）昇給制度にたいする不満と職務給制度に対する不満がチャンポンになっている．職務給制度の一番の難点は，四十歳から四十五歳の子供が何人もあってまだヒヨヒヨしておって，もう少し経つと子供が稼ぎ始めるという，一番生活の苦しい人々を賃金面でカバーしていくことが非常に難しい点にある．（中略）これに対しては，やはり日本的な賃金方策を考えざるを得ない．（中略）希望がないから不平をいうわけである.」

・小野恒雄（硫安協会労働部）

「企業としてはそれぞれの職種，熟練に応じて市場というものを頭の中で媒介させた管理を通して，結果としての企業内の賃金格差というものが出てく

る．そういうものが一旦出来上がれば，企業は未熟練から熟練労働までを引き上げていく．企業の中で熟練が再生産されていく．この格差を，職種や勤続年数段階によって連ぐとそこに昇給線がいくつかえられる．（中略）企業には熟練・能力に応じて賃金を高く払うだけの経営的な基礎がある．そういうものを前提にしないで，ただ刺激だけの面で定期昇給を考えると，企業の経済的な基礎なり合理性というものを説明できないじゃないか，という気がする．」

・大橋吉郎（日経連労政部副参事）

「日本では諸外国の如くクラフト・ユニオン的に発展していないんで，ただ企業の支払能力の中である程度各職種の従業者が妥協し合って賃金格差を納得していく．それは会社の一方的というか恣意的といわれるかもしれないが，会社の政策的な判断というもので処理されている．」

・小野恒雄（硫安協会労働部）

「昇給制度というのが，合理的に企業がこれに耐えられるのは，職務給という条件を前提にして賃金と職務を結び付けて，はじめて完全なものが出来上がるのです．」

この座談会から得られる含意としては，以下のことが指摘できる．

第一に，昇給制度はベース・アップとちがって，経営の主体性の下に行うものである．ここに，定期昇給が経営権と結びついていることが示されている．「職務の価値及びそれに従事する労働者の能力に応じた賃金の格差を妥当につけるための一つの制度」（江渡三郎）と表現されているのは，経営側による従業員に対する考課のことである．つまり，経営の主体性に基づく考課の確立が，定期昇給において重要な要因であった．

第二に，定期昇給による考課がないと企業内の秩序は無差別平等になるので，定期昇給は必要である．そして昇給の際に基準となるのは，職務の価値と能力である．換言すれば，定期昇給には根拠が必要であり，ここでは定期昇給は，職務の価値や従業員の能力に注目して考課に基づく昇給を行う制度であると認識されている．

　第三に，定期昇給は職務が能力を図る基準として確立した場合にスムーズに機能する．ここには賃金を決める考課の要因はあくまでも職務の価値及び能力であり，職務は能力を図るための手段であるという発想がある．

　第四に，職務給は従業員の生活を考慮しないために，十分に機能することができないので，従業員の生活に対応するためには昇給制度は必要である．昇給制度において企業は従業員の生活にも配慮しなければならないと発言していることは，定期昇給において生活給に一定の配慮がなされていることを意味する．

　第五に，日本には欧米のようなクラフト・ユニオン，つまり熟練の社会性を担保するシステムが存在しないために，企業が支払能力の枠組みの中で，労働者の能力・熟練を世間相場を見ながらチェックし，昇給額を決めるという手法を取っており，これがいわゆる「日本的年功賃金」といわれる賃金の特徴としていることである．換言すれば，昇給制度が日本の企業に定着している一因には，日本において外部労働市場が発達していないことが指摘できるという趣旨である．このことは，後に職務給が，同一労働同一賃金，すなわち外部労働市場の発展を前提として導入されたことに鑑みるに，その主張は対称的である．

　第六に，当時の労働組合は，定期昇給，職務給ともに経営側がイニシアティブを取る形での昇給に対して反感を持っていたが，賃金に対して何らかの秩序は必要だと考えていたと，経営側が認識していたことである．労働組合は定期昇給に対して，賃金抑制の手段であると反発していたが，賃金秩序を維持する手段としての定期昇給を受け入れる余地はあったことが示唆されている．

　第七に，職務給と定期昇給との関係については，これを肯定的に見る意見と，否定的にみる意見がある．肯定的な意見は，昇給制度は職務給が導入されてはじめてきちんとした形で成立とする主張する一方，否定的な意見は，生活給を配慮しないという意味で，職務給と昇給制度は相いれないものであると述べている．

　以上のことから，日経連が定期昇給においては「考課的昇給」を中心に据えていたこと，日経連は「考課的昇給」を経営権の象徴として，「機械的昇給」を内部労働市場における従業員の秩序を形成する概念として捉えていたことが

伺える[18]. 2つの「昇給」は定期昇給に対して,「賃金が毎年上がる」という側面から多義的な特徴を付与していた. それは,「考課的昇給」が考課に基づく個々の従業員の序列づけを行う一方で,「機械的昇給」は勤続年数による能力水準の上昇の「推定」が外部労働市場の不備を補うことにより, 内部労働市場における秩序の形成の機能を果たすという特徴である. それらの特徴が相まって, 考課的昇給と機械的昇給が共に運用されてきたのが, この時代の定期昇給であった.

　さらに賃金水準については, 生活給との関連で一定の配慮をする必要性が指摘されている. 従業員のモチベーションを保つためにも重要であるというのが, その理由である.

（7）日経連が定期昇給で目指したもの

　日経連が定期昇給を打ち出した目的は, 丹生谷龍（日経連労政部）の以下の言葉に集約されていると言える.

　　　「由来昇給制の魅力は経営の主体的評価の優位性にある. それは人事権に基づく成績査定の個別性を介しよく僅少の差額を以って能率刺激の効用を発揮せしめた.」（丹生 1956：36-41).

　ここに, 定期昇給の目的が経営の主導権の下での成績査定すなわち考課による企業内における従業員の格差設定を通じた秩序の形成にあったことが示されている. そして丹生谷が言うところの「僅少の差額を以って能率刺激の効用を発揮せしめた」とは, 企業内における格差の形成による従業員のモチベーションの向上が狙いであったことを表す.

　図 2-2 は, 戦前から戦後にかけての賃金の上昇を示している. これを見ると, 終戦直後の1946年から賃金, 物価ともに急速に上昇していることがわかる. そのほとんどはベース・アップであった. 賃金水準の抑制がこの当時における経営者の重大な関心事であったことが見て取れる. そのために日経連が推奨したのが, 定期昇給による賃上げの制御であった. 日経連が定期昇給を推奨し始めた1954年以降, 賃上げ率は鈍るとともに物価水準も落ち着き始めている. こ

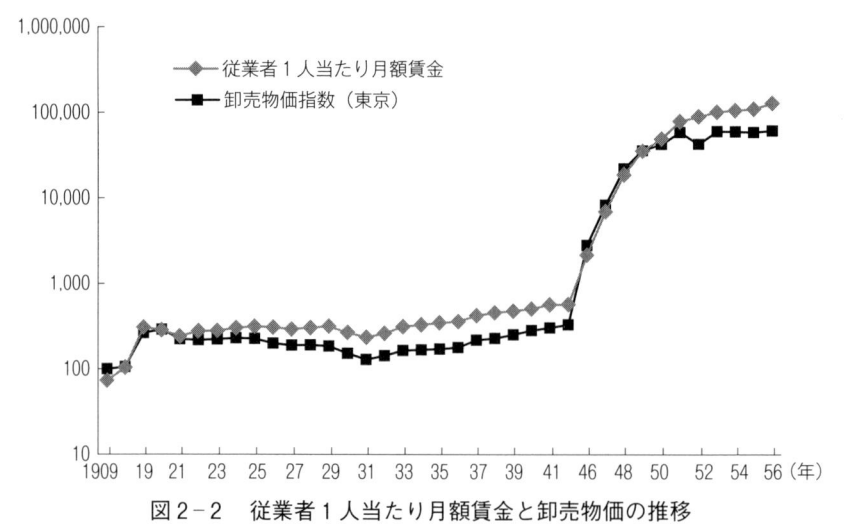

図2-2　従業者1人当たり月額賃金と卸売物価の推移

注：縦軸は対数表示に変換している.
資料：昭和同人会編（1965）『わが国賃金構造の史的考察』至誠堂より.

のことは，日経連のキャンペーンが企業に対してある程度の効果があったことと推測される.

　日経連は定期昇給を，賃金水準の抑制及び考課に基づく従業員格差による企業内秩序の形成のための手段として，経営側に推奨してきた．その試みは物価水準の抑制については一応の達成をみたかのようである．その一方で，企業内秩序形成の手段としては，考課だけでは十分でなかった．考課は秩序形成の強力な手段ではあるが，あくまでも秩序付けのツールなので，秩序の枠組みそのものを立て直す作業が必要となったのである．このために次に日経連が試みたのが，職務給の導入であった.

2．職務給と定期昇給
──妥協と共存のプロセス──

（1）職務給の盛衰のプロセス
賃金決定における企業内秩序の形成をより強化するために，賃金における新

たな集団的管理の枠組みとして，1955年頃より日経連が前面に打ち出したのが，職務給である．

　職務給が目指したのは，同一労働同一賃金である．この時代の同一労働同一賃金は，技術革新が進む中，新しい技術に順応する若年者と順応できない中高年者との賃金格差に合理性が見いだせないという問題意識に基づくものである．さらには，定期昇給に代表される「属人給」は労働組合などの第三者からの圧力を受けやすいという問題意識の下で，より客観的な賃金決定方式が求められたことから，「職務に対して付ける賃金」としての職務給が指向されたという側面もある．

　職務給は賃金水準が或る程度高い状況でなければ，導入することは難しい．職務給では賃金はあらかじめ職務によって決められており，シングルレートの下で同一職務内に止まる限りは賃金が上昇しない，いわば「静止した賃金体系」である．職務が変わらなければ賃金が上昇しないという状況は，賃金水準自体が低い場合は，生活水準は職務が変わらない限り上がらない，すなわちあらかじめ規定されたレートが低ければ，賃金労働の対価はそもそも低水準に止まったままとなる．このことは労働側はもとより，経営側にとっても懸念材料であった．

　経営者は従業員を職務につかせるために，職務を遂行するに必要な能力があるかどうかを判断しなければならない．そして1度職務に就かせれば，従業員の賃金を上げるためには，より高い賃金が支払われる職務に就かなければならない．そのような賃金決定方式は，定期昇給により経営側が獲得してきた「考課に基づいて業績や能力の伸張，さらには年齢・勤続の上昇により毎年賃金が上がる」という，定期昇給を中心とした賃金に基づく企業内の従業員秩序のためのルールとは相いれないものであった．このような問題に対しては，「漸進的移行モデル」や「混合給」「併存給」という形で，職務給は改造され，定期昇給と共存することとなった．

　このことは，定期昇給における集団的な賃金格差の問題，すなわち昇給の基準を設定してそれをいかに従業員に対して当てはめていくかという問題と関連してくる．

　翻ってこの時期の定期昇給は，集団的な賃金管理および個別的な賃金管理の側面から，その機能について議論されてきた．後で詳述する石橋 (1959) は，集団的管理については企業の人件費負担をコントロールするという意味から，個別的管理については個人の技能・能力の向上や職務昇進に対応するという意味から，定期昇給の必要性に言及している．一方で館脇 (1959) は，昇給制は正に個々の従業員の賃率を形成するもので個別的賃金管理の方式であり，個別的賃金管理によって規制されている従業員の賃金を組合員全体の立場から一律に引き上げるか否かの問題が集団的賃金管理の場であると主張している．石橋，館脇に共通するのは，集団的管理は企業の人件費の総額という観点からの制御である一方で，個別的管理は個々の従業員に対する賃率を決定する考課を重視しているという点である．特に石橋は個別的管理に関して，考課に基づく個人の技能・能力へ評価や職務昇進を強調している．

　定期昇給の観点からみれば，この時代の集団的管理は，従業員に対する一律の賃金引き上げであるという意味で機械的昇給の部分に当たり，個別的管理は，個々の従業員の技能・能力を評価すると言う意味で考課的昇給に当たる．そして両者が相まって，企業内における，賃金を基にした従業員秩序が形成されていた．換言すれば，機械的昇給により内部労働市場を安定させ，考課的昇給により従業員の能力・技能に応じた格付けが行われていたということである．これらはそれぞれ，本書の分析枠組みである定期昇給における集団的格差，個別的格差により説明できる．

　定期昇給のもつこの「多層的な構造」が，やがて職務給をして定期昇給と妥協させ，共存させ，やがて吸収される要因となった．定期昇給を否定して職務給を導入すべきという議論は，1960年代に入ると勢力が弱まり，やがて日本の現状に鑑みるに，1960年代末には純粋な職務給の導入は困難であるというコンセンサスが経営者の間で形成されるに至った．日経連も1969年には「能力主義管理」を提唱することにより，職務給の議論を事実上棚上げすることとした．

　以下では，職務給に関する日経連の議論の変遷を追うことにより，日経連が定期昇給と職務給の併存についての試行錯誤をいかに繰り返してきたかについて検討することにより，60年代の賃金体系に関する議論の中で，定期昇給の維

持が日経連にとって優先的な課題であったことを明らかにする.

（2）『職務給の研究』（1955年）

　日経連が1950年代中頃以降に盛んに唱えてきた「職務給の導入」は，どのような議論を経てきたのだろうか．ここで1955年に日経連が発表した，職務給についての最初の包括的な提言である『職務給の研究』を取り上げる.

　同書では職務給を,「一般的にはまず，職務分析により職務の内容を明らかにした後，職務評価により職務の格付を行うこと，即ち職務の重要度，困難度に関する共通点と相違点によって職務の等級を定め，これと賃金とを結びつけ組織的に秩序づけた給与制度である」(日本経営者団体連盟編 1955a：5）と定義している．そして，能率給との比較[19]，生活給との比較[20]を行いつつ，職務給の本質は,「同一価値労働同一賃金の近代的賃金原則を企業内における各職種の質的相異に対する経営としての一定の秩序づけに応じて賃金の適正な配分を設定し，全体として均衡の取れた賃金体系を確立するところにある」(日本経営者団体連盟編 1955a：7-8）としている．この背景には，① 能率という「仕事の量」を基準とする賃金体系から，職務という「仕事の質」を基準とする賃金への転換，② 生活給という「旧来の制度」の克服，という観点がある.

　そして職務給の現代的な研究視角として,「第一に経営の生産性向上，特に現有労働力の潜在的な価値を充分に発揮させる意味での労働の効率向上の見地からの職務給の設定，第二に同一価値労働同一賃金の理念をその企業内の各職務に対して秩序づけられた適正な賃金体系の設定という2点」(日本経営者団体連盟編 1955a：24)を掲げている．ちなみにここでいう同一価値労働同一賃金は，年齢差，勤続年数差を克服するものとされている.

　さらに，日本経営者団体連盟編 (1955a)はいわゆる「賃金の近代化」の名の下で，いわゆる「生活給」に否定的な見解をここでは示している．その意味するところは，以下のとおりである.

　　「かくて『生活給から職務給へ』という職務給は，1つには賃金の，前
　　近代性，不合理性からの解放，即ち近代化，合理化されたところのいわば,

同一価値労働同一賃金という近代賃金原則と同じことを意味するものであると同時に，他面において労働力再生産費説より労働生産力説への，賃金政策転換を意味したものと言えよう．」(日本経営者団体連盟編 1955a：7-8）

　労働力再生産費説とは，労働者が生活するための費用のことであり（すなわち生活給），労働生産力説とは，投入する仕事に当てられる費用（すなわち職務給）のことである．

　日本経営者団体連盟編（1955a）は，昇給の根拠については「技量の習熟」と[21]表現している．そして職務給採用の方法としては，職務給を部分給として採用し，同時に能力給的昇給制度にたつ旧本給制度を併存するか，或いは職務給制度一本として，そこに昇給制度を摂取した巾（ママ）の広い職務給制度を実施するか，いずれかによることが適当ではないかとしている（日本経営者団体連盟編 1955a：23）．

　定期昇給との関連で言えば，ここで意識されている昇給は，考課的昇給と考えられる．

　しかし日経連のいう職務給は，勤続，学歴，身分等に基づく機械的昇給や「生活給」と訣別することができたのか．日経連が抱えていた，職務給から生活給を分離することに対する躊躇のような感覚を，日本経営者団体連盟編（1955a）の以下の文章から読み取ることができる

　　「わが国の労働者の感情として，勤続褒章あるいははげみとしての（昇給の）心理的な意義は無視し得ないし，又企業の側からするも，わが国企業の現状は一般的には長期勤続を予定しているのであって，何らかの面においてこの種考慮は必要と考えられる．」(日本経営者団体連盟編 1955a：20)．

　　「大体生計費の上昇に対応するような形において上級職への昇給ができる場合には問題がないが，ポストの制約の関係上このことは必ずしも容易とはいえない．従って一定職務に引き続き従事する場合においても，いちじるしく生計費の赤字を招来することはさけるべく若干の給与の増加（昇給的考慮）を認めることは，職務給を採用する場合において補充的に考慮を要する点であろう．」(日本経営者団体連盟編 1955a：21)

　以上のように，日本経営者団体連盟編 (1955a) は，職務給の下においても，勤続褒章や，生活費の上昇に対する補充の意味から，機械的昇給を考慮すべきであると論じている．一方で勤続については，職務給の理念から考えれば，昇給ではなくむしろ，永年勤続褒章または退職金等において考慮されるべきであるとも主張している (日本経営者団体連盟編 1955a : 21)．しかし昇給制度の中に機械的昇給を認め，生活給にも配慮すべきという姿勢の方が，より強く見える．日経連は職務給への転換を主張する中でも，昇給 (特に定期昇給における「機械的昇給」の部分) との共存にも配慮していたことは注目される．

（3）職務給が直面する壁

　ここで，職務給導入の必要性を論じていた日経連の文書を検討する．職務給は定期昇給との関連でみれば，本書の分析枠組みにおいては集団的管理における格差の問題と関連する．

　職務給は職務・仕事による従業員の管理をより強化することを目指すものであった．これに対して定期昇給は職務給に比べると属人的な要因が強いとみなされていた．この観点から職務給を属人給との関連で論じているのが，入江庽雄 (日本通運常務取締役) である (入江 1960 : 19-21)．入江によれば，「賃金体系はこれを大別すれば，仕事に対して賃金を決めていく方法—職務給—と，人の属性に対して賃金を決めていく方法—属人給—とからなるであろうが，わが国の伝統的方法はまさに属人給であり，昇給制度がその中心に位置する「年功序列賃金」である．入江によれば，この属人的体系は次のような特徴を内包している．すなわち，人から離れて仕事 (職務) に対し賃金を決定していく方法の下では一度,労使の団体交渉によって各職務についての賃率を設定してしまえば,各個人の賃金は，昇進，職種転換等の仕事の変更に定着して賃金が増加することとなり，誰とその賃率で契約するか，またはその賃率をどの労働者に適用するかは使用者の裁量に委ねられるのである．これに対し，人に対して賃金を決めていく方法の下では，仕事の変更即賃金の変更とはならず，したがって昇給制度という運用面の制度を必要とする．そしてこのような運用過程の中に賃率構造が形成されることになるので，本来的に経営者の当然の権利に属する領域

についても，労働組合の介入を招来しやすい形態となっている.」と述べる.

そして技術革新が生産技術体系の変革や職場組織の再編成を迫るのみならず，封鎖的労働市場の下で長期習熟的に形成された熟練労働を崩壊せしめている中，入江は「賃金体系管理は基本給の性格の明確化を出発点として，（1）賃金原資の状況，（2）職務の客観的確定状況，（3）職務分析，職務評価，人事考課という一連の賃金技術の導入状況，（4）同一能力の者がほぼ同一価値の職務に昇進できるという社員構成の状況，（5）経営内秩序における職務意識の成熟状況等の要素を吟味しながら，職務給または職務能力給への前進が図られねばならない.」と主張する.

入江の議論は，技術進歩が従来型の熟練を崩壊させることに対応した新しい秩序が必要であるとして，集団的管理における格差に基づく秩序形成の観点から職務給の導入の必要性を説いている．その背景には，定期昇給などの属人給は客観的に欠けるが故に労働組合などの第三者の介入を招く，それ故に経営側の主導権を強化するためには職務給の導入が必要であるという考えがあったものと思われる.

一方で職務給の導入に関しては，定期昇給を中心とした当時の賃金体系からの移行を急激に行うことは困難であるという認識が，経営者の間には共有されていた．そのため，職務給の導入は漸進的に実施すべきであるという主張が日経連からも出されていた.

賃金の集団的管理を強めるために導入が目論まれた職務給が，経営の思い通りに進まない理由は何か．それは日本独特と言われる「動く賃金体系」と呼ばれる，昇給基準線に基づいて賃金が毎年増加していくという，日経連が導入を進めた制度であり，それを支える定期昇給制度であった．大橋吉郎（日経連労政部次長）の議論は，当時のそのような意見を代表するものである（大橋 1960：28-30）．大橋はわが国の「動く賃金体系（相対的に低い初任給から出発し，高い定年時の給与に向かって定期的に昇給が積み重ねられていく体系）」は，現在でも年功序列賃金体系を前提とする限り不可避な体系であるが，こうした伝統的な昇給制度は将来にわたってスムーズに望みうるか否かの再検討を要請されていると問題提起を行っている.

大橋は昇給制度の基礎について，以下のように説明している．

> 「昇給制度の基礎は，熟練主体の生産技術構造，伝統的社会価値観，人件
> 費償還性の三つである．前二者は経営内社会秩序とくにインフォーマルな
> 経営社会の形成と重要な関連をもっている．経営内には職場の協働関係を
> 通じて構成員の間に共通の価値観に基づく秩序が自然に形成される．熟練
> 主体の技術構造の下では技能熟練度は経験年数に応じ徐々に上昇し，熟練
> 労働者は古参者であり，勤務序列は技能序列に合致する．また一般社会で
> 育まれた長幼序列の社会価値観がこれに加重的に作用する．したがってイ
> ンフォーマルな経営内社会はいきおい学歴，勤続，年令，性等の属人的要
> 素による年功序列の秩序原理で支配され，昇給制度が賃金体系管理の中枢
> におかれてくる．人件費償還性の点も昇給制度を支える基礎要因である．
> すなわち昇給制度ではピラミッド型の労働力構成を前提に，昇給原資を新
> 陳代謝による人件費の自然減耗で補い，すくなくとも戦前では人件費の静
> 態的固定化をかなりの程度維持してきた．」

ここでいう「経営内社会秩序とくにインフォーマルな経営社会の形成」とは，
勤続年数と熟練度の相関性が高いことを前提とする「長幼の序」を基礎とする
秩序である．これは換言すれば，昇給制度が内部労働市場の秩序形成に貢献し
ているとの主張である．大橋はその上で「昇給制度の基礎的構造が漸次変容の
過程にある中，今後は『昇給制度の漸進的な職務給化』が基本的方針であり，
労働対価原理を部分的であるが導入することによって賃金体系を弾力的に運用
し，漸次職務給へ移行をしていくことにある」[22]と主張している．大橋の主張は，
職務分析に基づく職務給が企業内における集団的管理における格差を形成する
ことを推奨している．しかし「昇給制度の漸進的な職務給化」という発想はむ
しろ，昇給制度による秩序維持の機能を克服して職務給へと完全に代替してい
くことの困難さを示しているように映る．

前述のとおり，職務給の導入に際して問題になっていたのは，定期昇給制度
との齟齬であった．定期昇給は経営権の奪還を，職務給は賃金の集団的管理の

強化を打ち出すために共に日経連によって推奨された制度である．両者の対立点は主として「考課・査定の運用」に関してである．

職務給は職務が変わらない限り賃金が上がらない仕組みである．よって，従業員を特定の仕事に就けるかどうかが経営判断であり，いわば雇用管理上の人事権による職務への配置が賃金と直接結び付く．そこに第三者が介入する余地はない．しかし，職務が変わらない限り賃金が変わらないという制度は，特に賃金水準が相対的に低い時代においては，従業員には受け入れがたい制度であった．さらに「職務により賃金が決まる」という意味での外部労働市場が未発達な当時の日本においては，定期昇給がもつ「機械的昇給」すなわち内部労働市場を形成する機能が，職務給の導入を難しくしていた．

職務給と定期昇給の対立を決定的にしている要因は，定期昇給のもつ考課の機能である．職務給は，職務に対して従業員を配置した以降は，あらかじめ職務に基づいて決められた賃率で賃金を支払うという賃金管理である．一方で定期昇給は，従業員の能力や職務の成果に対して査定・考課を行い，それに基づいて昇給を決定するという賃金管理である．換言すれば，純粋な意味での職務給は一度従業員を職務に配置してしまえば個々に対する考課が入る余地はないが，定期昇給は従業員個々人に対する日常的な考課を重視する．

戦後，経営者が目指した「経営権の奪還」の最大の目的が，個々の従業員に対する賃金の統制の確立，定期昇給でいえば考課的昇給の確立であったことに鑑みれば，個々の従業員に対する考課を発揮しにくい職務給と，個々の従業員に対する考課に基づく昇給を主たる目的とする定期昇給は，その特徴が根本的に異なるものである．問題は，定期昇給で獲得した「考課に基づく昇給」が，職務給を導入することにより喪失するかもしれないという自覚が，そもそも日経連をはじめとする経営側にあったのかという点にある．

職務給化が一直線には進まない状況において，職能給から職務給への段階的移行について論じているのが，神埼彰（日本通運人事室）である（神崎 1961：50-53）．神埼によれば，「職能給は従来の年功序列給に比較して二つの長所が認められる．それは，一つには賃金の公平な支払いへの要望に対して，ある程度という条件付きではあるが応えうること，二つには，人事管理との総合化が年功

序列給に比較してすすみうる.」とする. しかしそれは結局は「職務給化実施
の準備段階における暫定措置としては納得性をもつが, それ以上の意義はもち
えないのではないかと考えられる[23]」. よって,「職能給は過渡的な段階ではやむ
をえざる便法としては認められるが, 職務給化に代えてといいうるほどの意義
はもちえないのではないかと考えられる.」と結論づけている. 神埼は未だ職
務給の導入に対して楽観的である.

　しかし神埼の主張とは裏腹に, 日経連は1960年代より職能給に接近し始める
ことになる.

（4）職務給から職能給への接近
——日経連の見解——

　職務給は「同一価値労働同一賃金の近代的賃金原則を企業内における各職種
の質的相異に対する経営としての一定の秩序づけに応じて賃金の適正な配分を
設定し, 全体として均衡の取れた賃金体系を確立するところにある.」(日本経
営者団体連盟編 1955a : 7-8) との名目の下, 賃金体系の近代化を目指して導入
された. しかし日経連においても, 職務給に移行することに対する確信が時代
とともに次第に揺らいでいく. 日経連名義で公表された報告書でも, その傾向
が見て取れる.

　このような中で, 日経連は職務給を定期昇給といかに関係づけようとしてい
たのかについて, ここでは検討する.

（i）職務給への漸進移行モデル

　1955年の『職務給の研究』の公表以降, 日経連は職務給を「あるべき賃金制
度」として経営者の間に喧伝してきた. 一方で前述のように, 定期昇給制度は
職務給とはむしろ対立する構造をもっていた. 職務で賃金を決めること (静態
性) と, 考課や勤続などに基づいて労働者の賃金が毎年上昇していくこと (動
態性) との間には, 整合性を見出すことは難しい. そのため, やがて職務給と
定期昇給との妥協の必要性を, 日経連は主張するようになる. 例えば, 日本経
営者団体連盟 (1960a) では以下のような議論がみられる.

仕事中心に職務の分析評価を行うもの	一つの体系の中に勤続序列原理と労働対価原則とを含むもの	職務給（職務給に範囲昇給を付加したものを含む）と定昇部分が明瞭に区分しうるもの	アルファ型	職務給＋それにリンクした範囲昇給制度　　　　　　　アルファＡ型 職務給＋それと独立した定昇部分　　　　　　　　　　アルファＢ型 職務給に範囲昇給を付加したもの＋自動昇給部分　　　アルファＣ型
		上の二つの部分が融合し，外形上区別しえないもの	ベータ型	
		上の両者の折衷	ガンマ型	
		原則として定昇体系と上の三つのいずれかによる部分としての体系との二本建て	デルタ型	
職務遂行能力中心に能力考課を行うもの	仕事の系列を基準に能力の種類を区分しさらに能力程度別にとらえるもの		エプシロン型	
	学歴別に予定される能力を基準に昇給制度を整理したもの		ツェータ型	

図2-3　職務給の漸進的移行モデルの具体例

資料：日本経営者団体連盟（1960a：9）を一部改定.

　「(昇給制度の職務給化の基本方針を) 具体的にいえば，労働対価原理─職務給制度に内在し，労働の質・量にその決定の基礎をおく賃金原理─それを秩序的にいえば，職務価値序列ないし職務能力序列─を，部分的ではあるが総合決定給とは異なる大巾かつ明確な設定を基底に，昇給制度の原理である勤続序列の導入によって，賃金体系を設定し，漸次職務給制度に接近をはかるところにある.」(日本経営者団体連盟 1960a：200)

　端的に言えば，従来の昇給制度に，職務序列または能力序列の考え方を導入して，賃金制度を再構築すべきであるということである．これは日経連により「漸進的移行モデル」と名付けられている．この具体的な展開として，日経連は6つのモデルを提示している（図2-3）．図2-3によれば，賃金体系は，仕事中心に職務の分析評価を行うものと，職務遂行能力を中心に能力考課を行うものとに分類される．前者は職務給，後者は職能給を前提にしたモデルである．

そして職務給において，漸進的な移行モデルとして，範囲昇給，定期昇給，自動昇給を認めている．日経連としても，昇給制度のもつ考課に基づく昇給の仕組みと勤続序列の体系を，職務給の導入により一気に変換することには躊躇があったものと思われる．

(ⅱ)　職務給導入の問題点

『職務給の研究』から5年後，また先に取り上げた『日本経済の安定成長への課題と賃金問題』から約1年後に，日経連は職務給導入の試みが困難に直面している状況を認めることになる．

『賃金体系の近代化と職務分析』（日本経営者団体連盟，1960年12月）は，職務給導入の「破綻」の理由として，a) 職務分析を軽く扱ったこと，b) 日本の実情を考えずにアメリカ式の職務給を導入したこと，c) 職務の未分化，賃金水準が低かったこと，d) 企業の組織・人事管理体系の未整備，e) 企業並びに労働側の保守的な態度，を挙げている（日本経営者団体連盟 1960b：5-6）．

そして職務給を導入した企業における諸問題として，a) 上下の格差倍率，b) 同一労働・同一賃金を支持する若年労働者層と年功序列支持層である中堅層以上の労働者との調整，c) 設定された職務給が能率給，賞与，退職金，人事序列，人事考課等の関連でそれ相当の機能を果たせるか否か，d) 職務給の制約限界（主としてシングルレートの場合），e) 企業の長期経営計画に沿った年齢給，賞与，福利厚生費などを含めた賃金総額の安定的管理の下での職務給の適切な賃金配分機能の有無，という問題を指摘している（日本経営者団体連盟 1960b：13）．

上記に掲げられた諸問題は，企業内における集団的管理における格差に関する議論と関連している．特に「同一労働同一賃金」を掲げた職務給において，上下の格差倍率や若年層と中高年層との調整が問題になっているとの指摘は興味深い．

同資料は上記を踏まえて，職務給化の阻害要因除去の課題として，a) 経営幹部の職務給に対する認識の不足に対する啓蒙，b) 技能者教育と検定制度の拡充強化，c) 社会保障全体の充実，d) 職務分析・評価・人事考課という三位一体の科学的な技術導入による経営組織，人事管理制度の総合的再検討，e)

合理化原資の確保, f) 従業員ならびに労働者幹部の啓蒙, g) 可能な業種における横断的賃率基準の設定, を挙げている (日本経営者団体連盟 1960b：14-17).

　総じて言えば本資料は, 職務給導入の動機である,「日本の遅れた賃金制度に対して, 欧米の『先進的な』制度を導入する」という目的を遂行する際に, 日本企業の実態を無視したことが, 職務給導入の失敗の原因である」と論じている. 特に, 毎年賃金が上昇することにより企業内の従業員秩序を保つ制度である定期昇給との「対立」が, 職務給の導入に際して摩擦を起こした原因であるという認識が示されている.

　さらに, 職務給を導入するに際して, 年功格差の克服と人事考課についても問題になっている. 日本経営者団体連盟 (1961)『新段階の日本経済と賃金問題――安定賃金・職務給への要請』はそれらの問題を解決した上で, 職務給への移行を進めていくべきであると主張している　同書は, 職務給を導入するに際して, 年功格差の克服と人事考課について議論しているが, 定期昇給に関連して言えば, 前者は定期昇給制度における機械的昇給部分, 後者は考課昇給部分に当たると言える (日本経営者団体連盟 1961：295-297).

　同書は年功については, 2つの点から, いまだ意義を有しているとする.「第一に, 技術革新や作業の機械化によって作業が標準化されたといっても, それは部分的であり, いまなお年功を尺度とした熟練が物を言う場合が少なくない. 第二に, 賃金体系の変革には歴史的連続性を無視しえず, また年功的昇給はなお年輩層に支持されている. 従って年功の扱いについては, 企業において年功格差の解消及び縮小への要請に立ちながら, 職務給化の第一歩は現実的には職務賃率の設定の上に年功格差の存在の認識から出発し, 年功格差の解消がその動態的管理の目標とする.」と説明している.

　一方, 人事考課については, 以下のように説明する.「『完全な』職務給制度においては, 同一職務において発揮される能力の差が小さいことから, その職務に配置することの妥当性がすなわち能力考課が主要な問題になる. だが職務給化の段階においては, 職務の標準化や『人』の合理的な配置の不十分なことから, 同一職務の遂行に発揮される能力の程度に少なからず相違を免れ得ない. 従って成績考課がかなりの存在意義を主張し得るものといえるが, その運用に

は公平客観的であることが期されなければならない.」

　同書は年功については，技術革新の影響は限定的であり，なおかつ年功制度が中高年層に支持されていることから，簡単には消滅しないと論じている.また人事考課については，未だ職務給の整備が十分でないことから，能力もしくは能力顕在の結果として現れる「成績」に重点を当てるべきであるとしている.

　ここでの職務給に対する議論からは，自動的に昇給する年功序列型賃金体系と労働対価原理に基づく職務給体系との対立をいかに解決するかという，経営側の問題意識が見て取れる.職務給が求める集団的管理における従業員格差の形成は，職務分析が不十分な状況では実現することが不可能である.そのために経営側にとっては，従業員格差の形成のためには人事考課を目的とした考課的昇給や勤続年数を反映された「年功」を基にした機械的昇給を含んだ定期昇給の方が，よりよい手段に映ったにちがいない.

（ⅲ）職務給と定期昇給との「共存」

　職務給を定期昇給と「共存」させようとする議論は，1959年に日経連が中小企業経営者への啓蒙書として発行した『昇給制度のつくり方・考え方』（日本経営者団体連盟 1959a）に見て取れる.同書は，職務給と昇給制度の調整について，以下のように論じている.

> 「第一に，幅と弾力性のある職務体系の中で，職務価値と個人価値の調整を図ろうとする方法.したがってそこでは同一職級内での個人の賃金格差を容認しながら，一定の幅の中で能力の上昇による賃金の上昇，つまり昇給の制度的な運用をむしろ積極的に予定しているものとみてよい.……
>
> 　第二に，部分的な職務給（職務評価に基づく或る程度厳格な職務給）と能力給（あるいは本人給）体系の結合による方法
>
> 　これはたとえば，職務給部分については，職務の分類，評価，格付けによる厳密な運用を図るとともに，これと並行して昇給制度の合理的な確立を通じ，能力給体系の整備確立を図る.当面このような形で職務価値と個人価値の調整を行い，今後における生産技術的諸条件の近代化と高度化に即応して，この職務給部分の拡大と職能給部分の圧縮を通じて，この両者

の均衡と総合的な調整をはかるということが考えられよう.」(日本経営者団体連盟 1959a：31-32)

　「第一に」で示されているのが，後に「混合型」と言われる型，「第二に」で示されているのが，後に「併存型」と言われる型である．ここでは，職務給が純粋な形で存在することは困難であり，昇給制度との両立が不可避であるとの論調である．ここで鍵となっているのが「能力」である．従業員には能力の伸張があり，職務給も従業員の能力の伸張を無視することができない．それゆえ，定期昇給に反映されている能力の伸張を受け入れた上で，職務給を運営していこうとする考え方が示されている．この時点での「従業員の能力を重視する」という発想は，日経連がやがて職務給から職能給へのシフトを主張することになる萌芽であるとも解釈できよう．

　「考課」という観点から見れば，職務給は従業員を職務に就ける時点で能力を判定し，職務に就けた後は職務に付けられた賃金を支払うという意味で集団的管理の仕組みである．対して能力給は，能力が伸張する限りにおいて，いかなる職務にあっても適用されることになり，考課の結果に応じた賃金を支払うことになる．「能力」を重視するという立場に立てば，定期昇給における考課的昇給と親和性があるのは，職務給ではなく，能力に対する賃金体系である職能給ということになる．

　『職務給の研究』から10年後の1965年に日経連が発表した『日本における職務評価と職務給』(日本経営者団体連盟 1965b) は，職務給の普及に関する従来の主張を修正したとも解釈できる方向性が打ち出されている.

　同報告書は，「同一労働同一賃金[24)]」が実現されるためには，日経連が示した賃金合理化の３原則[25)]に則ることが必要であり，組合が企業別であるわが国において少しでも「仕事」に基づく賃金に近付けていくには，まず個別企業において職務基準によって賃金を決定し，情勢が熟すのを待って横断化していくことが必要であると論じている．そして，職務給の導入の過程において，基本給部分をまるごと職務給 (混合型) という名称で改革する方法と，新基本給と職務給 (併存型) に分けて改革する方法の２つを提案している (図2-4).

表 2 - 1　混合型職務給と併存型職務給の特徴（長所と短所）

	混　合　型	併　存　型
長所	① 基本給の全面的改革が行いうる （新本給の設定） ② 昇給制度の改革が行いうる （職級別昇給の導入） ③ 人事管理の柱として，職級を用いうる	① 職務給としての純粋性を維持しうる ② 職務の序列が賃率上に明確に示される ③ 移行が比較的容易である
短所	① 職務給としての性格があいまいである （昇給を含み，年功型） ② レンジが拡大し青天井化する傾向がある	① 基本給という全く白紙の部分が残る （一部分の改革に終わる） ② 昇給制度の改革が行い得ない ③ 基本給と職務給の２本の柱ができ， 　人事管理上難しい

資料：日本経営者団体連盟（1965b：14）

　さらに日本経営者団体連盟（1965b）は，この当時から特に注目され始めた職能給を取り上げている[26]．

　職能給に関する記述は「補項」として扱われているが，ここで定期昇給との関連で職能給が議論されている[27]．その主旨を簡潔に総括すれば，「職務意識が未熟な職場で職務給を導入しようとしてもうまくいかない．その場合は職能給を導入することになるが，定期昇給が存在する職場においては，職能給の決定に際しても昇給のレンジを広げざるを得ないであろう」ということである．ここでいう「昇給」とは「考課的昇給」のみではなく，企業内において現実に行われていた「機械的昇給」プラス「考課的昇給」であると考えられる[28]．

（ⅳ）職務給の「限界」

　日経連が1954年に発表した『昇給管理』の執筆担当者であった工藤信男（フジテレビジョン総務部副部長）は，当時職務給の導入が行き詰まっているという観点から議論を展開している（工藤 1961：56-59）．工藤（1961）は職務給への移行の条件[29]が整っていない日本の状況において「職務に対応する賃金」を実現させるためには，現実的な接近方法として基本的に二つの方向が考えられるとする．その一つは「職務給制度の日本的修正」の方向であり，他の一つは「昇給制度の職務給化」である．特に後者について工藤は，「たとい賃金制度の合理化がいかなる型を取るにせよ，技能や熟練ないしは職務能力の上昇に応じて賃金の

上昇増額，つまり『昇給』が行われることは当然のことであり，ある意味では不可避なこと」である．そして「わが国では労働市場が個別賃金ごとの封鎖性を強くしているだけに，賃金も個々の企業ごとに決定され，上昇総額も個別企業の枠内で行われざるを得ない．そしてこの場合の上昇の仕方は一つは，企業内の職務序列の変更，つまりプロモーションという形を通じて行うか，それとも直接労働者の技能や熟練度の上昇に着目して行うかのいずれかをとらざるをえない」と述べる．そして「こうした意味で，わが国での賃金制度の合理化の方向を単純に職務評価に基づく職務給ということのみ限定して考えることは，決して現実的な方向づけとは考えられない」とする．さらに「現実に最近の初任給の上昇やある特定職種の賃金上昇が示しているように，個別企業における職務評価の結果がどうあれ，労働力の需給関係の如何によって賃金の大巾な変動がもたらされている．従って一定の市場賃金としての職種別賃金こそが，賃金の最終的な決定者であって，それは極限（ママ）するならば，個別企業ごとの職務評価に基づく職務給序列とは全く無縁のものであるとさえ考えられる」と主張している．結論として，「『職務給制度の日本的修正』という方向と同時に，『昇給制度の職務給化』の方向を通じて，終局的には職種別熟練度別賃金の実現というプロセスも十分検討に値する問題ではなかろうか」と主張している．

　工藤の議論は，職務給への移行は最終的には可能であると主張するこれまでの論者とは異なり，日本の労働市場の構造に勘案するに，職務給への移行は困難であるという結論に達している．その上で，これまで日本に存在している昇給制度を生かした上で，新たな賃金体系を構築すべきであると述べている．ただし工藤が主張する「昇給制度の職務給化」は職務給に幅と弾力性，すなわち考課の要素をもたせて運用していく方法であり，文脈から推察するに，過渡的には企業横断的ではない「企業内の昇給制度」である．職種別熟練度別賃金も，当面は企業内で決定される賃金である．

　さらに工藤は，「特に日本では，特定の職務や職種に採用されることはほとんどないため，……特に従業員の生活意識に密着し，そのあり方如何によっては，企業の成否をも左右する可能性のある賃金問題については，安易な流行や

プロパガンダにまどわされることなく，現実的にして，しかも将来の方向を誤ることのない理性的な解決を求めなければならない」としている．このことは，日本の企業が「職務に対する」雇用ではなく，事実上「ひとに対する」雇用である以上，技術革新などの外的変化に対して，安易に企業内環境を変更すべきではないとの視点を示しているといえる．

　職務給との比較で言えば，定期昇給制度は「ひとに対する雇用」に対応する「ひとに対する賃金」である．その背景にある概念は，内部労働市場における能力や業績に対する考課的昇給や勤続年数・年齢，さらには生活水準に対する機会的昇給を基準とした賃金秩序の形成であった．工藤の議論は，日本企業に深く根付いた定期昇給の実態に職務給を合わせて，職務給を日本的に修正していこうとする発想である．ここではもはや，職務給が従で，定期昇給が主という立場となっている．

　業績や能力の伸張を基準とした考課で賃金を決める定期昇給は，職務給よりは職能給との親和性があるのではないかという意識が，この頃から経営者の間で急速に広まり始める．入江侑雄（日本通運副社長）はこの問題を，日本的雇用慣行と結び付けて議論している（入江 1963：25-27）．入江は，職務給化に際しての問題の根底には，企業制度である長期雇用制と情緒的結合をはぐくむ日本[30]的風土とがあると指摘し，[31]「私はこれら長期雇用制や情緒的集団を全て余計なものとみたり，それらが早晩消滅するという考えには同調できない」と主張する．その理由として入江は，「企業がその必要とする若年層，技能者，技術者等の人材を誘引し，確保することは企業存立の基本的事項に属することであり，それは企業間の競争が激しさを増すにつれ，また労働力需給がひっ迫をつげるにつれ度合いを深めてくるはずである」と説明する．そして今後の方向性として，「現在の職務の遂行状況等からおしてどの程度の職務を遂行しうるかという職務遂行能力を主たる構成要素として，賃金体系の再編成を漸次進めていくべきものと考える」と述べている．結論として「平均的水準にある企業では，年功序列給をはじめ長期雇用制は人材の確保を目的とした再編成が要請されており，そこでは能力の開発と洗練された人間関係の形成がキイ・ポイント（ママ）になるであろう」と主張している．

　入江の議論は，日本的な風土に根差した，職務遂行能力の開発を基準とした能力主義管理の議論を先取りしたものであると言える．入江は職務ではなく，職務遂行能力に基づいた賃金決定の必要性を論じている．職務遂行能力を基本とした賃金は職務給と比較すれば，従業員の能力や職務による業績に対する考課に重点を置いた定期昇給制度とは親和性をより持ちうるものである．

　しかし入江は，職務給の導入の見通しを放棄したわけではない．入江は，「職務給化への移行が名実ともに要請されるのは，労働力の需給逼迫がその度合いをいよいよ深めるときである．その段階においては何が権利であり，何が義務であるかを個人毎に明確にすることがつよく要請されるであろう．そしてそれは初任給の絶えざる上昇圧力とあいまって，職務の上にたった賃金体系への再編成を促すであろう」と述べている．

　労働力過剰の「買手市場」すなわち企業に有利な状況においては，労働者は選択の余地が少なく，そのために自ら就こうとする職務に対して低い意識しか持つことができない．しかし労働市場が逼迫してきて，売手と買手の立場が拮抗してくれば，労働者も自ら就こうとする職務に対してより高い意識をもって，買手である企業に要求を出すことができる．その時に職務給が日本に根付き始めると入江は考えたのだろうか．しかし，1960年代後半に日本が迎えることになる「労働力不足」の時代に隆盛になったのは職務給ではなく，職能給であった．

（ⅴ）定期昇給における集団的管理と個別的管理の課題

　ここまでは，職務給について，その導入の発端から限界に当たるまでの経緯について定期昇給と関連させて検討してきた．ここで，この時代の定期昇給をめぐる議論を取り上げることとする．

　石橋大（三井金属鉱業労働事務長）は，定期昇給の必要性について，集団的賃金管理面と個別的賃金管理面の両面から考えなければならないとしている（石橋1959：19-23）．石橋によれば，集団的賃金管理から定期昇給を必要とする理由は，わが国においては，ベース・アップの要求が年中行事的に行われて，そこには賃金問題に関する労使の安定は期待できない状況であるが，このような状態から一日も早く脱却して，労使間の平和を確立することにある．そのために

は，労働者個々人の賃金所得が毎年増加し，その結果年令の上昇にともなう最低必要生計費の膨張に対応していけるというような個人的増額方式が必要となってくる．これが集団的賃金管理面からみた定期昇給の必要性である．一方個別的賃金管理面からみた定期昇給の必要性の理由は以下のとおりである．賃金が提供された労働に対する反対給付である限りにおいては，労働を提供する個々の労働者が持っている能力技能あるいは彼等が従事している職務を，賃金決定のための評価の対象としなければならないし，そうだとすれば，労働者個々人の能力技能の向上あるいは職務昇進があった場合には，当然賃金の格付け変更が行われなければならないということである．そして定期昇給は，機械的なものではなく，労働者個々人の能力，勤務状態に応じた，したがって人事考課に基づいたものである必要があると述べ，そのための賃金支払形態として，基本給制度，職務給制度，職能給制度を取り上げ，それぞれの長所，短所について論じている．

　ここで石橋は，定期昇給制度に関して，集団的管理については労使間の基本的な合意が得られるという意味から，個別的管理については個人の技能・能力の向上や職務昇進に対して考課を行うという意味から，その必要性に言及している．

　石橋は，職務給に対して肯定的な姿勢を示しつつも，定期昇給が賃金の中心的な制度であるべきと主張している．同時に定期昇給が内転原資論に則って持続的な制度として運用されるべきであると述べている．石橋の主張は，職務給の導入が推進されている最中においてさえも，人事考課に基づいた定期昇給は根強く残るであろうことを予想している．

　1950年代後半より60年代前半まで日経連が主張していた「静止する賃金体系」と「動く賃金体系」を手際よく解説したものとして，館脇匡雄（日経連労政部主事）の論文が挙げられる（館脇1959）．館脇（1959）は，日経連が刊行した『わが国労働経済の状況と賃金問題』[32]に対する舟橋尚道の反論への回答という形で，[33]労働対価価値を貫徹するためには，終局において現に支配的な動く賃金体系から静止する賃金体系へ移行すべきで，賃金計画はここに目安を置くべきであり，賃金管理は目標達成のために均衡の取れたかつ包括的な計画を立てる必要があ

るという日経連の主張を展開している.

館脇によれば,「昇給制は正に個々の従業員の賃率を形成するもので個別的賃金管理の方式であり,このすでに個別的賃金管理によって規制されている従業員の賃金を組合員全体の立場から一律に引き上げるか否かの問題が集団的賃金管理の場である.このようにわが国(の動く賃金体系:筆者補足)では賃金管理が二重構造を持つのに対して,静止する賃金体系においては,賃金が仕事に定着しているから,個別的賃金管理は職務を誰に配置し,誰を昇進させるかというつまりその賃金で誰と雇用契約するかは自由であるという意味で経営の一方的専権に属する人事管理そのものに吸収され,賃金管理はこの意味で原則として集団的賃金管理だけである,というふうに事情を異にする」と説明する.

ここでの館脇,すなわち日経連の立場はあくまでも静止する賃金体系,すなわち職務給への移行である.しかし一方で,「静的賃金体系が目標でも一挙的に移行出来ない限り,その範囲内で依然定昇は不可避であり,主観的にはともかく客観的に廃棄できない.それはあくまで個別企業の実情に即した漸進的賃金体制計画として解決していくべきものである」としている.

ここで「静的賃金体系が目標でも一挙的に移行出来ない」理由はなぜかという疑問が生じる.今までの議論をふまえ,その理由を整理すると,定期昇給がもつ2つの性格に帰着する.それは,次のようなものである.第一に,「組合員全体の立場から一律に引き上げるか否かの問題としての集団的賃金管理」という相対的には「機械的昇給」に属する部分が外部労働市場を補完する役割を果たしており,日本において外部労働市場が未整備であり,賃金の相場観が形成されていなかった限りにおいては,消滅することはなかったことである.第二に,「正に個々の従業員の賃率を形成するもので個別的賃金管理」という「考課的昇給」は,個々の従業員の能力や業績を測った上で昇給を決定するという,経営側にとっての「経営権」を体現するものであり,それは職務給により容易に取って代われるものではなかったことである.

（vi）資格制度と定期昇給

最後に,この時代の資格制度の動向について触れておきたい.

日本通運取締役だった入江垉雄は資格制度について,能力に基づく資格のラ

ンク付けの必要性を主張する（入江 1957：1-3）[34]．入江の主張は，この時期において，すでに役職と資格を分離して管理する必要性を経営者が感じていたことを示す．そして資格を評価する基準が「能力」であり，従業員には能力に見合った処遇をすべきとの見解があったことが確認できる．

　日本セメント労働課の宇佐美卓三は，新しい資格制度は，「人」と「職務」の調和の上に立った新しい労働力の秩序づけでなければならないとした上で，新しい資格制度の基準を「職務遂行能力」とする（宇佐美 1957：8-11）．そして定期昇給との関連で，「そもそも定期昇給は職務遂行能力の年々の上昇に伴う賃金序列の修正査定替えであるから，資格制度が同じく職務遂行能力に基礎をおく以上当然関連さすべきである．すなわち資格が上昇するならば定期昇給もこれに即応すべきではないかと考えられる[35]」と主張している．

　この時代は，職務に基づく賃金である職務給が議論されている一方で，能力に基づく資格制度が議論されていた．資格制度における「能力重視」の運用は時代を経るにつれて定期昇給における考課的昇給と結び付き，能力を基本とした考課的昇給の重要性が次第に勢いを増し，職務給の議論を包含していくことになったと考えられる．

　日経連労政部の佐藤秀利は，定期昇給は本来能力給体系における方法であるとの前提で，職務給体系について，手段的にレンジ・レート方式になることが必要となり，同一職務内容における賃金上昇をその対象とすることができるが，職務給と能力給体系とを併用している場合，その対象は当然後者に置くべきであると述べている（佐藤 1957：30-33）．併せて人事考課制度について，「配置職務を通じて発揮が期待される従業員の向上能力を評価するのに適切な，考課制度の選定およびウエイト，考課方法等について検討を加えるべきである」と記している．このことは日経連において，職務給の導入を推進し始めた直後の時期に，能力に対する考課が職務給の中に前提として含まれた形で議論がされていたことを伺わせる．

3．経営権による職務給の「包含」

　ここまで，1950年代から60年代における定期昇給を中心とする日経連の賃金政策について検討してきた．

　1950年代においては「経営権としての定期昇給」の確立のために，日経連はさまざまな提言を行ってきた．そこで議論された主題は，第一に定期昇給における賃金水準を決定するための手段としての内転原資論であり，第二に賃金における従業員秩序を回復させるための査定昇給の確立であった．日経連は機械的昇給を受け入れつつも，考課的昇給を中心とした定期昇給制度の普及に努めていたのである．その概要は，前記の小括で行なっているので，ここでは繰り返さない．

　一方，職務給は，職務を基にして従業員を集団的に管理する手法として，1955年に日経連により推奨され始めた．職務給では職務に配置する際には従業員に対する査定を行うが，配置した後には職務に対してあらかじめ決められた賃金を支払う．そこには個別的管理，すなわち個別従業員に対する考課が入る余地はない．

　定期昇給においては，機械的昇給は従業員を集団的に管理する昇給だが，考課的昇給は従業員個々人を対象とする昇給である．考課的昇給は個々の従業員の能力や職務における業績を見た上で昇給を決定する，いわば経営側が求めた「経営権」を体現したものである．

　職務給が定期昇給に取って代われなかった最大の理由は，「考課的昇給」という経営側が「経営権」として獲得した権限が，職務給という「仕事を基準とした賃金制度」を「包含」したためであると考えられる．職務給を導入するための条件である「本来職能の専門的分化，合理的定員制と適材人材配置及び確立された昇進制の近代的労務組織並びに近代的職能意識賃金思想と労働力再生産費に見合う賃金水準という基盤」（丹生 1956：36-41）が未整備な中，昇給制度と資格制度の双方から「職務遂行能力に基づく評価」という圧力を受けて，職務給の議論は後退することとなった．しかし日経連自身が考課的昇給と職務給

との関係を自覚するには幾分かの時間がかかったのも事実である．日経連は職務給について，併存型，混合型という，定期昇給と妥協した形での存続を提案したが，結局は中途半端な形で終わった．そして1960年代末には議論の中心は職務給から，能力主義管理とそれを体現する賃金体系である職能給へと移行することになる[36]．

ただし職務遂行能力に対する評価が重視されていることは同じであるとしても，1969年の『能力主義管理』発表の前後で職務遂行能力に関する議論が異なる点があるとすれば，『能力主義管理』においては，少数精鋭主義の名の下，能力開発の視点がより強調されていたことである．これは先行研究で津田(1976) が指摘したとおりである．

職能給において集団的管理の対象となったのは，職能資格・職能等級であった．職能資格・職能等級の導入は集団的管理の範疇だが，個別従業員の能力を測る考課は個別的管理に属する．職能給は職務給に比べて，定期昇給との共存が得られやすいといえるが，職能給は職務給との比較においては，対象となるものが職務から能力に置き換わるだけで，賃金における集団的管理の手法という意味では本質的な違いはない．経営側がこだわってきたのは一貫して，従業員の能力や業績に対して個別的管理としての考課を行うための主導権を確保することであった．企業の人件費負担全体をコントロールするという集団的管理の視点は，個別的管理の前提として認識されていたのである．

70〜80年代における定期昇給をめぐる新たな課題は，「能力主義管理の時代」の下で注目を集めた職能給と定期昇給との併存をいかに進めるか，そして70年代から意識され始めた賃金と生産性との関連の中で定期昇給をいかに位置づけるかにあったと言える．次章ではそのことに焦点を当てて論じることとする．

注
1）櫻田のこの思想は後に「労使共同体論」と称されることになる．
2）日経連『賃金制度のあり方・考え方』(1956年) には「年功序列型賃金の下では，賃金は職務とは別個に，年齢・勤続といった要素で決められる．そこで重要な仕事をしていても，年が若いために賃金が低いとか，年齢が多いということだけで賃金が高い

ということが生じやすい」との記述がある. さらに続けてアベグレンの言葉として「日本では熟練工よりも小使い, 給士といった間接職種の方が賃金が高いことが不思議ではない」との話が紹介されている. 当時の賃金秩序の混乱の様子を示している.

3）板倉正明（三菱金属鉱業給与課長）「賃金ベース・アップと定期昇給との調整」には, 戦前の定期昇給について以下の記述がある.「われわれが20年くらい前（1933年頃：筆者注）に会社に入った頃にも, やはり定期昇給というものは, 厳としてどちらの会社にも存在しておったと思うが, 当時の定期昇給というものを厳密に考えてみると, いわゆる人事考課ないしは能力評定, または能率評定, そういうものとマッチした, いわゆる個人賃金の査定替えという問題と, それから年齢が一歳高まるごとに賃金が機械的に上げられていく, または勤続が一年長くなるごとに機械的に, それに応じて賃金が高められていく, そういった自然係数というか, 査定の余地のない客観的に動く要素に基づいて決められる昇給, これも一緒に織り交ぜられているか, 或いは離ればなれになっているか, とにかく人事考課の意義なり理論なりを明確にせぬ結果ごちゃまぜの形で, 定期昇給制度というものがあったのではないかと思われる」. 板倉は続けて「厳密にここで定期昇給というものを考える場合には, かかる自然係数に基づいて定められる部分を除き, 純然たる個人の能力評定に基づいた賃金の査定替えという問題に限定して考えなければならないと思う. なおわが国では, 従来働く者の実際に必要とする費用に比べてスレスレの賃金水準にあったためにどうしてもこの年齢, 勤続, そういった自然係数を考えざるをえなかったし, また今後も考えていかなければならないのではないかという問題を, ここに付け加えておく.」と記している（板倉 1953：121-135）.

4）日本経営者団体連盟（1959a）は, 日本で外部労働市場が発達してこなかった理由について,「第一に労働力の供給が地域的にも広範囲に渡り, しかも孤立分散しているために, これらの労働力は雇用の機会や将来性といった労働市場の実情にいちじるしく疎いことになり, これに伴い他面では個別企業を中心とする委託募集や縁故募集を一般的ならしめた. この結果労働市場においてはほとんど完全に近い個別企業の需要独占をもたらすに至った. 第二に労働力が当初より鉱工業労働力としての技術的素養をもたず, 不熟練労働力として存在する結果, 個々の企業ごとに企業者養成施設や見習工制度等による熟練の養成を必要ならしめ, またこれを一般的なものにした. そしてそれが個別企業の中で行われる限り, それはあくまでその企業に特有な主観的熟練―言葉を変えて言えば他の企業ではあまり適用性をもたない熟練―であることは当然の帰結であった. かくてこのような技能の習得と熟練の形成は, 一方では労働市場を著しく狭隘ならしめるとともに, 他方ではかかる熟練を基礎として, 年功を中心とする日本的な職場秩序を形成せしむるに至った.」と記述している（日本経営者団体連盟（1959a：21-22).

5）日経連（1959a：22-23）は，日本の労働市場の特質について，概ね以下のように説明している．「まず第一に労働市場においてほとんど完全に近い個別市場の需要独占が支配しているとすれば，その結果は労働者の価格である賃金も個別企業ごとに，その一方的な決定に委ねられることになる．またたとえ労働組合が存在する場合においても，それは必然的に企業内組合の性格をもつこととなる．（中略）かくて日本では，社会的に通用するような賃金率は形成されず，個々の企業ごとに独自の立場から賃金を決定することになる．（中略）第二にわが国においては，労働市場が企業特有のきわめて主観的な熟練であるということは，日本の賃金決定の構造について，次のようなシェーマで作用を及ぼしている．すなわち技能の習得や熟練の形成が，個々の企業において極めて封鎖的な形で行われ，未熟練労働から熟練労働まで特定の企業の中で再生産されている場合，その技能や熟練が社会的な基盤をもたずに，採用後の経験を唯一のよりどころとしている．それだけに企業はかかる労働力を新たに労働市場から調達することは極めて困難であり，実質的に不可能に近い．したがって企業にとっては，これらの労働力を長期かつ安定的に維持培養していくことは絶対的な要請である．このような意味からも最低限労働者の生活保障的な配慮を必要とするとともに，同時に永年勤続を奨励し，勤続年数の古い経験を積んだ者を優遇することになる．」．

6）ここでいう「宣言」とは，第 1 回総会で採択された，日経連の意見表明文である．

7）「生活給偏重の賃金は，身分制撤廃と相まって，社，工員，熟練，未熟練労働者の賃金格差を解消せしめ，賃金倍率，序列，形態，体系等，賃金制度は業種別にも規模別にも全く根底より破壊せられ，経営者は前述のごとく低下せる生産と労働効率にも拘らず，しばしば赤字融資，自己資本の食いつぶし等により自己の支払能力の限度を超えて賃金要求に応じることを余儀なくされた．」（日本経営者団体連盟（1951）「賃金体系の合理化進む」）．

8）現在の各企業は企業の解体，資金資材の逼迫，賃金の昂騰等によってその存立の基盤を揺るがされており，此の危機を打開するためには企業整備の実施を必須とするにも拘わらず，熾烈な労働攻勢を受けて之が円滑な実施を為し得ず，為に企業内用は日とともに悪化し，大方の企業は壊滅一歩前にあり，この儘で推移すれば日本経済の再建は到底達成し得ざる現状である（日本経営者団体連盟（1948）「経営権確保に関する意見書」）．

9）「経営者は企業を管理運営する責任と権限をもち資本の所有者によってこれを信託されているということにその本質がある．従って企業における具体的な労働の管理は経営者の権利であり義務である．（中略）しかし労働はその価値及び機能において人間性に深く根ざすものであり，かつ経営の重要なる構成要素であるに鑑みて，労働権を尊重すると共に労働の役割を正当に評価し，進んで労働者の協力を得ることが重要である．然し，労働者の協力体制を得んがために徒に権利義務を不明確にし，或いは安

易な温情主義に堕することは厳に避けなければならない」(日本経営者団体連盟(1950)「新労務管理に関する見解」)(労務管理委員会委員長　山本浅吾)より.

10)「定期昇給制度は戦前いずれの会社にもあり，これは人事考課，能力評定即ち評価に基づく給与の評価替えが年齢，勤続が異なるにつれて行われた．定期昇給制度は厳密な意味では戦前戦後では多少変わっているが，年齢・勤続のごとき自然係数的なものは決して否定しえない.」(関東経営者協会 1953a).

11) 主な提言としては，日本経営者団体連盟（1950b）「当面の利益分配的諸要素に対する経営者の態度」，日本経営者団体連盟（1953a）「基本的労働対策にかんする意見」)などがある.

12) 総同盟は定期昇給制について，「定期昇給制度を協約で確立し，その場合の昇給基準，職務再評価の決定等に組合が参加していくことが大切である」と主張している（日経連 1954a）．労使が定期昇給を受け入れる土壌が当時もある程度存在していたことを示している.

13)「副次的，結果的には労働者の生活維持向上に資するものでなくてはならない」という一節も付加されている.

14) 本書『昇給制度』は日経連の名義で発行されているが，実際に執筆したのは，当時日本油脂労務部に勤務していた工藤信男である．工藤も今村と共に，日経連の事務方を支えた１人である.

15)「機械的昇給」とは具体的には，年齢昇給，勤続昇給（経験昇給），定額昇給，定率昇給をいう（日本経営者団体連盟 1954b：7）.

16)「考課昇給」とは具体的には，人事考課方式による昇給，職階職務給方式に基づく裁定による昇給をいう（日本経営者団体連盟 1954b：7）.

17)「特に生活給的な色彩が未だに色濃く残存している日本の現在の賃金制度の下では，部分給としての年齢給，勤続給の増額も昇給という概念の中に含めて，相当広義に理解する必要があるといえよう．特に日本における賃労働の特質として職業別の統一的な労働市場が形成されておらず，熟練の性格が後述（第6章（1）の（ロ））の如く極めて封鎖的であり，従って職務に対する経験，技能，熟練度の上昇が勤続年数の増加に平均的に比例してゆくことが考えられる．かかる基盤の下では勤続給の増加も広い意味での昇給の中に含めて考える理論的な基礎をもっている.」(日本経営者団体連盟 1954b：6）.

18) 日本経営者団体連盟（1959a：41-42）は外部労働市場との関連で，内部労働市場における勤続年数別格差について以下のように記している．「日本における資本主義発展の特異性と生産関係の合理性の不徹底は，相対的過剰労働の存在とあいまって，労働市場の近代化を著しく阻害し，職業別の統一市場を形成するに至らなかった．この結果，わが国では技能の習得と熟練の形成は，個々の企業において極めて封鎖的に行わ

れ，未熟練労働から熟練労働までが，特定の企業の中で再生産されているのが一般的
な実情で，ここに年功中心の労務管理体制なり勤続昇給といったものをもたらすに
至った経済的な基礎がある．したがって個々の企業が賃金を決定するに当たって，つ
ねにこのような熟練の法則性に立脚しているとすれば，賃金は一般的に勤続年数が長
くなるにつれて高くなると考えて差支えない．しかしその高まり方，賃金曲線のえが
き方は必ずしも一様ではない．」．

19) 能率給との対比において職務給をみると，能率給の本質が① 労働の量的成果に関係
づけられている，② 労働能率を刺激する，の 2 点に求められるのに対し，職務給
は，① 職務の質的差異に関係づけられている，② 心理的な公平性を満足せしめうる，
の 2 点，換言すれば職務の質的格差の合理性と，それから誘因される心理的公平性の
いわば予定調和的な均衡性に職務給の本質の理念型があると考えられる（日本経営者
団体連盟編 1955a：6）．

20) ここでいう「生活給」とは，「賃金決定を職務によらず生活費用によるということを
主として意味するが，同時に勤続，学歴，身分等による旧来の日本的賃金を意味する
ことがある」（日本経営者団体連盟編 1955a：7）．

21) ここでいう「昇給」とは，「考課的昇給」を意味するといえる．「勿論職務自体がその
担当者に密着し，その個人の能力如何，活動如何によって大巾（ママ）に変動するよ
うな場合には，その個人の遂行能力を査定し，賃金を決めることが実際上合理的であ
るとも考えられる．しかしながら，一般的にいって一職務の習熟の巾（ママ）はさほ
ど大きなものではありえない．それは下級職務より上級職務への昇格を予定した場合
に初めて問題にすべき巾としてそれへの対価を配慮することが正当視されるのであっ
て，この点従来の昇給制度はかなり漠然たるものがあったといわなくてはならない．
この意味においては昇給制度は職務給的考え方に立って改めて再検討を要するといわ
ねばならないのではなかろうか．」（日本経営者団体連盟編 1955a：20）．

22) 大橋は「職務給への動因としての技術革新」について，生産技術体系，社会価値観の
変革と費用管理の行き詰まりを挙げている．前者はオートメーション化に代表される
技術革新により，熟練所要時間が短期化するため勤続年数と熟練度との相関性が小さ
くなり，年功序列体系の意義が薄らぐこと，職務の標準化，細分化が進み，仕事が人
から離れて，客観化，固定化することで能率発揮の個人差がほとんどなくなってくる
ことを意味する．後者は，技術革新が高年令層の生産不適応化（所用技能，知識の欠
如）や，熟練労働の不要化を生み，高年齢化，長勤続化が進む中，この層での賃金単
位当たり生産性がますます小さくなる現象をともなっていると説明している．

23) その理由として神埼が挙げているのは，一つには，職務の標準化に集約される組織管
理，作業・事務管理の合理化等，関連する他の管理制度の合理化を促す内部契約とは
なり難く，またそれ自身の発展性も大きくないこと，二つには，それは考課基準の客

観性において，また人事管理との有機的総合性の点で十分とはいい難いこと，三つには，将来の労働力の逼迫する事態において，保有する労働力の能率的な管理という点で，十分な対処策とはいい難いのではないかということである．

24)『職務給の研究』（日本経営者団体連盟編 1955a）では「同一価値労働同一賃金」が使われていた．

25) 日経連の「賃金合理化の3原則」は以下のとおりである．
　第1　賃金の決定は職務を基準として行われるべきこと（職務基準の原則）
　第2　年齢別格差は縮小さるべきこと（年齢別格差縮小の原則）
　第3　個別賃金の格差は企業間においても縮小さるべきこと（社会的標準化の原則）

26) 同報告書における職能給の定義をまとめると，以下の通りである．(a) 職能給は，併存型または混合型職務給と同じく，わが国特有の条件の下で賃金の合理化，職務給化をはかる場合の過渡的移行型である．(b) 職能給は，企業内で職務遂行能力の性質と程度に応じて属人的に定められる賃金である．(c) 職能給の考え方は，欧州一般にみられる伝統的熟練度等級別賃金の思想に類似するが，わが国では労働力の社会的評価はなく，新たに設定のための手続を要する（日本経営者団体連盟 1965b：435）．

27)「かかる職能分類にもとづく賃金は，当然，職掌等級毎に定められるべきであり，理論的にはシングルレートも考えられるが，たとえば従業員の間で職務意識が未成熟であり，職務と能力にはズレがあり，現行の賃金水準では定期昇給に対する期待が大きく，また上下格差の大きい現行カーブからの移行には多大の原資を要する等の事情から，職能給制度を採用するというとき，シングルレートの設定は到底考えられないのである．（中略）そこで，基本給の職能給化は，職掌等級区分別に基準賃率を定めるとしても，それに大幅な範囲を設けて，昇給を行わざるをえない．あるいは，初任給と職掌等級別の昇給額を定め，年々各人の等級に応じて昇給を行う．両者は，論理的組立の相違はあっても実質的内容においては，同じものである．」（日本経営者団体連盟 1965b：444-445）．

28)「従来の年功制度との調整機能を『昇給（考課昇給と機械的昇給の区別はない)』に求めながら，新しい制度（職能給制度）の現実に即した調和を期待している」との記述がある（日本経営者団体連盟 1965b：445）．

29) 工藤は職務給が企業の中で合理的な制度として発展していくためには，企業内および企業外で次のような条件が整っていることが必要であるとする．企業内の条件としては，①生産が安定しており，職務が標準化ないし客観化されていること，つまり職務が人から離れて確立されていること，②そのためには科学的な作業管理方式が確立されていること，③職務構造と能力構造がほぼ一致しており，適性配備のための採用，異動，さらには解雇等の自由がある程度確保されていること，④職務評価あるいは職務給というような考え方について，労使間で納得して民主的に運営できるよ

うな合理的な労使慣行が期待できること，⑤ 賃金水準がある程度の高さにあること等があげられる．一方企業外の条件として，① 統一的な労働市場を前提とした横断的な労働市場が形成されていること，② 職業別ないし産業別労働組合が存在し，この結果職種別賃金が統一的に決定されるような労働慣行が社会的に成立していること，③ 職業意識が慣習的にも成立していること，④ 職務評価の理論を納得するような合理性が一般的に存在していること等である．そして企業内の条件のいくつかは技術革新の進展や企業の合理化努力により解決される可能性が高いとする一方で，企業外の要因については，今後よほどの労働力の需給関係の変動，逆転現象でもない限り，また経済の二重構造が完全に解決されない限り，大企業中心の生涯雇用的な慣行は容易にくずれそうにも思えないし，職種別賃金が統一的に決定されたというような労働慣行や労働者意識が確立されるということも，目下のところ容易には期待できそうにないと述べている．

30）「長期雇用制の下での職務給化においては，職務構成と人員構成の不一致が賃金の面に端的に現れてくる．職務を踏まえない年功序列給はその問題をある程度カバーし得るが，職務給の導入は一切を露わにしてしまう」（入江 1963）．

31）日本的風土の特質について入江は，「由来日本人に機能集団が機能集団に止まることに満足できず，個人的感情の交流を契機にそれを共同社会とみるに至って安んじる気質があり，それは温情主義（パターナリズム）の否定の後にも残る根強さをもっているように思う．勤労意欲の高揚もこのような人間的な触れ合いに大きく依存するものと考える．ただし温情主義（パターナリズム）が旧い身分的親権的な段階に止まってはならないことはもちろんである．それは処遇の面を機能主義と公平の原則に委ねていくとともに，もっと洗練された形に高めることが望まれる．」と述べている（入江 1963）．

32）館脇は『わが国労働経済の現況と賃金問題』より，以下のように引用を行っている．「わが国の賃金体系は，一般的に相対的に低い初任給時点から相対的に高い停年給時点に向かって，年々昇給額が積み重ねられながら決定されていくという特質をもっており，賃金は勤続給年功序列であり，属人給，生活給，生涯雇用給という特徴をもつ．だから，現在のような初任給から積み上げる生涯雇用的な賃金体系をとる限り，昇給は賃金体系上必然的制度である．これに対して純粋な意味での職階給，職能給賃金で代表される先進諸国の賃金体系では，賃金は仕事と結び付けられ，仕事が変わらない限り原則として体系上『昇給』することはない．このように体系自体昇給制を必要とするような契機を内部的にもたないから，『静止する賃金体系』と名付ければ，わが国のは『動く賃金体系』といってよい．……企業の賃金管理は従業員関係を前提とする労働力としての従業員を対象とする賃金管理と，労使関係を前提とする労働力の所有者としての労組員を対象とする賃金管理との二重構造をもつことになる．前者は個

人対象の賃金管理（個別的賃金管理）ともいえる．後者は集団対象の賃金管理（集団的賃金管理）である．そして動く賃金体系では，定期的昇給を増額方式として体系内在的にもっており，従業員の提供する労働の質量を使用者が評価判定し，その評定を通じて昇給額が積み重ねられる．」

33）舟橋の論点は，第一に，個別的賃金管理と集団的賃金管理を厳密に区別した意図は，個別的賃金管理（個々の労働者に対する賃率の設定）が，労働組合との団体交渉の対象となるのではなく，資本家の一方的専権に属する問題であることを明らかにした点にあり，日経連の見解はいわゆる労使対等の原則に反する驚くべき時代錯誤で賃金決定を再び戦前方式—資本家の一方的しかも恣意的な賃金決定—におしもどそうとしているということ．第二に，日経連の見解は個人対象の賃金管理（個別的賃金管理）が強調されることによって，賃金がいわゆる個別賃金になってしまう．賃金は個別に結びつくものではなく職務に結びつくものであることを強調したのはかつて日経連であった．しかるに日経連は個別的賃金管理を重視し，かつて強調していた職務給とはまったく異質な個人給を目指しており，賃金の非近代化を促進しているということである．

34）入江は「身分制といい資格制といいそれらが企業における「人」中心の階層的秩序の設定という点では同じにしても，新しい資格制度は決して従来の身分制度の単なる復活であってはならない．新しい資格制は『能力』を基準に設定されるべきであり，学歴差による頭打ち制度は考えられるものではない」と述べる．そして「役職ポストが不足する場合については，同等の能力を持つ者には給与の面で役職者に準じる給与手当を支給する．統率力に欠けるために役職ポストに就けない者については，相当の資格を与え，スタッフ組織の一員として本人に満足を与えつつ，企業もその特殊能力を役立たせるべき」と記している．

35）そのための具体策として宇佐美は，制度としては資格区分別に昇給額を定めるとか，標準昇給率に対する係数を定めるとかの方法が考えられるであろうし，昇進制度の確立とあいまって昇給基準線を合理的に設定することも可能になろうと述べている（宇佐美 1957：11）．

36）もっとも職務給そのものが消滅したわけではなく，職務給はその後も折に触れて例えば「職務・職能給」という表現で議論の対象とされてきた．

第3章　生産性に基づく賃金決定と
　　　　定期昇給

—— 1969 ～ 1989年 ——

　この時代において賃金に関する日経連の最大の課題は，生産性との関連で賃金原資をいかに制御し，賃金の決定権を保持していくかであった．定期昇給についても70年代は生産性基準原理を基に，80年代には生産性基準原理から発展した支払能力論を踏まえた形で決定されるべきであるという主張が，日経連により展開された．

　本章は，この時代に最も重要な課題として，日経連による生産性に基づく賃金水準管理とそれを前提とした賃金格差管理に着目し，これを定期昇給との関連で議論することを主たる目的とする．この時期は日経連の賃金における基本的思想となる生産性基準原理，支払能力論が確立する時期であり，これらの思想と定期昇給との関係に関する議論が後の賃金体系に与える影響が大きかったことがその理由である．併せて，能力主義管理及びその中心的な賃金決定手法となった職能給に代表される，日経連の賃金政策に焦点を当てて議論することとする．職能給は70年代以降において賃金制度の主流となり，また定期昇給制度は職能給をその中に組み込む形で展開していったと言えることがその理由である．

　本章では，以下の2つの時代に分けて論じることとする．

　第一に，日経連による1969年の生産性基準原理の発表から1970年代，正確には1982年にかけての，日経連の賃金水準に関する議論の検討である．この時期においては，第1次石油危機を契機とする労働組合からの大幅な賃上げ要求(特

にベース・アップ）に対して，日経連は徹底抗戦した．その理論的基盤となったのが生産性基準原理である．労使の厳しい交渉を経て，賃上げ率は1974年の32%をピークにして次第に低下し始め，1970年代末には10%を超えない水準にまで落ち着いた．定期昇給は賃上げ全体の中で議論されることになるが，賃上げ抑制のための長期賃金協定がこの時期に改めて定期昇給と絡めて議論されたことは留意すべきである．なお，この時期は1969年に『能力主義管理』が発表されて以降，人件費コントロールを意識するなかで，より効率的な従業員秩序を模索する時期でもあった．その中身についても検討する．

　第二に，1980年代，正確には1983年から1989年までの，定期昇給をめぐる日経連の議論の検討である．この頃より日経連の公式文書である『労働問題研究委員会報告』に，定期昇給が取り扱われるようになる．ここで定期昇給は，支払能力論との関連で議論されている．支払能力論とは端的に言えば，従業員1人当たりの付加価値生産性の成長率の範囲内で賃金は支払われるべきであるという考え方であるが，その基本となっているのは生産性基準原理である．これ以前の支払能力論は漠としたいわゆる「中空概念」だったが，この時期に具体的な意味を付与され，賃金論として理論的に完成することになる．この時期に特徴的に見られる傾向は，第一に定期昇給を生産性に基づいた賃金決定の中で位置付けていこうとする動きが顕著になったことである．生産性基準原理に関して言えば，1970年代においては定期昇給と生産性基準原理とを結び付けた議論が散見され始める．そして1980年代に入ると，定期昇給は支払能力論と結び付けられた形で本格的に議論されることになる．その理由としては，80年代にかけて経済成長のスピードが減速したことや，従業員構成の高齢化や定年延長などにより，従来の定期昇給の根拠であった内転原資論が行き詰まったことが挙げられる．

　第二に能力主義管理下における賃金体系としての職能給と定期昇給との「共存」の可能性が議論されたことである．これについては定期昇給のもつ考課的昇給と機械的昇給の側面が，職能給といかなる形で結び付くのかが焦点となった．

　第三に初任給の上昇や従業員の高齢化及び定年延長の動きに伴う，定期昇給

の維持に対する日経連（経営側）の問題意識である．これについては，従来想定されていた昇給基準線が，始点（初任給）の上昇と終点（退職）の延長により変化を余儀なくされる中で，いかなる形で賃金に基づく企業内の従業員秩序を保つかが焦点となる．

1. 生産性基準原理の時代
——1969〜1982年——

まず，日経連の賃金における基本的思想となる生産性基準原理，支払能力論について議論することとする．これらの思想と定期昇給との関係に関する議論が，後の賃金体系に与える影響が大きかったことがその理由である．併せて，能力主義管理及びその中心的な賃金決定手法となった職能給に代表される，日経連の賃金政策に焦点を当てて議論することとする．職能給は70年代以降において賃金制度の主流となり，また定期昇給制度は職能給をその中に組み込む形で展開していったと言えることがその理由である．

本節では第一に，日経連の賃金政策の基本となった生産性基準原理の概要と，1970年代において生産性基準原理が実際に賃金政策としていかに展開されていたかについて論じる．生産性基準原理はマクロ経済レベルにおいて賃上げによるインフレを防止するための施策である．一方で生産性基準原理をミクロの，すなわち企業レベルで展開する考え方が「支払能力論」である．生産性基準原理，支払能力論ともに，付加価値労働生産性（従業員1人当たりで生みだした付加価値額）の上昇率の範囲内で賃上げ率を決定すべきであるという考え方である．

第二に，定期昇給と能力主義管理の関係について論じる．定期昇給を能力主義管理下でいかに位置づけていくかについては，この時期の日経連は「公式文書」，すなわち政策提言として広く世に問う形での文書や報告書ではほとんど論じていない．しかし，「会員企業向けの資料」においては，定期昇給と能力主義管理，とりわけ能力主義管理を体現する賃金体系である職能給について，度々取り上げている．これらの文書を通して，1970年代において定期昇給が日経連によっていかなる位置づけを付与されていたのかを論じる．

　生産性基準原理と能力主義管理は奇しくも同じ年（1969年）に公表された．その時代的背景には，日経連をはじめとする経営側が共有する，高度成長を背景にして続く大幅な賃上げに対する警戒感と，将来において予想される若年労働力不足がもたらす賃金上昇に対する危機感があった．生産性基準原理はマクロ経済レベルでの，能力主義管理は企業管理のいわばミクロレベルでの，これらの問題への対応策であった．

（1）生産性基準原理の概要

　この時期の日経連の賃金理論，とりわけ賃金水準に関する議論で最も重要な理論は，生産性基準原理である．生産性基準原理は，1969年に公表されて以降，日経連の基本的な賃金政策として長きに渡り展開されることになる．ここでは，まずは生産性基準原理の理論的枠組みについて説明する．

（i）所得政策

　生産性基準原理のベースとなったのが，所得政策の理論である．以下，所得政策の理論について概説する．

　所得政策は，1950年代後半より1970年代にかけて，欧米を中心に議論されていた．その内容は，欧米における緩やかながらも持続的な物価上昇の原因は，価格の引き上げによる利潤・賃金の増加であり，政府は物価上昇の抑制のために，①需要の抑制，②生産性向上によるコストの吸収，③貨幣所得の増加率を国民経済の生産性上昇率に等しくする，という策を講じるべき，というものである[1]．

　所得政策は，政府主導によって，物価上昇の大きな要因である賃金の上昇率を抑制しようとするものである．1950年代の欧州や1960年代初頭の米国で採用されたが，概して成功したという評価は得られていない．それは，政府が賃金や個人所得，ひいては労使の成果配分にまで介入することは資本主義経済では困難であるということの証左とも言える．

（ii）生産性基準原理

　日本では，1960年代から70年代の前半にかけて所得政策の導入のための議論が行われたが，実際に採用されることはなかった[2]．一方で1969年に日経連は，

所得政策の考え方を基本にした生産性基準原理を提唱した.

　生産性基準原理は,「労働分配率を一定と仮定した場合, 国全体の賃金上昇率の平均を国民経済の実質生産性上昇率に一致させたならば, 賃金コスト上昇による国内インフレはゼロになる」という考え方であり, 当時の所得政策で議論されていた考え方を簡潔に整理したものである. 生産性基準原理は近年にいたるまで, 経営側の賃金決定の指針として支持されてきた[3].

　日経連は70年代の後半から, 生産性基準原理をベースにして, 個別企業の賃金決定のための指針となる「支払能力論」を展開し始めた. 支払能力論を一言で説明すれば,「付加価値労働生産性の伸び率の範囲内に賃金上昇率を抑制することで, 労働分配率の上昇を防ぎ, 企業にとって成長と体質改善の2大目標を達成することができる」という理論である. 国民経済と個別業種・企業の柔軟性のある整合性を図るべく, 生産性基準原理と支払能力論は二者択一的な関係ではなく, 融合させうるものであると日経連および日本経団連は主張してきた（日本経営者団体連盟 1981： 6 ）.

（2）生産性基準原理の展開

（ⅰ）生産性基準原理による賃金統御

　日経連生産性基準原理小委員会主査を務めた日本化薬取締役勤労部長の今村久寿輝は, 全員経営理念による付加価値生産性の向上に連結する賃金政策について, 賃金水準の問題として, 高能率高賃金の思想の維持と「生産性基準原理」のいっそう強力な推進を, 賃金体系の問題として, 動態的な人間能力の開発, 上昇に対応できる新たな職能給システムの設定を挙げている（今村 1971b： 35-39）. ここでは, 付加価値生産性を基にした賃金決定がコアの概念であることを強調している.

　今村がいう全員経営とは, 経営参画, 意志疎通, 組織の動態化, 仕事に対する人間の主体的確保, 青空人事など企業内デモクラシーを貫くことである. そして能力主義人事はそれを支えるバックボーンとなる. 今村はあるべき賃金体系について, 無限に動態的な職務能力の育成伸張を追求する人間能力主義体系でなければならないと述べ, 人の職務遂行能力の上昇を促進しこれを処遇する

ような動態的な職能給が，これからの能力主義時代に適合し，また日本的風土にも適合すると主張している．

今村は，賃金水準の決定において生産性基準原理を，従業員間の賃金格差を形成する賃金体系において能力主義管理を導入することを主張している．その背景には，人間の能力は無限に伸張するがゆえに，企業の発展は永続的であるという，ある種の楽観主義が垣間見える．実際に生産性基準原理は生産性の伸び率の範囲内での賃金決定を認めており，単純な賃上げ抑制の理論ではない．また能力主義管理は能力開発の側面を重視しており，職務遂行能力に基づく賃金上昇に肯定的であった．

王子製紙社長の田中文雄は，今後の労使関係のあり方と関連して，「企業経営が高生産性を持続しうる高能率経営を実現することが必要不可欠であり，この実現のためには労働側の自主的努力なくして絶対に不可能といっても過言ではない．企業の長期的安定的発展と労働者の長期安定的生活向上を追求することが，これからの労使に課せられた最大の課題である．」(田中 1972 : 12–13) と論じている．田中は企業にとって生産性の向上が第一であり，そのためには人的資源の十分な活用と労使関係の安定が必要であると主張している．この時代において，生産性の向上及び生産性基準原理が，日経連に代表される経営側にとって優先される課題であったことが伺える．

しかし生産性基準原理は，公表された当初はさほど効果を発揮したわけではなかった．1969年当時の日本はまだ高度成長のさなかにあり，折しも若年労働力不足と相まって，賃上げ率は10%を超える状況が続いていた[4]．

生産性基準原理が賃金抑制のための有効な手段として機能し始めたのは，石油危機直後の1975年以降である．1974年の32%余りの賃上げ率に対抗して，日経連をはじめとする経営側は，賃金抑制に断固とした態度を示すこととなった．1975年の賃上げ率は15%程度に抑制するという経営側のコンセンサスの基本となったのが，生産性基準原理，すなわち国の生産性に見合った形で賃金を決定するという考え方である．この結果，1975年の賃上げ率は14.5%(日経連「昇給・ベース・アップ調査」より」) にまで抑制され，それ以降，賃上げ率が10%を超えることはなくなった．

時代は若干遡るが，オイルショック直後において，労働組合は，日本的な労働慣行を維持した上での，大幅な賃上げ（ベース・アップ）を求めてきた．しかし日経連は，それは不可能であると断じている．例えば以下のような日経連の文書がある．

「(ハ) 日本的労働慣行の再検討

「賃金水準は国際的高水準に達し，為替レート調整がなければ世界最高の米国の水準にも3年以内に到達する公算が大きい．そうなると終身雇用制，退職金制度，福祉厚生施設の会社負担といった日本的な労働慣行についても漸次再検討が必要となる．

したがって，このあたりからベース・アップを優先し，これら日本的労働慣行を次第に縮小させることを選ぶか，逆に日本的慣行を重視し，ベース・アップはほどほどにする方がよいかといった選択を労使の話し合いによって決めるべきだと思う．」(日本経営者団体連盟 1974：34)

「日本的労働慣行」における賃金の内容はここでは明示されていないが，終身雇用制，退職金制度，福祉厚生施設の会社負担が例に上がっていることや全体の文脈から，賃金制度や定期昇給も含まれていると推測できる．日本の賃金水準はすでに国際的に高水準になりつつあるとの認識の下，これ以上の賃金水準の上昇や人件費負担の増加は不可能であるという，日経連の厳しい認識が示されている．

留意すべきは，1970年代においても，定期昇給は一貫して2％台の前半を維持していたことである（図序−3参照）．抑制の対象とされたのはベース・アップであり，定期昇給についてはほとんど手がつけられていない．定期昇給は強固な岩盤のごとく，この時代においても維持され続けた．

しかし，定期昇給に関する議論がなかったわけではない．1970年代後半には，『賃金問題研究委員会』において，以下のような記述がみられる．

「わが国では，ここ2年来倒産の激化する中で，企業は人件費支払いに追われつつ，赤字決算に耐えているのが現状である．したがって，生産性

の向上によって業績を回復させ，支払能力の増加をはかることが先決で，生産性基準原理の正しさが再認識されなければならない.」(日経連日本経営者団体連盟 1976a：7)

　ここで，マクロレベルの賃金決定のための生産性基準原理と，ミクロレベルすなわち企業単位の支払能力論とが併せて論じられている．企業の支払能力すなわち付加価値生産性が向上しなければ，賃金を支払うことができなくなるという考え方が改めて強調されている．ここでいう「人件費」の中には，ベース・アップと定期昇給の双方が含まれている.

　1970年代の後半から賃上げ率が低下していく中で，定期昇給が賃上げに占める比率が相対的に上昇してくる．その中で，マクロのレベルでは従来は「あって当然」という前提で議論されてきた定期昇給も，1980年代に入ると生産性基準原理の枠内で議論されるようになる.

(ⅱ) 長期賃金協定と定期昇給

　さらに定期昇給に関してこの時期に留意すべきは，長期賃金協定に関する議論の復活である．長期賃金協定は1950年代に日経連が定期昇給を推奨し始めた時期に一時的に流行したが，60年代以降はほとんど議論されなくなっていた.「賃金問題研究委員会報告 (1976年12月)」は，長期賃金協定について，以下のように論じている.

　　「結語
　　① 経済の安定成長期における企業経営に，中期計画の必要性を認める労使は，3年間程度の有効期間を持つ『賃金を含む労働条件』を研究する努力が必要であろう.
　　② マクロの立場からみれば，年間実質経済成長率を基準とする程度の賃上げが，良識ある労使の常識的な目安となるべきであろう.
　　③ 賃金決定は，自由経済社会においては，あくまでも企業体労使の交渉によって自主的に決定さるべき問題である.」(日本経営者団体連盟 1976b：30)

　ここで触れられている「(賃金の) 中期計画」とは，1950年代から経営側によ

り議論されてきた「長期賃金協定」のことである．長期賃金協定とは，賃金決定について労使が3年程度の協定を結び，それに則って毎年安定的に賃金を引き上げることを目指すものである．ここで言う「賃上げ」とは定期昇給である．つまり「（賃金の）中期計画」には，生産性基準原理・支払能力論に則り，賃上げ率は定期昇給程度に止めるべきという含意がある．

　「（賃金の）中期計画」は主として賃金の集団的管理の側面であるが，背後に定期昇給が存在することや，① に『賃金を含む労働条件』を含むことにより，個別管理の要因も含むこととなっている．ここに日経連がこの時代に，長期賃金協定を基にして，賃金上昇率を定期昇給の範囲内に抑制しようと意図していたことが伺える[5]．

　長期賃金協定と生産性基準原理との関係については，1970年代初頭に議論が盛り上がったことがある．例えば雑誌『経営者』1971年2月号の座談会「賃金決定ルールをいかに確立するか」において今村久寿輝は，「長期事業計画なり，その中での長期賃金計画というか，それと結び付いてはじめて生産性基準原理は真に定着する」と述べている．生産性基準原理を貫徹するためには短期間で結果を求めるのではなく，長期的な視野に立って賃金管理を行っておくことが必要であるということである．

　また1978年には，日経連の加盟団体である関西経営者協会が「中期賃金協定について」と題した報告書を公表している．そこでは，中期賃金協定の当面の導入策として，定期昇給制度の活用を出発点とした協定方式を提案している．すなわち，毎年の賃上げ率を定期昇給の上昇率である2〜3％として協定を結ぶということである．さらに定期昇給制度を能力の伸張段階や生計費の増加傾向に適合させる中で年功序列賃金の一部修正が併せ検討されるべきであると提言している．

　長期賃金協定の議論は長続きすることなく，80年代に入るとほどなく立ち消えとなった．その理由としては，経営側としては賃金を毎年交渉するという「フリーハンド」を持つことにより，その時々の経営環境に対応した賃金決定を行いたいという気持ちが強かったことが挙げられよう．一方で日経連は80年代に経営計画の議論を，賃金の支払能力論と結び付けて，「中長期的な経営計画に

基づいた支払能力による総額人件費決定システム」の開発へと繋げていくことになる[6]．

(ⅲ) 支払能力に基づいた賃金決定

支払能力に基づいた賃金決定を，当時の日経連はどのように捉えていたのだろうか．それを知るために，1954年に「定期昇給とベース・アップの理論」を公表した今村久寿輝による，支払能力と定期昇給の関係についての議論を検討する（今村 1976）[7]．

今村によれば，支払能力論と生活賃金論は，賃金の本質論の2大支柱であり，前者は賃金コストによって規定され，後者は生計費・物価によって規定されるとする．高度成長期には，支払能力論をあまり問題にすることなく生活賃金論を充足することができた．高生産性≒高賃金＞消費者物価だったからである．しかしながら，生活賃金論は，実質生活賃金維持・向上論ではない．生活賃金論は，周知のように，「その国，その時代において，社会的に平均的に妥当とされる生活を営むに足る高さの賃金でなくてはならない」という理論である．その社会的・平均的水準は，結局国民経済力の所産であり，国民経済力のいかんにより変動的であるとしている（今村 1976：82）．そして「以上のように，賃金の本質論を形成する支払能力論と生活賃金論は，高成長期には後者に比重をかけても前者と衝突することなく対処することができたが，極限的な低成長激動期には支払能力論に比重をかけざるをえない．さらに景気の回復によって低成長ながら安定成長化するようになると，支払能力論と生活賃金論のバランスの取れた両立が可能になるであろうというように，歴史の流れの中で，そのときどきの経済や経営の実勢に対応した弾力的な対処がなされるべきものである．換言すれば，賃金の決定は，賃金の本質論を基底とし，労働市場要因が加わり，さらには労使の力関係要因等の影響を受けつつ，経済原則に即して決定されるものであることを再認識すべきである」（今村 1976：84）と論じる．

今村は，低成長下においては生活賃金論よりは支払能力論が重視させざるを得ないが，安定した成長があるならば，両者のバランスの取れた共存は可能であると主張している．ちなみに今村が指摘する支払能力とは，付加価値労働生産性（従業員1人当たりの付加価値）に基づく賃金決定のことである．つまり，企

業レベルにおいて付加価値生産性を計算し，その前年度からの伸び率が，賃上げ率の限界水準となる．ただしこれは1人当たりの平均値なので，いわば企業レベルにおける賃金の集団的管理における賃金の限界値である．この集団的管理の水準をベースにして，個別管理における考課昇給や機械的昇給が行われることになる．支払能力論は端的に言えば，賃金原資の管理のための概念であり，原資を個々の従業員にいかに配分していくかについては，個別的管理に委ねられることになる．

　一方で三井造船社長の山下勇は，高度成長終焉後の安定成長の時代においては，もはやベース・アップという形ではなく，企業の業績に応じた定期昇給プラスaというような，定期昇給の幅を業績に応じて変えていく段階にきていると論じている（山下 1976：20-21）．山下は「企業の業績」という言葉を使っているが，ここでの主張は企業の賃金決定は支払能力に則って定期昇給を中心に，今後は行うべきであるという内容となっている．

　本書の分析枠組みに則って考えれば，この時代は，定期昇給が生産性と結び付いて賃金水準をいかに制御するかという視点から議論されていたと言える．経営側は，賃上げ率全体は抑制した上で，定期昇給の分は保障しようという意図をもっていた．特に長期賃金協定の議論にその姿勢が垣間見える．

　支払能力論はやがて80年代に入ると，定期昇給とより直接的に結び付けられて議論されるようになる．

（3）能力主義管理の台頭

　1969年に発表された日経連労務管理委員会・日経連能力主義管理研究会(1969)『能力主義管理』は，定期昇給に関する考え方にも大きな影響を与えた．能力主義管理はこの時代を代表する重要な思想なので，ここで概略を解説する．

　能力主義管理とは，労働力不足・賃金水準の大幅上昇・技術革新・開放経済・労働者の意識の変化など，経済発展段階の高度化にともなうわが国企業経営をめぐるきびしい環境条件の変化に積極的に対応して，従業員の職務遂行能力を発見し，より一層開発しさらにより一層有効に活用することによって労働効率を高めるいわゆる少数精鋭主義を追求する人事労務管理諸施策の総称であ

る（日経連労務管理委員会・日経連能力主義管理研究会 1969：17）[8]．そして，能力を「企業における構成員として，企業目的達成のために貢献する職務遂行能力であり，業績として顕現化されなければならない」ものであると定義している．そして，能力主義管理の理念は，企業における経済合理性と人間尊重の調和にあり，企業における人間尊重とは，業務の上から考える限り，従業員の職務遂行能力を発見し，十二分に開発し，かつ発揮する機会と場所を与え，またそれに応じて処遇することであり，能力主義管理の実践に他ならないと主張している（日経連労務管理委員会・日経連能力主義管理研究会 1969：18）．

　そして能力主義管理が広く従業員に受け入れられるためには，客観的な能力の評価が重要な役割を占める．能力は総合的に評価しなければならないが，企業である以上，能力は業績として結果するものでなければならないとしている（日経連労務管理委員会・日経連能力主義管理研究会 1969：72）．ちなみに，能力主義管理の対象とされたのは，当時，生産性が低いと言われていたホワイトカラー，中でも仕事のカナメの位置に立ち，部下の指導に当たり，企業発展の牽引車の役割を果たす管理職である（日経連労務管理委員会・日経連能力主義管理研究会 1969：74）．

　興味深いのは，同報告書は，能力主義管理の基本を，個人と全体の能力の最大発揮を調和させるべく，日本民族の特性である集団主義を基本とした小集団主義に求めていることである．そして権利義務に基づく欧米の能力主義と比較して，役割（職務）尊重のチームワークが現代的な和であり，集団主義であり，個人の役割の尊重の上にはじめて新しい現代的職場小集団が成立すると述べている（日経連労務管理委員会・日経連能力主義管理研究会 1969：21）．欧米との比較の際に「職務」という言葉を使わず「役割」という言葉を使ったのは，欧米諸国で使われている「職務（給）」と，日本で普及させようとしていた「職務（給）」が異質のものであることを主張していると言えよう．

　能力主義管理が推奨していたのは職務遂行能力に基づく職能給であった．しかし，職務給がまったく無視されたわけではなく，実際には「職務・職能給」という表現が使われることが多かった．

（4）能力主義管理と定期昇給

（ⅰ）日本における職能給の性格

　1960年代後半から台頭し始めた能力主義と定期昇給との関係について，ここでは浅沢（1969），工藤（1968）の議論を基に検討する．

　浅沢（1969）[9]は，これまでの定期昇給における人事考課と能力主義時代における人事考課は異なるものであると論じる．定期昇給を柱に運用される総合決定給中心の賃金体系では，人事考課は昇給額査定の手段であり，一定の幅の査定部分の範囲で，昇給原資の枠内に収めるためには，従業員の成績をどう納得のいく形でバラツかせるかということが，人事考課の中心機能であるとする（浅沢 1969：74）．一方で能力主義，すなわち職務給や職能給を運用する場合の人事考課は，定期昇給の査定よりも，厳格な職務と密接した対応が要請されるとする（浅沢 1969：74）．

　しかし浅沢によれば，職務給の人事考課に関しては，職能分化が不十分なわが国の場合，実際には職務分析，職務評価を進めて職務中心の管理体制を徹底することは，かなりの困難を伴う．職能給の人事考課については，能力判定を厳密に行おうとすると，職務分類による賃金秩序形成以上の困難さと深さに直面するように思われるために，現在の段階では，能力判定の厳密性をある程度あきらめざるを得ない（浅沢 1969：76）．そうなると結局，「職務の共通性から，相互の類似性の高いグループをまとめて同一昇給グループとし，そのグループを人事考課の評定グループとして，その中での相対的な対人比較による序列づけしか方法がなくなる」（浅沢 1969：76）という，従来の人事考課に基づく定期昇給に帰着する可能性が高くなる．浅沢は，能力を客観的に測ることを前提とする管理の困難さを表明しており，能力主義も最終的には定期昇給に包含される可能性が高いと主張している．

　一方でこの時期に改めて昇給基準線の議論を展開している工藤（1968）は，賃金体系は昇給基準線を基に企業が主体的に決めるべきであると主張する．工藤は昇給基準線（工藤は「賃金基準線」という言葉を使っている）の問題は，企業ごとの分断された雇用制度の中で，企業内賃金格差をいかに設定し，その維持運用をはかっていくか，またそのなかで，個々人についてどのような基準で賃金

の上昇増額，つまり昇給を行っていくかであると論じている（工藤 1968：674）．そして，昇給基準線の設定にあたって検討されるべき理論的な問題点を，以下のように挙げている．

① 企業内賃金決定の存続の可能性
② 企業のなかでの職種間賃金格差とその決定要因
③ 日本における熟練の性格と勤続年数別賃金格差
④ 労働の最適年齢と能力の発揮度の推移
⑤ 男女間の賃金格差とその決定要因（工藤 1968：675）

　ここでは昇給基準線は，職種や熟練や勤続年数による企業内の従業員秩序の形成を目的として設計されることを前提としている．そして工藤は，昇給基準線を基にして，何に着目して上昇増額を行うかにより，職務給，職能給，能力給，年功給など，種々の組み合わせが選択されるべきであると論じている（工藤 1968：682）．つまり，工藤は昇給基準線を「まずありき」ものであると考え，昇給基準線に基づいた従業員秩序に合わせて，賃金体系を設計すべきであると主張する．換言すれば，能力主義管理においても，昇給基準線に基づく定期昇給がベースになりうるという見解である．

　以上のように能力主義管理は，定期昇給と併存せざるをえない方向に向かっていたといえる．それは，職務給に象徴される「アメリカ式」の賃金制度を取り入れようとして，結局は顕著な成果をあげることができなかったことに対する反動として，能力主義管理を通して「日本的な」「人間尊重」の制度を導入したいという，当時の経営側の思想が背景にあったことは否めない[10)].

　しかしそれ以上に重要なことは，賃金の集団的管理の手法である職能給が職務給と同様に，本来的に求められる厳密な職務分析を十分に実施することができないという中で，これまで日本企業が持ち続けた，考課的昇給と機械的昇給を備えた定期昇給制度が存続する余地があったことである．浅沢による「能力判定の厳密性をある程度あきらめざるを得ない」という認識や，工藤による「昇給基準線に基づいた従業員秩序に合わせて，賃金体系を設計すべきである」という指摘はそのような事情を反映している．

　浅沢，工藤の趣旨に鑑みるに，この時代の「能力主義管理」の賃金体系は，「職能給」と「定期昇給」の妥協の産物であったことがわかる．そうなった理由としては，能力に対する厳密な評価手法の未発達，昇給基準線をベースにした賃金決定における勤続年数の考慮，それに加えて経営側がもっていたある種の「温情主義」[11] があげられる．それは勤続年数に応じた熟練への評価や，経営側による従業員に対する生活への配慮という形で現れた．結果として，定期昇給は能力主義と併存していくことになる．この時期の日経連も，職能給を「能力の伸張に応じて支払う賃金」という定義で使用している．

（ii）この時代の定期昇給に関する議論

　ここでこの時代において定期昇給がいかに論じられていたのかについて検討する．

　日立造船社長の永田敬生は，今後は「春闘方式」とは完全に訣別した，時代に即した賃上げシステムを確立し，新しい労使関係の基本として定着させていくことが労使の最大の課題であると主張する（永田 1977：12-15）．その上で，わが国の場合，企業内組合，終身雇用を前提とした独特の定期昇給制度があることを考えると，この制度の見直しを行い，これを中心にして労働者の福祉を計画的，漸進的に向上させていく計画賃金を導入すべきであると思うと論じている．永田は定期昇給制度を中心に据えて，なおかつ経営計画に基づいた形で賃金決定を行うことが，これからの賃金決定のあり方であると論じている．当時流行した長期賃金協定や経営計画の議論を反映させつつ，経営側の主体性を発揮できる定期昇給制度を，高度成長後の賃金決定の主軸と捉えていた当時の経営側の意見を代表していると言える．

　この時期の日経連は定期昇給を，「職務遂行能力に対応した賃金序列，格差を確立するための手段」であると考えていた．その詳細については，「定昇制度について――新しい展開のために――」（岩佐朝実・日本経営者団体連盟調査部（1978）『労政資料』No. 214）に見ることができる．岩佐によれば，企業内賃金構造すなわち年功的賃金格差を支えてきたものは，「年功的」定期昇給制度にあるとする．そして定昇を実施する趣旨は，「賃金基準線，つまり基本給秩序を維持すると同時に，労働者の賃金を職務や職務遂行能力の向上に応じて上昇さ

せ，ひいては生計費上昇に応じた所得増加を保障すること」にあるとして，定期昇給について次のような機能を示す．

① 賃金秩序の維持機能
② 能力開発・労働意欲の刺激機能
③ 生活の維持・設計機能
④ 賃金の安定機能

そして年功賃金の性格について，以下の3つに整理している．

第一に，相対的に低い初任給から出発し，年功 (年齢・勤続) が進むにつれて昇給を積み重ねていく年齢別・勤続別格差賃金である (年功序列給)．
第二に，年齢・勤続・学歴など属人的要素を賃金決定基準とする賃金である (属人給)．
第三に，終身雇用慣行に対応する賃金のあり方である (生涯雇用給)．

つまり相対的に低い初任給から相対的に高い定年時の給与まで賃金が上昇していく昇給—定期昇給制度—が，この年功賃金と巧く適応していた．しかしそれを可能にしていた社会的・経済的条件が変化し，「年功的」定昇制度は経営実態に不適応なものになりつつある．それは「① 技術革新などを原因として高齢者の老廃化が進行し，能力ある若年労働者が増えた，② 初任給をはじめ，賃金の高水準化により生計費向上をカバーするための賃金上昇カーブが変化した，③ 従業員の高齢化が進み，今後人件費負担が増大する，④ 終身雇用慣行に基づく定年延長問題と労働力需給緩和による過剰雇用の存在が表面化した，といった変化」である．

そして一定の賃金水準の下で企業内における合理的な賃金管理を実現するのは，企業内賃金序列，格差をいかに合理的に確立するかということである．それは，つまり仕事の質 (量) に応じた賃金秩序，格差を実現することであって，職務遂行能力に対応した賃金序列，格差を確立することである．その役割を果たすのが定期昇給制度である．すなわち定期昇給制度の能力主義的機能の強化を図っていくことが新しい意義での「合理的 (公正，刺激)」，「安定的」な賃金

の展開であるとする．さらに安定賃金化での賃金決定の視点として，賃金の総額管理と支払能力管理の徹底，定昇とベ・ア区分の明確化，ベ・アの定期昇給的運用を挙げている．以上が岩佐の論旨である．

　ここで，この時期においても，定期昇給が賃金基準線に則った制度であることが確認されている．そして賃金基準線に基づいた賃金秩序を定期昇給の根幹であるとしつつ，定期昇給の能力開発の部分に注目し，今後は職務遂行能力に対応した賃金序列，格差を確立することが必要であるとした上で，その役割を果たすのが定期昇給制度，なかんずく「考課的昇給」であると述べている．その上で定期昇給に，能力開発，生活維持，賃金の安定の機能を付加している．

　本書の分析枠組みに則って考えれば，この時期において日経連は定期昇給について，生産性と結び付けた形で「賃金水準」及び「賃金格差」(特に「集団的管理における賃金格差」)という側面から議論していたことが伺える．ベース・アップに関する論争の影に隠れて目立つことはなかったが，定期昇給に関する議論は日経連内で地道に進んでいた．次項では職能給と定期昇給の関係が日経連においていかに議論されていたかについて検討する．

（ⅲ）職能給をめぐる議論——年功賃金との関連性——

　ここで，当時の職能給をめぐる議論を検討する．職能給は一般的に，欧米的な職務を中心とした集団的賃金管理とは異なる，職能を中心とした賃金体系であると認識されている．しかし職務給と職能給の違いは，評価の対象が職務か職能（能力）であるかであり，賃金の集団的管理の手段であることには変わりない．職務分析が不十分であるために日本では厳密な意味での職能給が成立するのが困難であると浅沼 (1969) が指摘したことはすでに論じたところである．実際に職能給は日本では「勤続年数が増えれば能力が高まる」という広い意味での「能力給」として運用されていた．

　成瀬は，職務給と年功賃金カーブが妥協する形で職能給，職能資格給が運用されているという説を展開している（日本経営者団体連盟調査部 1974a）（成瀬健生・調査研究部調査室「賃金管理の最近の問題点（試論）」）．成瀬は，「当初職務給は組合にとっては，同一労働同一賃金に叶うものとして，経営者にとっては年功の高度化による賃金原資の膨張を解決するものとしてデビューしたが，組合にとっ

ては年令別，家族構成別の収入の確保の方が大切であること，経営側にとって
は，職務給導入は思っていたよりもカネがかかるという理由から，労使双方に
幻滅をもたらすこととなった．そして職務給は日本的年功制と折衷しうる形での職能給となり，さらには大企業を中心に盛んに導入されている職能資格給へと修正されている．そして職能資格制度（職能資格給：筆者補足）は，賃金そのものをできるだけライフ・サイクルに合わせることを制度として進歩させたもので，人間が年をとることによって獲得する有形・無形のmaturityを評価の対象に組み入れ，それに賃金に合理的にリンクさせようと考えるという意味で，極めて高度なライフ・サイクルと職務あるいは職務能力の融合を可能にした，非常にすぐれた制度ではないか」と主張している．成瀬の主張の中でも matur-ity という概念は，勤続とともに技能が上昇することを，年令とともに生計費が上昇していくことを結びつけた概念として，現在でも注目すべきものであると考えられる．

　一方で職務給，職能給双方の短所を指摘した上で，職能給が望ましいと主張しているのが日本経営者団体連盟調査部（1974b）である（青木憲一・調査研究部調査室「賃金体系の現状と課題」）．青木は職務給が定着しなかった原因を，以下のように挙げている．

　　　第一に，アメリカ型の合理的な考え方が日本の風土にあわなかったこと
　　　第二に，日本はあいつぐ技術革新を実施してきたが，職務を厳密に個人とリンクさせてしまうと配転がやりにくくなる．また能力の阻害要因にもなりかねず，多能工への方向が否定されてしまうこと
　　　第三に，職務と賃金が直接にリンクされているため，能力があっても高い職位が不足していれば，昇進できず賃金が上昇しないこと
　　　第四に，賃金の公平をはかるためには，職務の分析およびそれの一般的な基準が問題となるが，分析が意外と困難であること，および社会に一般的な評価がないために，労働者の賛成がえにくいこと

　青木は，職務給が有する厳密な職務と賃金の連結が，考課を中心とした定期昇給に基づく日本の賃金管理や柔軟な人事配置方式と相入れなかったことを示

している.

　一方で職能給についても, 能力を測るモノサシとしてできるだけ客観性をということから学歴や年齢を重視してしまったために, 型は能力給でも中身は年功給というものが見受けられるようになったとしている.[13] つまり青木は職能給が勤続年数に応じて能力が伸張するという前提に立った「能力給」となっているとの認識を示している. そして今後の賃金体系については, 職能給を修正した資格給的なものになろうと主張している. そのために必要なものとして, 職務分析をあげている.

　ここまで, 日経連の職能給と定期昇給に関する議論を検討してきた. 職能給はもともと職務遂行能力を客観的に測る基準が存在してこそ機能する賃金体系である. その意味からすれば, 職能給も職務給と同様の性格をもつ.

　本書の分析枠組みに則って考察すれば, 能力主義管理は賃金の集団的管理に基づく格差に関わる問題である. 能力主義管理は, 能力開発により従業員の能力を伸ばし, 生産性を向上させ, 職務遂行能力を職能資格制度という客観的な規準で裏打ちされた職能給で評価するという手法を目指していた. しかし, 純粋な意味での職能給やその基本となる職能資格制度は十分に整備されていたとは言い難いというのが, 当時の経営側の認識であった. そのために, 定期昇給における「何らかの形で全員の賃金が上がる」という機能が, 職能給とバランスをもって併存することとなった. 定期昇給における「全員の賃金が上がる」とは, 考課的昇給, 機械的昇給の両方を含む. 少なくとも「賃金が下がる」ことはないという状況である.「能力が上がれば賃金が上がる. 能力は勤続年数に応じて上がる. 併せて生活給も保障する」という能力開発や生活給と賃金との関連性が, その根底に存在していた.[14]

　本書の分析枠組みに則って考察すれば, 職能給は集団的管理における格差を形成する手段として定期昇給と共存し, 運用されてきた. 職務給が「仕事に賃金をつける」制度であるとすれば, 職能給は「ひとに賃金をつける」制度である. 職務給は職務分析制度の不備や欧米のような業種別労働組合ごとの労働協約に基づく賃金決定という風土が日本に存在しなかったために成功しなかっ

た．しかし職能給は厳密な規定がなかったがゆえに定期昇給と結び付き，集団的管理，個別的管理の双方の面から企業内秩序の形成，換言すれば従業員間の格差を形成するための手段として活用されるに至ったと考えられる．

そして，高齢化・定年延長がもたらす従業員構成の変化は，経営側をして役職に代わって新たな基準，すなわち職能資格による企業内のランク付けの必要性を高めるに至った．その実現のために職能資格制度の整備の必要性を改めて実感した日経連は，1980年に『新職能資格制度』を発表することになる．

（5）高齢化・定年延長と定期昇給をめぐる議論

この時代に定期昇給が本格的に議論の俎上に載ったのは，1970年代の後半に指摘され始めた，従業員の高齢化および55歳から60歳への定年延長の問題を契機としてであった．高齢化・定年延長は，定期昇給が前提とする昇給基準線の変更に関する議論を促した．それは，定期昇給に基づく従来の賃金秩序の変更を余儀なくされる可能性があるという，日経連をはじめとする経営側の危機感に基づくものである．

この時代の日経連の主張に鑑みるに，定期昇給がもたらす「年功賃金カーブ」自体は否定されていない．生活給に対して配慮しつつも，従来の定期昇給を改めるという方向で議論がなされている．つまり，従来の賃金カーブを修正しつつも，定期昇給がもつ昇給基準曲線に基づく従業員秩序を形成する機能を認めているということである．

この時期に表出した，高齢化・定年延長が引き起こす従来の定期昇給の運用に関する諸問題は，1980年代において，定期昇給においても生産性を基準とした決定をすべきであるという議論に結び付いていくことになる．

（ⅰ）賃金カーブの変容の必要性と職能給

定期昇給に基づく賃金カーブの変化と職能給との関係に関する初期の議論が，日本経営者団体連盟調査部（1975）である（藤井得三（調査部長）「低成長経済と労働問題のあり方をめぐって（その3）――賃金体系に予想される変化――」）．藤井は，毎年の定期昇給によって次第に増給していくという現行の賃金カーブは保たれていくであろうが，高年層において終身雇用制が崩れ，これと同時に年功序列

制も変化していくであろうから，賃金カーブも「尻高型」から「中高型」へと移行していくことを指摘している．また低成長時代においては，賃金体系の硬直化が始まっており，特に職務給についてこの問題が大きいとする[15)]．そして今後の方向性として，日経連職務分析センターが刊行した『職務・職能管理の実際と方向』を引用しつつ，以下のように説明する．

　今後の人事体系は「職務」と「人」との結び付きを弾力化するような内容のものであることが必要であり，その具体策として次のような2つの方向を示す．

　　（1）職務中心主義から接近するもの
　　　①職務ベースによるもの
　　　②職位ベースによるもの
　　　③課業ベースによるもの
　　（2）職能中心管理によるもの

　結論として，今後の賃金体系は職能給が中心になっていくものであるとする．また職務給であっても，「職能給的な運用」が求められるであろうと述べている．

　しかしここで注目すべきは，賃金カーブについて，今後は「尻高型」から「中高型」へと移行していくことを論じている点である．これは，中高年層の賃金を抑制して若年層への配分を増やすという，従来の定期昇給の「機械的昇給」部分の修正を求めていると言える．その背景には，将来も終身雇用・年功序列を続けることに対する日経連の危機感があった．この危機感はやがて，従業員構成の高齢化・定年延長への対応という形で顕在化することになる．

（ii）高齢化・定年延長が定期昇給に及ぼす影響

　高齢化・定年延長は昇給基準線の変化を通じて定期昇給に影響を与える．1970年代後半には多くの企業では，定年を55歳から60歳へ延長するという動きが出ており，それに伴う賃金負担上昇，特に定期昇給の定年延長者への適用による賃金負担上昇が大きな問題となっていた．それを避けるために，多くの企業は1度雇用契約を停止して再雇用するなどの措置を検討し，実施していた．

　定期昇給制度は，あくまでも入社からあらかじめ定められた定年退職時まで

の「雇用契約の範囲内」でのみ有効である．定年退職の時期が延長されるということは，あらかじめ想定していた昇給基準線を基にした賃金原資が不足することを意味する．そのため，企業が新たな財務的負担を発生させずに従業員の定年延長を図るのであれば，昇給基準線を修正する必要が出てくる．具体的には，退職金の抑制，初任給の抑制，賃金カーブの是正などである．この時期の日経連は，初任給から退職までの昇給基準曲線の上昇圧力に伴う，賃金水準の上昇についての懸念を示している．例えば退職金については，以下のような主張がある．

『賃金問題研究委員会報告』（1977年12月）
「ここで特に労働組合に要望しなければならないのは，年功序列賃金体系と退職金の累増制の問題である．この両者を従来のままの姿に放置し，定年延長に踏み切れば，企業の人件費は急増して，企業はその負担に堪えず，退職金倒産の声すら出ている．この2つの問題については，労使が真剣に協議し，中高年層の雇用安定の目的に沿うごとく企業支払能力も考慮して合理的な解決をはからねばならない．」（日本経営者団体連盟 1977：26）

この報告では，年功賃金序列体系に対する危機感は，定年延長との関連で議論されている．経営側にとって定年を定めることの意味は，55歳以上の中高者には能力の向上が見込めないこと，また子供もすでに自立している年代なので生活給に配慮する必要性が薄いということが挙げられる．
また，初任給については以下のような主張がある．

『賃金問題研究委員会報告』（1979年12月）
「われわれが従来主張している生産性基準原理，企業の支払能力重視の姿勢を変える必要は全然なく，厳しい経済条件下，従来より以上，個別企業労使の真剣な話し合いが望まれるところである．……中高年労働者の場合，年功序列賃金体系を見直す必要のあることは，すでに一部労働組合からも提案せられているのであるが，初任給についても，能力に応じた処遇ということが強調されねばならない．」（日本経営者団体連盟 1979：37）

　ここで言う年功序列賃金体系は，初任給を開始点として，定期昇給制度により賃金が毎年上昇していく賃金体系である．よって，初任給が上昇するということは，開始点が上昇することになる．そして場合によっては今年の開始点が，前年に入社した者の2年目の社員の賃金を上回ることが起こり得る．定期的な昇給が必要な理由は，そのことを防ぐための調整を行うことにもある．

　実際に，80年代中ごろから90年代初頭にかけての日経連の最大の懸念の1つは，労働市場の需給逼迫がもたらした初任給の上昇であった．初任給の上昇が，賃金による従業員秩序を破壊するということが，その理由である．

（ⅲ）高齢化・定年延長と定期昇給への変化の圧力

　高齢化・定年延長は，従来併存していた定期昇給と職能給との関係についても大きな波紋をもたらすこととなった．その内容は，第一に年齢と同時並行的に能力が伸張していくという考え方の修正，第二に生活給支給要件の見直しである．日経連はこれらの要件に応じて，昇給基準線を是正していくべきであるという主張を展開している．

　日本経営者団体連盟調査部（1978a：1-14）は，来るべき高齢化，高学歴化に備えて，賃金体系の合理化を図らなければならないと主張している（藤井得三（日経連調査部長）「転換期に立つ賃金問題(その2)――賃金政策・制度における模索――」）．藤井は，「わが国において年功賃金からの脱皮が問題になったのは，高度成長がはじまって5年後にあたる昭和34〜35年頃である．この頃をさかいにして，① 若年層を中心とする人手不足の発生，② 貿易および資本自由化を契機とする国際競争の激化，③ 経営近代化にともなう人事管理の合理化など，各種の要請から賃金体系の合理化を求められるようになった．その目標としてあげられたのが，職務給化，職能給化だった」とする．

　ところが，このような一本調子の賃金体系合理化はこの数年において，やや頭打ちの傾向に入っているかのように見える．その理由としてあげられることは，① 技術革新の一巡，② 物価上昇による生活費高騰，③ 日本的人事管理の再評価，④ 若年層採用の頭打ちなどである．藤井によれば，賃金体系の日本的体質はほとんど変化しなかったと思われるが[16]，今後は高齢化，高学歴化社会を迎えて，いよいよ根本的な体系改善が求められる状況にさしかかっている．

すなわちこれからは，「年齢・学歴」と「賃金」「役職」の三位一体をばらして
いかなければならない．

「年齢・学歴」と「賃金」「役職」の三位一体とは何か．「年齢・学歴」と「賃
金」，「役職」が結び付くとは，いわゆる年功賃金及び年功的処遇を意味する．
それが「ばらされる」とすれば，職務給か，職能資格制度に基づいた職能給へ
の移行を意味する．日本経営者団体連盟調査部（1975）では職能給を支持して
いるので，一貫性を考えれば，ここで指向されているのは職能給ということに
なる．

また日本経営者団体連盟調査部（1979a）は，当時普及し始めた55歳から60歳
への定年延長の動きに対して，企業としていかに対応すべきかについて論じて
いる（「高齢化社会における賃金体系のあり方——基本給および諸手当の合理化方向を探る」
（藤井得三），日本経営者団体連盟調査部『労政資料』No.227，1979年8月）．この論文で
藤井は以下のように述べている．

> 「高卒18歳，大卒22歳で学校を卒業し，45歳くらいまでの間が最も人生
> において大切な時期であるといえよう．この間はすくなくとも2つの基本
> 的問題が進行する．
> その1つは「世帯形成」が行われるということであろう．……その2つ
> は，この年齢までの間に技能形成および社内外の地位づけがほぼ確定する
> ということである．……以上のようなことを考えると，45歳ぐらいまでは
> かりに基本給体系が職務給，職能給といった形をとっても，賃金そのもの
> は年功的に引き上げていくという措置をとることが必要である．」（藤井
> 1979：15）
> 「60歳以上の年齢層では，厚生年金保険で老齢年金が支給され，その金
> 額は現行月額10.8万円である．そして，これとセットして高齢者を雇うこ
> とになれば比較的雇いやすい．」（藤井 1979：16）
> 「問題は45歳から59歳までをどうするかであり，ここがいわゆる「グレー
> ゾーン」なのである．……日本人事行政研究所などのアンケート調査を総
> 合すると，

① 45歳以上は昇給カーブを緩める

② 50歳以上は昇給をストップする

といったビジョンが，これからの賃金管理としてほぼ合意される段階に達したとみられる．

　しかし，賃金カーブを以上のように編成がえするには賃金体系そのものの改定を必要とする．そうしないと従業員に対する納得性もうすいことになる．」(藤井 1979：17)

　藤井は，高齢者の賃金を抑制しつつ，定期昇給制度を活かしながら，高齢化に対応した新たな賃金体系を模索している．さらに藤井は基本給が生活給を含むことの必要性について，世帯形成という具体例を挙げて説明している．加えて技能の伸張が45歳程度までであるという見解に基づいて45歳までの基本給の年功的な増額を容認している．その具体策としては，先に検討した藤井（1975）との整合性に鑑みれば，45歳頃をピークにした「中高型」の賃金カーブが想定されているものと思われる．一方で社会保障の対象となる前の世代である45歳から59歳までの賃金については，賃金体系そのものの変更の必要性を説く．

　定年延長は，初任給から定年までの賃金カーブの終点の変更を意味する．年功的な賃金カーブを維持するのであれば，終点が伸びるほど企業の賃金負担は増えることになる．企業としては，賃金負担を増やすことなく，いかに定年延長を行うかが大きな関心事となる．藤井の主張は，賃金カーブの頂点を前倒しすることで，50歳台の賃金の抑制を図ることを，従業員の生活にも配慮しつつ行うべきであるという趣旨である．定期昇給に関連して言えば，年齢・勤続に応じて上昇する機械的昇給の部分は抑制しつつ，査定的昇給は維持するという考え方につながっていくと言える．

　高齢者が増加する中で，年功賃金が企業にとって大きな財務的負担になりつつあるという危機感の下，個別管理における能力に応じた賃金体系の適用を徹底させるとともに，賃金カーブの頂点を定年時ではなく，50歳台前に置くことが，当時の日経連の見解であった．ただし年功賃金を完全に否定しているわけではなく，年功賃金との調和を図りつつ，客観的な職務を通じて測定されるべ

き職務遂行能力に対応した賃金の導入の必要性を藤井は強調している.

　荒川（1979）は，高齢化・定年延長に対して，賃金制度をいかに変化させるべきかという議論を行っている（荒川春「労働力高齢化問題小委員会報告」のポイント（その2）」）．この論文は，日経連が発表した「労働力高齢化問題小委員会報告」についての説明資料である．荒川は高齢化問題の最大の課題は人件費の負担増大にいかに対処するかということであり，その原因は年功賃金にあることはいうまでもないとする．そして年功賃金制度の見直し・修正を，賃金体系，賃金曲線の両面からみてその条件を整理してみると，（イ）職務（仕事）または能力を反映できるものであること，（ロ）高齢者の雇用機会創出が比較的容易にできるものであること，（ハ）人件費の硬直化を防止すること，（ニ）年功賃金の特性を配慮することに集約される．この条件を考えた上で，将来あるべき賃金体系によって描かれる賃金曲線の具体的なイメージとして，能力の伸張期は従来と比べてやや上に凸な放物線を描き，成熟期には職務・能力差が大きくなるため扇型に開き，高年齢の50歳台から定年年齢前後にかけては徐々に低下の傾向をとり，雇用延長後の賃金にスムーズに結びつく形を描けるとする．さらにこの賃金曲線に適合する賃金体系としては，職務に重点を置く職務給，職務遂行能力の発展度を基礎とする職能給を導入することになるが，職務給導入には職務編成を大ぐくりにするなど職務と人の弾力化や従来の年功給との調和をはかりつつ，漸次職務対応部分のウエイトを強めていくこと，職能給については職務との関連度を強め，昇給基準の明確化，昇格運用の厳正化が必要であるとした．

（6）定期昇給と能力主義の「融合」

　1970年代における日経連の主な賃金政策は，生産性基準原理と能力主義管理の提唱であった．生産性基準原理は賃金水準及び賃金の集団的格差管理の観点から，能力主義は賃金の個別的格差管理の面から検討の対象になったことを，ここまで示してきた．

　生産性基準原理はベース・アップの抑制に効果を示し，日本は急速な賃金上昇と賃金インフレから早期に脱却することができた．定期昇給については，長

期賃金協定との関連で，中長期的な賃金決定の手段として注目を浴びたが，長期賃金協定の議論は長続きしなかった．生産性に基づいて賃金水準をいかに決定するかという議論の中で，定期昇給はベース・アップの影に隠れながらも，存在感を静かに示していた．

　能力主義管理は職能給を主たる賃金体系とした．しかし職務遂行能力を客観的に把握する手法が確立されていなかったために，能力開発の概念を基底に置いた能力主義管理は，定期昇給と結びつき，「勤続年数に応じて能力開発は進展する」という前提の下で，「能力給」という形で展開されてきた[17]．それは定期昇給における考課的昇給もさることながら，機械的昇給が導き出す勤続年数と生活給をベースとした賃金の相場感を「年功」という概念で置き換えた議論であるといえよう．しかし，1970年代後半から生じた従業員の高齢化と定年延長の動きは，能力開発と賃金上昇の直線的な関係の是正や，昇給基準線の改定（尻高型から中高型への変更）という問題を惹起した．高齢化・定年延長の議論は日経連をして，付加価値生産性に則った賃金決定という考え方を，1980年代に入ってから定期昇給に対しても適用させ，定期昇給に対して抑制の圧力を加える1つの契機となった．

2. 支払能力・新職能資格制度と定期昇給
——1980年代——

　1980年代（正確には1983年から1989年まで）の特徴は，賃金の集団的管理という観点からは，定期昇給が生産性基準原理，厳密に言えば生産性基準原理を基本とした支払能力論と直接的に結び付けられた形で議論されるようになったことが指摘できる．従来の定期昇給は，内転原資で賄われるという前提の下，企業の追加的な財務負担は必要ないという考え方で運用されてきた．しかし内転原資論の基本となる企業における従業員の「ピラミッド型の人員構成」が変化し，従業員の高齢化が進む中，多くの企業でもはや内転原資だけでは定期昇給を運用することが不可能になってきた．いわゆる「定期昇給の持ち出し分」の増加である．持ち出し分が増加するにつれて，日経連は定期昇給の原資をも，生産

性基準原理に基づいて賄う必要があるという主張を展開するようになる．

　支払能力論は，定期昇給における内転原資による運用の限界を指摘し，定期昇給の原資も付加価値労働生産性の上昇率から賄う必要があることを力説している．その背景には前述のように，70年代に認識された高齢化・定年延長による従来の定期昇給に基づく賃金カーブの維持の困難さ，さらに加えて，国際競争力の維持・強化の必要性という，企業をめぐる環境の著しい変化がある．

　この時期においてマクロ的な賃金水準という観点から重要な意味をもったのは，賃金の国際比較の問題である．国際的にみて日本の賃金水準は1970年代から上昇し始め，1980年代半ばには世界でもトップクラスの水準となった．このことが日経連をして，定期昇給も含めて賃金上昇を抑制させようとする見解へと進めることになる．国際競争力を維持・向上させる観点から，企業にとっては賃金も制御の対象となった．それは「毎年賃金が上がる」という意味での定期昇給もその例外ではなかった．定期昇給は支払能力論と結び付けられ，付加価値労働生産性の上昇率の範囲内で定期昇給も決定されるべきであるとの主張を日経連は展開していく．

　1つ留意しておくべきは，支払能力論で議論しているのは，あくまでも総額人件費ということである．すなわち賃金全体からみれば，集団的管理に相当する部分である．この総枠として決められた賃金原資をいかに配分するかは，個別的管理に相当する．

　賃金体系という観点からみれば，日経連が1980年に公表した『新職能資格制度』は，職能資格制度に基づいて規定された職務遂行能力による賃金決定を徹底させることを訴えていた．新職能資格制度は「人事トータルシステム」として展開され，賃金については，職能資格制度に則って運用されることが強調された．しかし定期昇給が否定されていたわけではなく，当分の間は併用型の2本立ての賃金体系（「属人給」+「職能給」）で実施することが推奨されていた．いわゆる職能給と定期昇給との共存である．総じて日経連は1980年代を通じて，定期昇給を職能資格制度と両立させつつ，賃金決定の手段として活用していたと言える．

（1）支払能力論の概念

支払能力論と定期昇給の議論に入る前に，まずは支払能力論とは何かについて確認しておく．

生産性基準原理がマクロ経済を念頭においた賃金決定理論であったのに対して，支払能力論は，個別企業レベルでの賃金決定のための理論である．端的に言えば，企業の付加価値労働生産性の上昇率の範囲内において賃上げ率を決定すべきであるということである．それにより，労働分配率の上昇を抑制することができ，企業の成長と財務体質改善の両方を目指すことができる．

一方で，支払能力論は単なる賃金抑制論ではなく，労使の協力により付加価値を創造し，それを適正に，すなわち企業経営に打撃を与えない範囲で，従業員に十分な賃金を支払うことが必要であるという主張が込められている．

支払能力論の元来のアイディアは，古くから存在していた．日経連の中心的な指導者であった櫻田武は，かつて以下のように語っていた．

> 経営の五つの機能（はたらき）——昭和35年11月（1960年）日清紡績「社報」
> 第20号（櫻田 1987：56-59）
>
> 　経営の５つの機能
> 　①「資本の持ち主からその資本を経営者が責任を持ってあずかる」
> 　②「人を集めて組織する」
> 　③「こうして組織された人の知能技術とあずかった資本とを結合させて
> 　　価値を造り出す」
> 　④「生産された物やサービスを流通段階に移して利潤を得る」
> 　⑤「こうして得た利潤の再分配」
> 　　・資本を使ったことに対して配当なり利息
> 　　・人の知識・技能を使ったことに対して賃金，手当，賞与その他の形
> 　　・国なり公共団体（県とか市町村）に税金公課
> 　　・事業そのものに対する蓄積

ここで主張されている内容を簡潔に説明すると，「企業経営とは資本と労働を組み合わせて付加価値を創造し，それを付加価値の創造に貢献した人々に分

配する」ということである．要は，経営者は外部から資本を集め，人を集めて組織する，労使は協調して付加価値を創造すべし，創造された付加価値は公平に分配すべし，という考え方である．ここで櫻田は，労使が同じ基盤に立ち，企業の成長のために協力していくことの重要性を強調している．

　ちなみに，櫻田のこの思想に裏打ちされた日経連の見解を，以下に紹介する．

　「生産性向上に対するわれわれの見解：日経連臨時総会 (昭和31年10月11日)」
　　「およそ経済発展の歴史は生産性向上の歴史であり，わが国においても生産性向上への努力をつづける限り雇用も拡大し，国民生活も向上し民族の興隆発展も期し得ると確信する．しかるにもかかわらず，わが国においては未だ一部の労働組合が生産性向上そのものを否定するのみか，これが達成のための国民的努力を妨害阻止せんとしていることをまことに遺憾とする．(中略)
　一．経営者の取るべき態度
　　生産性の向上をはかるには，企業経営者が企業の社会的意義と使命の重大性を認識せねばならぬ．われわれはかかる認識に立ってまず何よりも企業内における人間関係の尊重，労使相互の人格と職能に対する信頼の上に経営管理の近代化をはかり，絶えず科学の進歩に伴い技術及び設備を革新して生産能率をあげ，良質廉価の製品を供給して市場の拡大をはからねばならぬ．かくして獲得した生産性向上の成果については企業発展のための資本蓄積，従業員の福祉増進，消費者への奉仕等わが国経済の実情に添うよう適切に配分すべきである．
　　さらに生産性向上の基本的方向は長期的には雇用を拡大し，過剰人口を吸収することにあるが，短期的に生ずる過剰労力に対しては個別企業内において適切なる処置を講ずるとともに，政府その他の機関の協力を得て万全を期すべきである．」

　支払能力論を概念図で示すと，**図3－1**のようになる．この概念図は，前述の櫻田の講演をほぼそのまま図式化したものである．すなわち，

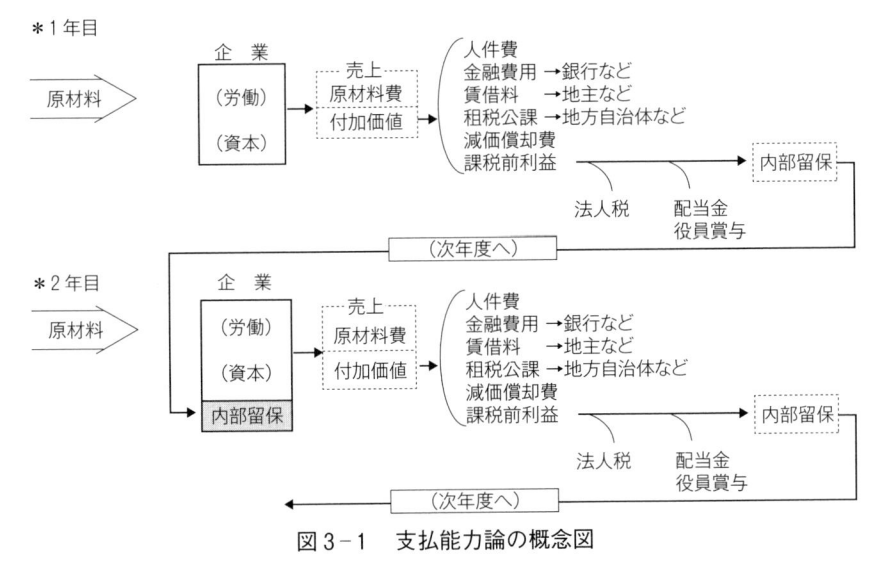

図3-1　支払能力論の概念図

資料：日本経団連労政第一本部（2008：13）.

① 「資本の持ち主からその資本を経営者が責任を持ってあずかる」
② 「人を集めて組織する」
③ 「こうして組織された人の知能技術とあずかった資本とを結合させて価値を造り出す」
④ 「生産された物やサービスを流通段階に移して利潤（付加価値）を得る」
⑤ 「こうして得た利潤（付加価値）の再分配」
　　・資本を使ったことに対して配当なり利息
　　・人の知識・技能を使ったことに対して賃金，手当，賞与その他の形
　　・国なり公共団体（県とか市町村）に税金公課
　　・事業そのものに対する蓄積（内部留保）

ということになる．このような活動を毎年行い，企業を発展させ，労使ともに栄えていくことが，支払能力論の理想とすべきところである．つまり支払能力論は静態的なものではなく，毎年活動が行われて行くという「継続企業（ゴーイング・コンサーン）」という動態的な概念である．よって賃金決定も毎年創造

された付加価値に基づいて毎年行われることになる．そのための基準として，付加価値労働生産性の上昇率の範囲内に賃上げ率を抑制することが求められるのである．

　ここで改めて記しておきたいのは，支払能力論は単なる「賃金抑制」のための方便ではなく，企業の永続的発展と従業員への安定した賃金支払を両立させるための理論であることである．企業が毎年付加価値を増やし，付加価値の創造に関係した人々にその成果を配分し，企業には内部留保を残してそれが新たな成長の源になる．この活動を毎年繰り返して企業が永続的に発展していくためには，支払能力すなわち付加価値労働生産性の成長率の範囲内に賃金上昇率を抑制しなければならない．換言すれば，付加価値労働生産性が高い上昇率を示すならば，それだけ賃上げの余地は大きくなる．そこに，生産性を高めていくための労使協調が生まれる土壌が築かれてくると言えよう．

（2）支払能力論と定期昇給

　日経連副会長の亀井正夫（住友電気工業会長）は『経営者』1983年2月号の座談会「賃金交渉に臨む労使の基本態度」において，賃上げについては生産性基準原理に基づいて生産性が上がった範囲内の配分が基本であること，安定成長期に入っていくと賃上げは定期昇給を中心に考えていく1つの転換期に来ていることを論じている．定期昇給はこの時期より，生産性基準原理と明確に結び付けられることになることを示す議論である．

　1980年代に入り，高齢化・定年延長や初任給の上昇，さらには高学歴化の流れを受けて，定期昇給の議論が再び日経連の公式文書に現われてくる．その端緒となったのが，関東経営者協会人事賃金委員会の「賃金決定と定期昇給」(1983年11月) である．関東経営者協会は東京地区を中心として活動していた経営者団体である．当時，関東経営者協会は事務局を日経連と共有していた，いわば「日経連の分身」のような組織であり，また参画する経営者も日経連に関わりのある人々が多かった．それゆえに，この報告書は，事実上の日経連の見解であると位置づけることができる．

　この報告書の要旨は，「定期昇給制度も支払能力に則って実施されるべきで

ある」ということである．換言すれば，定期昇給における従来からの「内転原資論」の限界を示し，生産性に基づく賃金決定の中に，定期昇給制度も位置づけられるべきであるという主張である．

　その要点は，以下のとおりである．

　　第一に，賃金は，生産性基準原理と支払能力に準拠して節度ある決定をすべきである．このことは不滅の原理であるが，低成長時代にはとくにその厳格な実践が要請される．また，能力主義指向時代には，個別賃金の適正化が要請される

　　第二に，上記の観点に立って，企業は，それぞれの実態に即して，定期昇給，ベース・アップの順序でその実施の可否，程度を検討すべきである．さすれば，賃金引き上げを可能とする場合，定期昇給中心の賃金決定となるのは自然の成り行きである．

　　第三に，定期昇給は，ベース・アップと性格を異にするが，個別賃金の引き上げをもたらし，かつその存立は支払能力の存在が前提となることは，ベース・アップと同様である．

　　第四に，定期昇給の存否，程度は，個別企業独自の問題であり，その画一化を規制することは適当でない．しかしながら，いかなる場合にあっても，上記のように，賃金の節度ある決定がなされなければならない．

　　第五に，定期昇給を制度として確立する場合は，賃金決定の体質改善を図ることが望まれる．それによって個別賃金の適正化はいっそう進展をみることができる．

　　第六に，定期昇給について，賃金体系維持上不可欠であるという論に立って，また従業員の新陳代謝による原資論に立って，当然実施すべきものであるという考え方は，既述の通り，何れも根拠にならない．

　注目すべきは，「定期昇給について，賃金体系維持上不可欠であるという論に立ったとしても，定期昇給は実施すべきものであるという考え方は根拠にならない」という点である．賃金決定で優先させるべきはあくまでも支払能力であるとの主張であり，定期昇給は必ず行わなければならないものではないと主

張している．しかし「能力主義指向時代には，個別賃金の適正化が要請される」との記述から，当然視されていないのは「機械的昇給」の部分であり，「考課的昇給」までは否定されていないことが伺える．

（3）定期昇給における内転原資論の見直し

　関東経営者協会の報告書以降，定期昇給に関する日経連の議論が再び出始める．以下，それを見ていくこととする．公式文書である『労働問題研究委員会報告』では主として，内転原資論との関連で，定期昇給について議論されている．

　『労働問題研究委員会報告（1983年1月）』は，定期昇給の前提となる，初任給から定年までの昇給基準線が変更を余儀なくされていることを，公式文書として初めて明言している．加えて，内転原資論の見直しについても言及している．

> 　「わが国の多くの企業には，定期昇給制度がある．わが国の年功序列賃金体制の下にあっては，定年退職する者は一般に賃金が高く，これに代替する新入社員は賃金が低い．戦前における定期昇給原資は，この退職者と新入社員の賃金差額によって賄われたのであるが，今日においてはそれだけでは足りなくなり，定期昇給原資の相当部分を新しく会社から持ち出さねばならなくなっている．……すなわち，総人件費は定期昇給のたびごとにふくらむのである．このような総人件費の増加につけ加えてさらにベース・アップをする余力のある企業は，わが国各企業の実態を直視するとき，まずほとんどないといわないではいられない．また，初任給の引き上げはきわめて厳しい企業環境を考える時，大半の企業がこれを凍結しなければならない窮境に陥っているのではないだろうか．」（日本経営者団体連盟 1983：36）

　定期昇給における内転原資の議論は，本書の分析枠組みに則れば，賃金水準の問題に相当する．ここでは，定期昇給がもはや，退職者と入職者との人件費の相殺である内転原資では賄えない状況を説明している．賄えない部分については，企業の支払能力により補うことになる．報告書は年功賃金体制の中心的

存在である定期昇給制度の将来については楽観的には見ていない.

　また，90年代以降に盛んに議論されることになる「総額人件費に影響を与える定期昇給の機能」についての記述がみられることも注目してよいだろう. ちなみにここでの総額人件費管理は，集団的管理の側面，すなわち賃金原資そのものの増加を意味している.

　さらに，『労働問題研究委員会報告 (1984年1月)』は，以下のように論じている.

> 「この際，わが国の多くの企業には，定期昇給制度があることに注意を喚起しておきたい. 定期昇給制度は，いわゆる終身雇用と密接な関係をもっているのであるが，それが個別賃金の引き上げ，総人件費の増加につながるものであることも否定しがたい. したがって，定期昇給実施のためには，それだけの支払能力がなければならないのであり，この定期昇給のほかに，さらにベース・アップをすることが，今日の低成長化しかも消費者物価の安定した常態下にあって，はたして合理的な理由をもつのであろうか.」(日本経営者団体連盟 1984：11)

　ここでは定期昇給についても，支払能力が基準になるという考え方が前面に出てきている. また個別賃金の引き上げと総額人件費の引き上げを終身雇用と絡ませる議論を通じて，日経連は定期昇給における個別的管理と集団的管理についての問題点を指摘しているとも言える.

（4）賃金の国際比較（その1）

　この時期に賃金水準という観点から無視できない第二の論点として，賃金の国際比較の問題がある. 日本の賃金水準はかつては先進国の中でも低水準であったが，国際競争力の上昇や変動相場制の導入などの要因により次第に上昇し始め，1980年代後半には，先進国の中でもトップクラスの水準となった.

　表3-1をみると，1960年から70年までにかけて，先進国の中でも，日本の賃金水準が相対的に低かったことがわかる. 1960年時点においてアメリカは日本の8倍，イギリスは3倍，ドイツは2.5倍だった. 1970年までには日本の高

表 3-1　賃金の国際比較 ① （製造業・生産労働者）

		日本	アメリカ	西ドイツ	イギリス	フランス	イタリア
1960年	ドル	0.26	2.26	0.63	0.79	0.43	0.37
	格差（日本＝100）	100	869	242	304	165	142
1965年	ドル	0.45	2.61	1.03	1.01	0.61	0.62
	格差（日本＝100）	100	580	229	224	136	138
1970年	ドル	0.94	3.36	1.63	1.3	0.84	0.97
	格差（日本＝100）	100	357	173	138	89	103
1975年	ドル	2.84	4.8	3.7	2.57	2.19	1.87
	格差（日本＝100）	100	169	130	90	77	66

注：1）ドル換算レートは各年末レートによる.
　　2）ただし，イタリアの75年は1974年の数字.
　　3）原典の年号は和暦（昭和）表示だが，ここでは西暦表示に変更している.
出所：日本経営者団体連盟（1976）『労働問題研究委員会報告（1976年版）』.
資料：国際連合統計月報.

表 3-2　賃金の国際比較 ② （製造業・生産労働者・1986年）

	時間当たり賃金額		月当たり賃金	
	金額（円）	格差	金額（円）	格差
日本	1,480	100	263,762	100
アメリカ	1,640	111		
イギリス	979	66		
西ドイツ	1,304	88		
フランス	956(84年)	65		
イタリア	1,154	82		
韓国			56,301	21
台湾			61,791	23
シンガポール	375(85年)	26		

注：1986年平均の各国レートにより円換算したもの（ただし，イタリアは1984年，
　　シンガポールは1985年時点の数字）.
出所：日本経営者団体連盟（1988）『労働問題研究委員会報告（1988年版）』.
資料：労働省「毎月勤労統計」，ILO「Bulletin of Labour Statistics」.

　度成長を受けて賃金格差は大幅に縮小するが，それでもフランス以外の国が日本よりも賃金は相対的に高い．しかし為替の変動相場制が導入された以降の1975年には，格差は大きく減少し，日本より賃金水準が高い国はアメリカと西ドイツのみになる.

　表3-2は1986年時点における賃金の国際比較である．日本の賃金水準が先

進国の中でも最高水準になった一方で，当時 NICs（後に NIEs）と称されていた途上国の賃金水準の相対的な低さが目を引く．1980年代後半はプラザ合意を契機とする急激な円高など，日本をめぐる経営環境が厳しさを増し始めた時代であり，国際競争力を維持・強化するためにも，日経連は，生産性基準原理に基づく賃金決定により，賃金コストの抑制を徹底することを企業に求めていた．

（5）集団的管理から個別的管理への比重のシフト
——定期昇給の新たな展開——

　1980年代における定期昇給に関する変化は，これまで「同期」を一括とした集団的管理の傾向が強かった賃金管理について，個別的管理への傾向が明確に出てきたことである．

　内転原資論の見直しの議論により，定期昇給においても生産性に見合った賃金決定が求められるようになる．生産性に見合った賃金決定とは，企業レベルにおいては付加価値労働生産性,すなわち従業員１人当たりの付加価値である．このことは，賃金決定において個別従業員の業績や客観的に評価された職務遂行能力を反映させるという動きにつながっていく．定期昇給に関して言えば，さらなる考課的昇給の強調である．しかしこの時期においては，機械的昇給が未だ否定されることはなかった．むしろ機械的昇給に代表される「日本的な年功賃金」は尊重しつつ，考課的昇給への漸進的な比重の移行を，日経連は訴えていた．

（i）『新職能資格制度（1980年）』

　日経連が従来「未整備」であった職能資格制度を見直し，新めて整備することを提言したのが日経連職務分析センター編（1980）『新職能資格制度』である．その要諦は，従来役職を中心にしていた昇給を，資格による昇給に変更し，職務遂行能力のレベリングによってグルーピングして，それにリンクして賃金を払うことにするという方向に職能資格制度を変更していくことで，職能資格制度に基づく企業内における従業員の秩序づけを明確にしたことである[18)]．

　「新」職能資格制度と称された背景には，当時の社会情勢が反映されている．それは，高学歴化の進展，中・高齢化の進展，雇用期間の延長である．これら

の情勢変化は企業内に，ポスト不足による昇進年齢の高まり，「ポスト＜有資格者」の状況がもたらす人事の停滞，雇用期間の延長がもたらす新陳代謝の鈍化や若手有能人材の抜てき登用の困難化などをもたらしている（日経連職務分析センター編 1980：18-19）．そして「今日，あらためて問われているのは，職務や職務遂行能力・業績を中心とする新しい資格制度を柱とした人事・賃金制度の再構築と，その適正な運用であり，これが新職能資格制度の導入が提唱されるゆえんでもある。」（日経連職務分析センター編 1980：25）としている．つまり，1970年代に顕在化した高齢化や定年延長，高学歴化の動きが，職能資格制度の整備を促す契機となったということである．

　それでは，新職能資格制度における賃金制度とはいかなるものか．『新職能資格制度』は以下のように説明している．

　　「わが国の賃金水準が他国と比較して決して見劣りしなくなってきたことから考えても，より合理的な賃金決定要素として，職務の困難度・責任度，職務遂行能力の発揮度・期待に重点を移していくのが妥当であろう．」
　　（日経連職務分析センター編 1980：296）
　　「職務の困難度・責任度，職務遂行能力の発揮度・期待度に重点が移るといっても，わが国の企業においては概して個々人の職務という考え方が希薄であり，共同作業としての職務という考え方が優先しているので，職務遂行能力に対応した賃金，つまり職能給が受け入れられやすいと考えられる．」（日経連職務分析センター編 1980：296）
　　「しかし，職務給といい，職能給といっても，わが国の雇用慣行である終身雇用制度との関連で年功を完全には払拭できないであろうから，処遇の中で年功をどう生かすかも別に考えなければならない．」（日経連職務分析センター編 1980：296）
　　「今後は賃金制度としての職能給ではなく，人事管理制度たる職能資格制度に基礎をおいた賃金体系の構築をはかることに意を注ぐべきであり，職務遂行能力を中心にした制度にし，またその運用についても，安易に年功に流れないよう十分に配慮しなければならないであろう．」（日経連職務分析

センター編 1980：296)

『新職能資格制度』は，職能給の厳密な運用を主張しながらも，年功すなわち勤続年数と生活給をベースとした賃金の相場感に対する配慮も行っている．現行の年功を一挙に排除することは不可能であるという認識の下，職能給は年功との共存を図っている．その方法として以下の方式が示されている．

・混合型職能給：本給の中の職能給部分とその他の部分（多くは年功給部分）を区別することなく両者を統合して賃率を決める場合
・併存型職能給：本給の中を明確な形で職能給部分とその他の部分（多くは年功給部分）に区別して，両者それぞれ独立の賃率を決める場合（日経連職務分析センター編 1980：306）

　ここでの区分は，かつて職務給で行われた混合型，併存型と同じである．職能給とは言っても，「年功」を認めざるを得ない状況が見て取れる．この点について『新職能資格制度』は，「人事管理制度にしろ，賃金制度にしろ，個々の従業員が，何らかの形で現在の制度の中に位置づけられるのであるから，制度を急激に変化させることは無理であり，その意味からも，現行年功型賃金体系から職能給中心の賃金体系へと移行する場合にも徐々に実行しなければならない．」（日経連職務分析センター編 1980：314）としている．方向性として「職能」を重視して，「年功」をいずれは縮小したいと考えていることは確かである．

　『新職能資格制度』は，1970年代に未整備のまま放置されていた職能資格制度の近代化を目指して日経連が検討した結果を公表したものである．しかし「新職能資格制度」とはいっても，内実は従来通り，職能給は年功的な賃金と共存することとなった．ただ，役職に基づくランク付けから職能に基づくランク付けへと，企業内における従業員秩序の基準の変更を強く訴えた点が，新たな特徴であったと言える．

　80年代において日経連は，『新職能資格制度』で打ち出された考え方を基本にして，定期昇給についても議論を展開していくことになる．

（ⅱ）考課的昇給のさらなる強調

日経連会長の大槻文平は今後の賃金決定について，生産性基準原理を基本として，わが国の伝統的な賃金制度である定期昇給制度を基本とし，短期的な調整は，これまたわが国の伝統的な制度であるボーナスによって行うべきであると論じている（大槻 1984：8-11）．生産性基準原理を基本として，賃上げは定期昇給程度という日経連のスタンスは，この時期に明確に示されたことを象徴する主張である．

フジテレビジョン取締役の工藤信男は1980年代の定期昇給のあるべき姿について論じている（工藤 1984：98-101）．工藤はこれからの企業内賃金格差について，かつての生活賃金は通用せず，もっぱら各人の能力や社会的に通用する商品価値に基づいて決定されることになるとする．そして企業ごとの賃金体系は，企業内賃金格差政策＝昇給基準線をその企業の実情に即した形で，いかに制度的に整合性の取れた形で組み立てるかという論理式であり，その企業の従業員が納得できる形で運用していくための労務管理上の一つの理論体系であると述べている．その上で定期昇給について，① これからの定期昇給はゼロ定昇，マイナス定昇もあること，② 多くの場合内転性は期待できないこと，③ 低成長の下で定昇もベ・アもといかない場合は定昇優先にならざるをえないことを指摘している．工藤は企業内賃金格差の政策としての定期昇給について，外部環境の変化を考慮しつつ，持論である昇給基準線の重要性を強調している[19]．

一方この時期には，日経連が企業の実務担当者向けに発行した『賃金交渉の手引き』(後に『春季労使交渉の手引き』と改称）には，賃金の個別的管理に関する日経連の主張がみられる．その内容は，『労働問題研究委員会報告』に沿った形で，「支払能力 (付加価値労働生産性)」に見合った，定期昇給を含む賃管理を徹底すべきということである．

定期昇給が賃金原資である総額人件費そのものを増額させる要因になりうるという主張が，1984年版の『賃金交渉の手引き』にみられる．

「定昇については，『賃金体系の維持を目的とするものであり，また，従業員の新陳代謝原資によって賄われるものであるから，ベ・アと性格が異な

るものである』とする考え方もある．しかし，定昇の性格がどのようなも
のであったとしても，企業にとっては，定昇が従業員の賃金引き上げをも
たらすものであり，程度の差はあってもベ・アと同様に，総額人件費の変
動の原因の1つであることに変わりはない．」（日本経営者団体連盟 1984：68）

　ここで，定期昇給における内転原資論が否定され，定期昇給の原資はベ・ア
と同様に，企業の支払能力から支払われるものであるとの認識が示されている．
　さらに1984年版の『賃金交渉の手引き』には，職能給との関連で以下の記述
がある．

> 「現在，職能給を導入している企業の多くは，年齢勤続を要素とする属人
> 給を併用した2本立ての賃金体系（「属人給」＋「職能給」）を採用している．
> これは，何よりも年功賃金体系のもつ『企業への高い帰属意識』，『ライフ・
> サイクルにもとづく賃金カーブ下の生活安定』といった長所を生かししつ
> つも，能力主義賃金部分の導入に最もふさわしい方式であるとの考え方に
> よるものであろう．」（日本経営者団体連盟 1984：128）
> 「現在の低成長経済下にあっては，大幅な賃上げはむずかしく，定昇の比
> 重は今後ますます高まっていくと思われる．また，職能給の導入による能
> 力主義賃金指向と相まって能力査定部分の多い定昇の再評価の時期にきて
> いるといえよう．」（日本経営者団体連盟 1984：134）

　本書の分析枠組みに則れば，この時代の日経連の議論では，従業員の個別的
管理における格差に論点が置かれている．ここで，「属人給」＋「職能給」は，
定期昇給における「機械的昇給」と「考課的昇給」とに当てはめることができ
る．ここで「年功賃金体系」に当てはめられている「機械的昇給」の部分には，
「企業への高い帰属意識」「ライフ・サイクルにもとづく賃金カーブ下の生活安
定」といったメリットがあることが示されている．そして「考課的昇給」は能
力主義における賃金決定と結び付けた形で議論されている．日経連は考課的昇
給の重要性を強調しつつも，機械的昇給に代表される「年功賃金」の必要性も
指摘している．しかし定期昇給が支払能力により決定されるべきであるとの主

張の下，経済環境が厳しくなる中では，今後重視されるべきは，定期昇給においては「考課的昇給」であり，「機械的昇給」は将来的には抑制されるべきであることが示唆されている.

（ⅲ）人事トータルシステムの提唱

1985年からは，『新職能資格制度』を基にして日経連職務分析センターが企画・提唱した「人事トータルシステム」が『賃金交渉の手引き』でも展開されるようになる．人事トータルシステムにおける賃金制度について，1986年版の『賃金交渉の手引き』は以下のように説明している.

> 「職能資格制度を軸とした人事トータルシステムにあっては，賃金制度も職能資格基準をもとに職務遂行能力を反映する職能給体系が基本となる.
>
> 人事トータルシステムの構築にともなって，職能給を導入する場合，従来の賃金制度との連続性，あるいは年功賃金体系のもつ「企業への高い帰属意識」「ライフ・サイクルに合わせた生活安定」という面を考えると，一挙に職能給1本にするというのは非現実的であり，当面は属人給との併存型職能給として職能給を導入し，徐々にその職能部分を拡大していくのが現実的な方法であろう.」（日本経営者団体連盟 1986：86）

「人事トータルシステム」とは，「職能資格制度を軸として，人事考課を通じ従業員の配置や異動，職能開発・育成，賃金や賞与などを相互に関連させながら，総合的な制度として運用しようとする概念」（日経連職務分析センター編 1989 b：14）である．賃金については，職能資格制度に則って運用させることが前提であるものの，当分の間は併用型の2本立ての賃金体系（「属人給」＋「職能給」）で実施することを推奨している.

そして併用型賃金体系の「年功的な昇給」の運用については，1986年版の『賃金交渉の手引き』の記述は以下のようになっている.

> 「この併存型（併用型：筆者注）職能給によって，年齢給では生計費が50歳前後をもって年功的な昇給を抑制あるいは停止をはかる一方，職能給では昇進，昇格の適正な運用を通じて年齢，勤続による自動的な昇進・昇格昇

給を改善する．こうして賃金カーブの修正がはかられることになる.」（日本経営者団体連盟 1986：104）

　「年功的な昇給」は，定期昇給における「機械的昇給」の部分に当たると言える．年功カーブの修正は，1970年代後半における高齢化や定年延長の動きの中で盛んに議論されていたことは，すでに論じたところである．ここでは，年齢・勤続により決まる賃金カーブの頂点を50歳前後にして，50歳以降の賃金カーブの上昇を抑制すべきであると主張されている．日経連は，職能資格制度を厳密に適用すれば，能力開発のピークは50歳程度であり，50歳以降は漸進的に機械的昇給を抑制・廃止していくべきであるという認識を示している．機械的昇給が抑制ないし停止されていくということは，これまで賃金管理において中心的な手法だった集団的管理が，従業員1人1人の職務遂行能力や業績を基に賃金が決定されていくという個別的管理へと移行していくことを意味する.

（ⅳ）集団的管理から個別的管理への比重の移行

　この時期における日経連が推奨する賃金制度は，「併存型（併用型：筆者注）職能給」であり，定期昇給に関していえば，査定的昇給と機械的昇給との両方を事実上認めていた．その背景には，「機械的昇給」の部分が「日本的雇用慣行」と深い関係をもっていたという考え方を日経連がもっていたことが挙げられる．しかし日経連が「日本的雇用慣行」の一環をなす従業員の集団的管理から，次第に個別的管理へとその比重を移していく様子が，1980年代の後半から見て取れるようになる．1987年版の『賃金交渉の手引き』は当時の日経連の認識を示しているといえる.

　　「そこで年功人事に代わる新しい人事基準が必要となってくる．つまり能力主義管理の徹底である．職務遂行能力を中心に据えた処遇基準こそが，これからの人事基準になりうるのである．さらに能力主義管理は，個々人の能力，意欲，実績ばかりでなく，価値観やライフ・サイクルを考え合わせた個別管理の方向へ進もうとしている．コース選択制度などにみられる複線型雇用管理の考え方は，まさに個別管理主義に立脚した新しい人事・処遇制度といえる．そして個人の能力開発と活性化によって，高いモラー

ルを維持し，組織の活性化，企業の発展が期待できるのである．

　しかし能力主義管理導入にあたっては，新卒採用，企業内昇進という日本的雇用慣行からして，部分的には年功，年齢などの属人的要素を残しながら新しい制度へ移行すべきであろう．賃金制度においては，ライフ・サイクルに合った生活賃金を保障し，社会的に整合性のとれた賃金制度にするためにも，年齢・年功による賃金カーブの上に，職能的要素を重ねて運用するのが良策であろう．

　このように，職務遂行能力を重視しながらも，同時に人間を基準とした制度は，柔軟な組織運営を可能にし，終身雇用の活用，労働意欲の維持，労使関係の安定などの点からも，わが国においては有効な管理方法になり得るものである．」（日本経営者団体連盟 1987：81）

　ここでは能力（定期昇給における査定的昇給）に主軸を置きながらも，年功，年齢などの属人的要素（定期昇給における機械的昇給）を賃金体系の中で調和させることの必要性を論じている．年功制はいずれ縮小していくことを目指すにしても，この時代の日経連は，能力主義においても生活給を保障するための年功制の意義を認めており，両者のバランスが大事であると論じている．しかし「年功人事」はいずれ「能力主義管理の徹底」により取って代わられるべきであることを強調している．

　ところで「価値観やライフ・サイクルを考え合わせた個別管理の方向へ進もうとしている．コース選択制度などにみられる複線型雇用管理の考え方は，まさに個別管理主義に立脚した新しい人事・処遇制度といえる」との記述は,1990年代以降に顕在化する「雇用ポートフォリオ」や「多立型賃金体系」のアイディアの萌芽が，すでにこの時期に出てきてすることを伺わせる．

　さらに1980年代末になると，年功賃金体系の見直しに関する論調が出始め，賃金の個別的管理に関する議論が強化される．1989年版の『賃金交渉の手引き』には，以下のような記述がある．

　「年齢・勤続といった要素を偏重した年功賃金については，さまざまな問

題点が指摘されており，その見直しの気運が急速に広まりつつある．昭和40年代から50年代前半にかけて，大量生産・大量販売によるコスト低減というパターンで拡大成長を続けていたときには，この方式でも賃金コストの上昇を企業の成長で十分吸収することができた．しかしこの方式は昇給回数（勤続年数）が反映される結果，同じ仕事をしていても勤続年数の長い人が賃金が高くなり，同一職務で賃金に大きな幅が生じることになる．さらには職位序列と賃金序列とが逆転する現象も出てくることとなり，『労働の対価』という側面から賃金をみた場合，仕事と賃金のアンバランスという問題が生じることになる．また『生活の原資』という側面からみた場合も，60歳の定年退職時が各人の賃金のピークとなり，生計費負担の多い中堅層に賃金の中だるみがみられるという事態も生じてきた．そこで生涯賃金カーブと賃金項目の２つの側面から各社で見直しが行われている．」

（日本経営者団体連盟 1989：115）

　ここでは賃金に関して，集団的管理から個別的管理への比重の移行が顕著になっている．特に問題になっているのは，いわゆる「同一労働同一賃金」の論点である．また「職位序列と賃金序列とが逆転する現象」とは，職能資格制度における職能資格と役職とのアンバランス，つまり職能資格が高い人（給料が高い人）が低い役職についているという状況である．これは職能資格と役職を切り離したことから必然的に起こる問題ではあったが，これについて「労働の対価」という観点から疑問が呈されている．また，賃金カーブのピークが生計費のピークと合っていないという現状について，「生活の原資」という側面から，現行の賃金体系に対する疑問が呈されている．２つの問題に共通するのは，従来の定期昇給の運用自体に対する見直しであると言える．

　ここでの問題提起を受ける形で，1990年代は「成果主義」という言葉に代表されるように，賃金体系をめぐる大きな変化が起こることになり，定期昇給についても，考課的昇給と機械的昇給の関係についての議論が一層厳しく展開されることになる．

3. 存在感を高める定期昇給

1970年代から80年代は，日経連の見解からすれば「生産性基準原理」と「能力主義管理の時代」であったと言える．生産性基準原理は70年代においては定期昇給と目立った関係性は顕在化しなかったが，1980年代に入り，賃上げ率における定期昇給の比率が高まるにつれて，支払能力論との関連で，原資の問題に絡めて議論が活発になる．そこでの中心的な論点は，「定期昇給においても生産性に見合った上昇が必要である」ということである．

能力主義管理における職能給は1970年代を通じて，能力を測る基準が不明瞭であったために，定期昇給との共存，すなわち人事考課の結果や，勤続年数・年齢に応じての能力の伸張に歩調を合わせて賃金を上昇させるという仕組みとして運用されていた．しかし，1970年代後半における高齢化・定年延長の動きの中で，賃金カーブの修正，すなわち賃金カーブの頂点の50歳前後への前倒しや50歳以降のカーブ傾斜の緩和もしくはカーブの停止を日経連は主張するようになり，定期昇給，とりわけ機械的昇給の見直しの議論が始まった．

1980年代に入ると，定期昇給が支払能力論の枠組みの中で議論されるようになる．内転原資論の限界が指摘され，定期昇給も付加価値労働生産性の上昇率の範囲内で支払われるべきであるとの主張が，日経連によりなされた．日本の賃金水準が国際的に割高になったことも，支払能力論の展開を加速化させた．

80年代に入ってから日経連が強調し始めた「新職能資格制度」は，職能資格制度に基づく従業員秩序の形成を徹底させることを訴えていた．しかし日経連は職務遂行能力に基づく職能給を推進する中においても「年功制」を完全に否定したわけではなく，むしろ職能資格制度と年功制の併存が不可避であることを述べていた．定期昇給に関して言えば，将来的には考課的昇給の比率を高めるべきという主張があったにせよ，生活給をベースとした賃金の相場形成機能を担っていた機械的昇給の存在が直ちに否定されることはなかった．

「賃金による従業員の序列形成」という見解からみれば，70年代において能力主義管理は定期昇給との併存による，能力伸張すなわち勤続年数の上昇とい

う発想に基づく，ある種の「年功的な秩序」を維持していた．しかしそれは，職能給を展開するために必要な職能資格制度などが未整備であったために，「賃金による従業員の序列形成」の機能を定期昇給における機械的昇給に負わせたためであると解釈すべきである．

　80年代に日経連が提起した「新職能資格制度」は，従来その規定があいまいなことが多かった職務遂行能力を客観的に評価した上で，能力に基づく賃金秩序を確立しようとする試みであった．しかし，日経連は激変緩和措置として年功主義も許容したことから，職能資格制度は再び年功主義との併存を図ることとなった．定期昇給は「新・職能資格制度」と併存し，能力（考課的昇給）と年功（機械的昇給）の双方から，企業における従業員秩序の形成に貢献することとなる．

　90年代に近づくにつれて，機械的昇給の比重を低下させるべしとの論調が強まってくる．このことは，賃金管理における集団的管理から個別的管理への比重の増加とも並行している．従業員を個別的に管理することになれば，考課や査定を中心に賃金を管理する方向に向かうことは必然的である．

　本書の分析枠組みに則って考察すれば，1970年代においては，定期昇給はマクロの生産性と結び付けられて，つまりマクロ的な意味での賃金水準との関連で議論されていた．1970年代前半はベース・アップが過大であったために定期昇給は影が薄かったが，ベース・アップが減少するにつれて，定期昇給は生産性基準原理の枠組みにおいて議論されるようになった．そして1980年代に入ると，内転原資での調達は限界であるという認識の下，定期昇給は生産性の成果配分とより直接的に結び付けられ，個別企業の賃金水準の問題として議論されるようになった．

　一方で1980年代には，個別的管理における格差を形成するものとして，定期昇給が議論されることとなった．特に考課的昇給の効率的な実施に重点が置かれた．ただし，考課的昇給が個別的管理をもたらすのであれば，50年代から60年代においても定期昇給においても査定や考課が強調されていた．にも関わらず，なぜこの時期に賃金の個別的管理が再び大きな課題として登場したのかが

問題となる．その理由は，経営側が持っていた定期昇給に対する意味合いの違いによるものと思われる．50年代から60年代にかけては大幅なベース・アップがあったがゆえに，賃上げ率に占める定期昇給の比率が小さかったので，経営側も機会的昇給に関しては或る程度の許容度があった．しかしベース・アップが縮小して賃上げ率に占める定期昇給の比率が高まれば，「従業員全員を定期昇給の名の下に一律に賃上げをする」余地は小さくなり，査定や考課に基づく賃金の個別的管理の意味付けは自然と重くなる．

このような状況変化を受ける形で，1990年代は「成果主義」という言葉に代表されるように，賃金体系をめぐる大きな変化が起こることになる．そのような環境において，定期昇給がいかなる意味を付与されたのかについては，次章の課題となる．

注

1）所得政策を定式化すると以下のようになる（白井・花見・神代（1986：192）より）．

一般には，賃金（w），物価（p），実質国民総生産（Y），労働生産性（Y/L）の間には，労働分配率を π とすると，

$$W \cdot L = \pi \cdot p \cdot Y \qquad w = \pi \cdot p \cdot (Y/L)$$

という恒等的な定義式が成り立つ．そこでこの式を物価について書きなおすと，

$$p \equiv w/(\pi \cdot (Y/L))$$

となる．右の式の両辺を時間について微分し，変化率で表すと

$$\dot{P} = \dot{w} - \dot{(Y/L)} - \dot{\pi}$$

となる．この式は，もしも労働分配率が不変ならば（というのは，労働分配率は経験的にみて長期間にわたり安定的な傾向があるので），賃金上昇率（w）と労働生産性の上昇（Y/L）が等しい限り，物価は上昇しないことを示している．

2）日本での所得政策に関する重要な議論として，1968年に発表された「物価，賃金・所得，生産性研究委員会（いわゆる熊谷委員会）」による『物価安定と所得政策：物価・賃金・所得・生産性研究委員会報告書』（経済企画庁総合計画局編），1971年に発表された「物価・所得・生産性委員会（いわゆる隅谷委員会）」による『物価安定と所得政策：物価・賃金・所得・生産性研究委員会報告書』（経済企画庁総合計画局編）がある．特に後者は日本への所得政策の導入を否定する結論を出している．

3）1973年に『大幅賃上げの行方委員会』を発表して以来，日経連は毎年春闘の時期に『労働問題研究委員会報告』を発表し，生産性基準原理の必要性を強調してきた．現在は

日本経団連の『経営労働政策委員会報告』にこの主張が引き継がれている．

4）日経連は当初，業種別の賃金格差が大きかったことに鑑みて，生産性基準原理を業種別に適用することを主張していた．その典型的な主張として，藤井得三（日経連労政第一部次長）（1971）や今村（1971a）などがある．

5）生産性基準原理に基づいた賃金決定と経営計画の必要性に関しては，工藤（1974：40-44），及び工藤（1975：38-44）も論じている．

6）その最近の成果として，日本経団連労政第一本部編（2008）がある．

7）論文は今村久寿輝（1992）『人事・労務・労使関係　戦後45年の軌跡――ある労務担当者の一筋道』今村労働研究所より引用した．

8）頁は「2001年復刻版」による．以下同様．

9）浅沢は当時，石川島播磨重工業勤労部長補佐であり，今村，工藤と共に，日経連の事務方として活動してきた．

10）能力主義と年功主義との「併存」を求めるこの時代の空気を反映する資料として，「座談会　能力主義管理を推進するには」『経営者』，1969年３月号，が参考になる．

11）経営者の当時の「温情主義」について『経営者』，1973年５月号座談会「あのとき・あのころ」（特集・日経連25周年とこれからの労使関係）に興味深い議論がある．

12）ここでいう maturity は，当時米国で使われていた maturity curve concept という概念から引用されている．この概念がもともと日本の年功カーブについての説明として用いられていたかについては定かではない．

13）「他方で日本における慣習からいって，年功的な考え方をまったく捨て去ることはできない．これは今日慣習だがら残すというのではなく，人間関係の安定，そしてまた年とともに実際に得られていく経験を評価するものである．このような意味において，今後も年功的な要素をある程度残しておく必要がある」と青木は説明している．

14）『経営者』1979年２月号に掲載された，日経連事務局による「問答・賃金問題の焦点」では，高齢化，定年延長に備えて職能給，職能資格制度の導入の必要性が強調されている．この年以前まで毎年『経営者』で行われていた同じ企画記事でも同様の傾向を示している．このことは，職能給や職能資格制度が本来の「あるべき姿」としては企業内にはまだ十分に浸透していなかったことの証左であるとも考えられる．

15）「職務給はその純粋な形からすれば，職務と賃金が直接結びついた賃金体系である．したがって，一段質の高い職務に上がらない限りは賃金も上がらず頭打ちするのが原則である．ところが高成長時代であれば，① 新技術，新技能の導入，② 組織機構の拡大，③ 人員の増大，④ 関連企業の増加，⑤ 海外進出などによってたえず新しいポストが増え，人員の新陳代謝も活発だった．……ところが低成長時代にはいってくると，役付に昇格する職務のあたりから人事の停滞が生じ，賃金の硬直化が現れてくる．」（日本経営者団体連盟調査部　1975）．

16)「そもそもわが国では賃金体系の近代化といっても，イ．年齢給と職務給，職能給との２本建てとする「併存型」，ロ．基本給の全体を職務給，職能給とするが，その運用に年功的要素を入れる「混合型」，ハ．職務ではなく職務遂行能力に賃金を結びつける「職能給型」という３つのタイプで進行してきた．すなわち，多分に日本的な慣行を残しながら改編が行われてきた．」（藤井 1978）．

17)浅沢誠夫（石川島播磨工業人事部長）はこの状況について後に以下のように語っている．「1960年代，70代を通じて能力主義が唱えられ続けてきたものの，実質的には年功序列の支配から脱却できないままにいるというのが現状であろう．この理由は，年功序列が能力主義と全く矛盾するものではなく，ある程度能力序列と一致する面をもっていることにもよるが，根本的には，納得性のある能力主義的選抜のメジャーが開発されないまま，卒業年次主義が納得性の点で支配的にならざるをえなかったところにある．人事考課も，実は年功序列の再編成にすぎなかったり，テストや試験の結果が出てもそれをストレートに適用するとなると，集団的人事管理の伝統の中では，どうしてもためらいがちにならざるをえなかったのである．」（浅沢 1984：17-21）．

18)「同一労働同一賃金の原則を貫くために，短期的・長期的なアウトプットを客観化ないし納得的かつ体系的にまとめて制度化し，現環境化において仕事をする際の人間集団の秩序づけを行うことが，新職能資格制度の目的である．職務遂行能力のレベリングによってグルーピングして，それにリンクして賃金を払うことにする．そのことにより役職昇進を即そのまま給与に連動せずともよいような体制を作り，そのポストによる活躍いかんが，より上位資格への認定の材料となり，昇格すればその時よりよい給与を受け，かつよりよい昇給を受ければよいとする仕組みである．」（日経連職務分析センター編 1980：299）

19)ここでは低成長，産業構造の変化，労働者の意識・価値観の変化，生活構造の変化などがあげられている．

第4章 雇用の多様化がもたらす賃金体系の変化と定期昇給
──1990年代から現在まで──

　1990年代は，90年のバブル崩壊を契機とするデフレの進行などにより，日本経済は長期に渡る停滞に陥ることとなった．さらに，90年代以降にはNIEs諸国や旧社会主義諸国が相次いで世界市場に参入し，資本主義経済圏における競争環境は激化し続けている．

　日経連もこのような状況を受けて，賃金体系の見直しの必要性を主張することとなる．「成果主義」という言葉に代表される，業績や成果を中心とした評価制度に基づく賃金決定の考え方はその一環である．定期昇給についても，賃金体系の見直しの文脈の中で議論が展開されることになる．

　本章では，この時代において，賃金水準及び賃金体系についていかなる議論が日経連および日本経団連（日経連の後継団体）において行われてきたのかについて，定期昇給に焦点を当てつつ考察することを目的とする．この時代の特徴は，集団的管理としては総額人件費管理と雇用ポートフォリオ（雇用形態の多様化）の展開，個別的管理としては「成果主義」に代表される賃金管理における考課・査定の強化である．定期昇給については，個別的管理の側面をもつ考課的昇給の重要性が一層強調され，集団的管理の側面をもつ機械的昇給については抑制・停止を含めた議論が盛んになる．換言すれば，企業が許容できる人件費の総額を集団的管理の対象としつつ，個別的管理である考課・査定を従業員に対して強化するというスタンスを，この時期の経営側（日経連，日本経団連）は取ってきた．

　本章は時期的に2つの部分に分けて議論を進める.

　前期としては，1990年から2002年にかけての日経連による賃金に関する議論を検討する．この時期は，総額人件費管理が進み，賃金管理は集団的管理と個別的管理の両面から，総額人件費管理の影響を強く受けることになった．

　定期昇給について総額人件費の観点から集団的管理，個別的管理の両方に関わる問題として,所定内給与の上昇に伴う他の人件費項目に対するいわゆる「跳ね返り」が挙げられる．これは，定期昇給やベース・アップによって所定内賃金が上昇すると，それに伴って時間外手当や賞与などの現金給与や福利厚生費などの非現金給与を含めた総額人件費全体が上昇するということである．「跳ね返り」は従業員個々人に対する賃金管理のみならず，企業の総額人件費にも影響を与える．この「跳ね返り」を防ぐために，所定内給与の上昇，すなわち定期昇給自体を抑制することが強調されるようになる．

　特に集団的管理の側面からは，『新時代の「日本的経営」』が1995年に公表され，いわゆる「雇用ポートフォリオ」の概念が広く普及した．「雇用ポートフォリオ」の公表を契機として，「雇用の多様化」の波が広がり，正規従業員（正社員）と非正規従業員（非正社員）との「分化」が顕著になった．一方で経営環境が厳しくなる状況下で，企業は「賃上げか雇用か」という二者択一を迫られることになり，日経連は総額人件費管理の徹底を強く主張するようになる．正規従業員と非正規従業員の「分化」は2000年代に入るとより促進され，社会からは賃金や処遇の「格差問題」として提起されることになる．

　一方個別的管理では，業績や顕在能力などに基づくいわゆる「成果主義」が台頭した．「年功」に基づく賃金決定の議論は後退し，人事考課を基にした賃金決定の重要性が一層強調されることになる．定期昇給においても，考課的昇給の重要性がより強調される．

　後期としては，2002年から現在（2012年頃）に至る時期を検討する．2002年に日経連は経団連と統合して，日本経済団体連合会（以下，日本経団連）が発足した．両者の統合の理由は，経済問題と労働問題が今や分離して議論ができない時代になったためであると説明されている.労働問題に関する主張について，日本経団連の主張が日経連と大きく変わったわけではないが，日本経団連は賃

金制度に関して2007年に「仕事・役割・貢献度を基軸とした賃金制度」という提言を公表している.

　その意味するところは，1969年から日経連が提起してきた「能力主義管理」が，従業員の能力開発を奨励し，能力の伸張を潜在能力，顕在能力を含めて評価していたことに対して，日本経団連の「仕事・役割・貢献度」は，従業員が企業において付与された仕事や役割に対していかに応え，企業業績にどの程度貢献したかを評価するものである．換言すれば，従業員の能力という「労働の供給側」から，企業における仕事・役割という「労働の需要側」へと，経営側における賃金制度においての重点事項が変化したということである．定期昇給という観点からみれば，考課的昇給のさらなる強化，機械的昇給のさらなる後退という主張を，日本経団連は展開している．この傾向は1990年代の日経連の時代から現われていたが，2000年代においてより顕著となる.

　さらにここで提起したい問題がある．それは，定期昇給が正規従業員と非正規従業員との処遇を区別する制度として浮かび上がってきたことである．この問題は，非正規従業員が少数であった1980年代末までにおいてはさほど大きな注目を浴びることはなかった．しかし非正規従業員の雇用者に占める割合が40％近くなった今日（2014年）[1] においては，定期昇給は正規従業員と非正規従業員とを区別した上での，企業内の秩序を維持するための手法として捉えられるようになった．これは分析枠組みで言えば，マクロな意味での賃金格差の問題である.

　日経連・日本経団連は正規従業員，非正規従業員との関係を「仕事」という概念で区別した.「仕事」とは，非定型的な仕事が中心，定型的な仕事が中心という分類である．非定形的な仕事が中心の従業員の大半は，長期雇用が期待される，雇用ポートフォリオで言えば「長期蓄積能力活用型」の正規従業員である．彼等は査定による考課的昇給とともに，勤続・年齢に応じた機械的昇給の対象となる．一方で定型的な仕事が中心の従業員の大半は，「雇用柔軟型」の非正規従業員である.彼等の給与はあらかじめ仕事に対して決められており，ほとんどの人が定期昇給の対象とはならない．この時代に定期昇給が従業員に

対して付与した意味合いは，いささか誇張した表現を使えば，働く人の間における「社会的な公正」や「納得性」に対する問題提起を促すものに映る．この正規従業員と非正規従業員との間の「雇用の二極構造」ともいえる現象は，かつて日経連が主張していた「労使は社会の安定帯」という機能を根本的に揺るがすことにも繋がりかねない可能性を孕む．

この現状に至るまでの経緯を整理するためには，1990年代からの日経連・日本経団連の賃金に関する提言の歴史を見ていかなければならない．以下，それを見ていくこととする．

1．総額人件費管理の強化と雇用の多様化への対応
——1990〜2002年——

（1）総額人件費管理

（i）総額人件費管理の概要

1990年以降，賃金の集団的管理・個別的管理の両面から特に注目を集めたのが，総額人件費管理の問題である．総額人件費とは，従業員1人を雇うために必要な経費のことである．ここで総額人件費は基本的に集団的管理の問題であるが，人件費管理という面からは個別的管理の側面もあることを指摘しておく．説明しよう．

まず，企業として負担すべき人件費の全額という集団的管理の側面である（企業レベル）．総額人件費は，「1人当たり（平均）賃金×1人当たり（平均）労働時間×雇用者数」で算出される．この場合，総額人件費を削減するためには，賃金を削減する，労働時間を削減する，雇用者数を削減するという3つの選択肢が考えられることになる．1980年代からは賃金の総原資を決める理論として支払能力論が総額人件費との関連で提案されてきたが，90年代に入ると，企業レベルの総額人件費管理は，雇用ポートフォリオとも結び付けられて議論されることになる．

次に，個々の従業員の雇用管理，すなわち個別的管理の側面である．定期昇給やベース・アップは，所定内賃金を引き上げる．所定内賃金の引き上げ，す

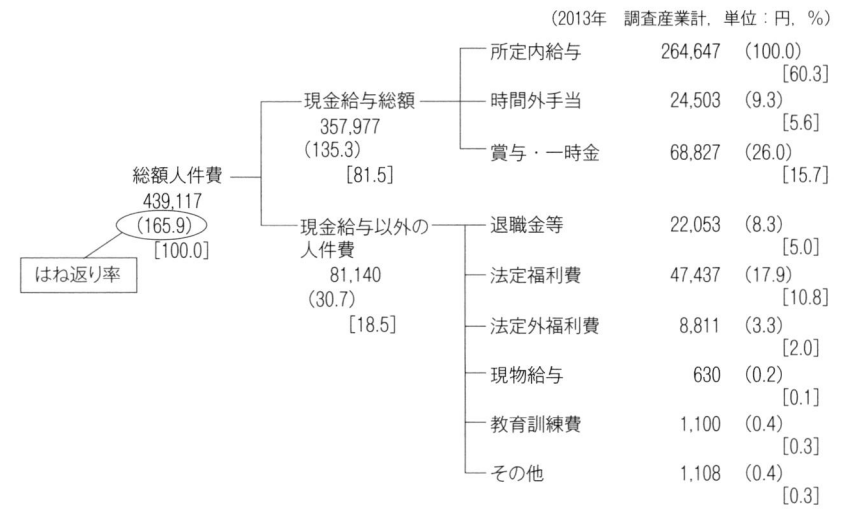

（2013年　調査産業計，単位：円，％）

図4-1　総額人件費の内訳

注：1）（　　）＝所定内給与を100とした割合
　　　　［　　］＝総額人件費を100とした割合
　　2）所定内給与，時間外手当，賞与・一時金は，資料1）による．
　　　　それ以外の人件費項目については資料2）の構成比を下に推計.
　　3）端数と四捨五入の関係により，合計は必ずしも一致しない.
資料：1）厚生労働省（2013）「毎月勤労統計調査」
　　　2）同上（2013）「就労条件総合調査」

　なわち定期昇給やベース・アップによる賃上げは，従業員1人を雇うために必要な人件費すべて（時間外手当，賞与などの現金給与及び法定福利費（社会保険料など）・法定外福利費などの非現金給与の合計）を同時に引き上げる．おおまかに言えば，所定内賃金を100円引き上げることは，従業員1人を雇用するための費用としての人件費としては，現金給与，非現金給与を含めた合計で約165円引き上がることとなる．これがいわゆる所定内賃金の上昇が総額人件費にもたらす「跳ね返り」の問題である．「跳ね返り」の問題は，賃金の個別的管理のみならず，人件費の原資全体としての集団的管理に対しても影響をもたらす（図4-1）.

　定期昇給が総額人件費に影響を与えるいわゆる「跳ね返り」の問題は，80年代までは強く意識されてこなかった．しかしバブル崩壊後の経済状況の悪化，経済活動のグローバル化の進展による競争環境の激化，さらには社会保障費関

連経費の負担増がもたらす福利厚生費の増加は，日本企業に総額人件費管理に対する意識を高めさせることとなった．特に「雇用の維持（もしくは「終身雇用」）」を掲げる企業にとっては，賃金の引き上げ，とりわけ定期昇給をどうするかが，大きな問題となりつつあった．

（ⅱ）総額人件費管理の基本的な思想──雇用ポートフォリオとの関係──

　人件費を賃金だけでなく，賞与や福利厚生費を含めた形で考え，経営の総合的な効率化という観点から中期的な経営計画を基にして人件費を決定していこうとする，後の総額人件費管理の基本的な考え方の萌芽が出てくるのは，『転機を迎えた賃金問題と日本経済』（日本経営者団体連盟事務局，1971年）からである．ここで，付加価値生産性と自己資本比率の充実による経営計画の策定に基づく賃金決定という，現在の日本経団連が打ち出している「支払能力を基本とした人件費支払能力決定システム」の基本となる考え方が打ち出されている（日本経営者団体連盟 1971：99-111）．当時日経連に在籍し，この理論の構築に貢献した藤田至孝は，後にここで示された経営計画と適正人件費の算出の理論を，職能給制度と関連させて論じている（藤田 1976）．

　支払能力と適正人件費の算出の理論を，要員計画を基本とする経営計画との関連で発展させたのが，成瀬健生である．1970年代から日経連の労働政策における理論構築を担ってきた成瀬は，80年代に経営計画に基づいて総額人件費計画を決定するための「支払能力システム」の基本モデルを構築した（第3章参照）．その設計思想が成瀬（1987）に示されているが，その中ではじめて「雇用ポートフォリオ」という言葉が公に登場している．当時，日経連の調査部長であった成瀬は，雇用ポートフォリオという言葉を，証券や資産のポートフォリオと同じく，どういう種類の労働力をどれだけ雇用すれば，企業にとって最もコスト・パフォーマンスが高くなるかを考える施策であると論じている．具体的には，①労働力の種類別によって平均人件費水準が異なること，②正規従業員の人件費は固定費であるが，パートタイマー，派遣労働者などの人件費は変動費として考えられる余地が大きい，ということを踏まえて，企業の現有の労働力構成と今後の要員計画を，企業全体の総額人件費管理という観点から決定していくべきであるというものである（成瀬 1987：111-116）．

　そして，要員計画を立てるに当たり，２つのグループを別に扱わなければならないとしている[2)]．

　　　・長期勤続の可能性が高く，将来会社の中核となって大きな貢献が期待でき，教育投資とその回収を長期的な判断でやれるグループ
　　　・短期の雇用になる可能性が高く，あるいは将来会社の中核となることは困難で，大きな育成投資をしても回収の可能性が見込めないグループ

このような区分をした上で，従業員を全員一本で管理するのではなく，いくつかのグループに分けて，人事管理の制度を設計しようとする試みを，複線型人事制度として提唱している．

　このように雇用ポートフォリオは，もともとは多様な就業形態，雇用形態別にそれぞれの１人当たり人件費を基にして要員計画を立てて効果的な人件費配分を行うことを目指すものとして提唱されたものであり，総額人件費管理も企業全体の人件費の原資管理の手法として出てきたものである．つまり，「１人当たり人件費×１人当たり労働時間×雇用者数」という算式において，長期勤続者と短期雇用者とを１人当たり人件費ごとに加重平均して総額人件費を求めるということである．これに基づいて，総額人件費を先に決めて，その枠組みの中で長期勤続者と短期雇用者を按分して人件費管理を行うという逆の発想も展開できる．

　以上のように，総額人件費管理は集団的管理の側面からは，雇用ポートフォリオに代表される「雇用の多様化」とそもそも密接な関連を持っていた．その基本的な思想は，「限られた人件費の枠内でいかに人材を有効活用するか」ということである．この思想が，次項で論じる日経連が展開し始めた「日本的雇用」に関する議論と結びつき，８年後に公表される「新時代の『日本的経営』」において，世間に広く知られるようになる．

（２）雇用ポートフォリオと雇用形態の多様化の進展

（１）「新時代の『日本的経営』」（日本経営者団体連盟　1995年５月）
　本報告書の主たる主張は，総額人件費管理に基づいた要員管理・人件費管理

とその実現のための人事・賃金制度を各企業で検討し，制定するべきであるということである．政策の実現のための方策を，① 企業に対しては「複線型人事管理」に基づく雇用管理を，総額人件費管理に結びつけて提示し，② 労働者に対しては雇用ポートフォリオを，労働者の就業形態に対する嗜好の多様化に応じた「新しい働き方の提案」という形で示している．

　同報告書は，日本的経営の特質は，終身雇用制や年功賃金制度といった制度・慣行ではなくて，そうした運営の根本にある「人間中心（尊重）の経営」「長期的視野に立った経営」という理念が日本的経営の基本であるとする（日本経営者団体連盟編著 1995：24）．集団と個人の関係については，従来，ともすれば集団の価値・意思が優先され，個人が集団に埋没してしまうとの批判があったが，これからは，多様な個性を確立した個人を凝集力ある人間集団に組織するという方向に，「人間中心（尊重）の経営」を深化させる必要があろうと述べている（日本経営者団体連盟編著 1995：27）[3]．そして，「人事管理面では従業員の個性と創造的能力を引き出す工夫と同時に，従業員のニーズに即して多様な選択肢を用意することが必要となる．そのためには，能力・成果重視の処遇を徹底することが必須であるし，仮に企業での能力発揮が満たされなかった場合，働く個々人の能力を社会全体で活用するために，企業を超えた横断的労働市場を育成し，人材の流動化を図ることが考えられる」と述べている．ただしここでいう「人間中心（尊重）」とは，企業が従業員に対して「能力・成果重視の処遇を徹底すること」であり，企業は個々の従業員のニーズや適性に応じて，さまざまな雇用形態を用意するということを意味する．企業にしてみれば，基幹となる長期雇用従業員を確保する一方，基幹ではない従業員については流動性が保持された形での雇用形態を求めることとなる．ここに，「雇用ポートフォリオ」を基本とした企業内の従業員秩序の形が明確になる．

　賃金制度については，① 企業の支払能力を反映した賃金水準であること，② 従業員の納得性が得られる支払方法でなくてはならないこと，③ 国内外の企業で通用する尺度で考えなければならないこと，の３つの原則に則り，これらを実現するには，基本的には職能・職務・業績（成果）をベースにして職務内容や階層に応じた複線型の賃金管理を導入していくべきであるというコンセ

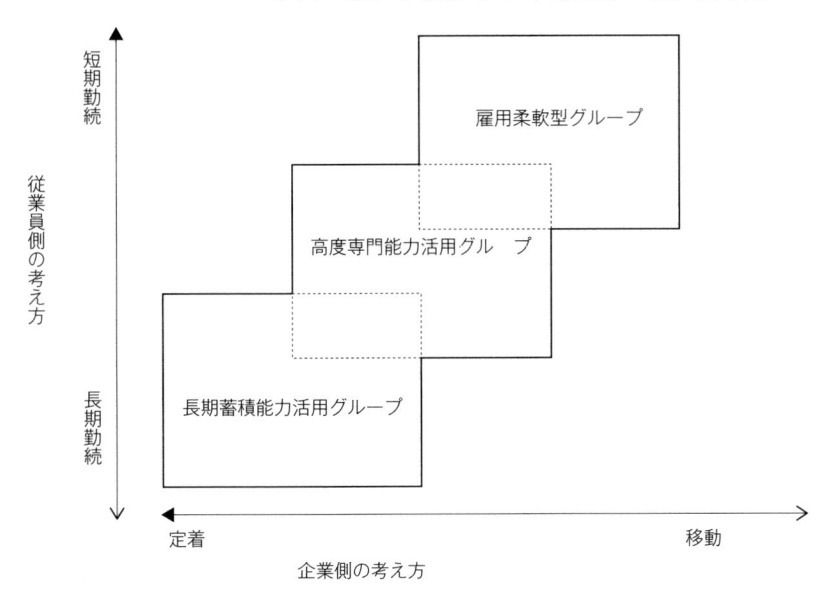

図4-2　企業・従業員の雇用・勤続に対する関係 （雇用ポートフォリオ）

注：1）雇用形態の典型的な分類.
　　2）各グループの移動は可.
資料：日本経営者団体連盟編（1995：32）.

プトの下，雇用ポートフォリオにおける3つの雇用形態について，以下のような賃金管理の導入を提案している（日本経営者団体連盟編 1995：38-39）.

- 長期蓄積能力活用型グループ～一定の資格まで「職能給」と「年齢給」[4]の2本立てとするが，主体は「職能給」にしたり，年功的要素も多少考慮した「職能給」1本にし，それ以上のクラスについては裁量労働の拡大適用を図り，専門職・監督職・管理職とともに「洗い替え方式（複数賃率表）による職能給」ないしは「年俸制」の導入などを推進していくことが考えられる.

- 高度専門能力活用型グループ～「年俸制」を適用する.

- 雇用柔軟型グループ～仕事の内容に応じて「職務給」などが検討されるべきであろう. 各グループの賃金水準は，基本的には各企業の経営方針，

支払能力，生計費等がベースになって検討されるが，その際，職務内容，能力はもちろん，雇用関係，賞与，退職金，福利厚生等も含めて妥当な賃金水準を決定すべきであろう．

　さらに定期昇給については，「① 従来の「年齢，勤続に主体を置いた考え方」をやめ，「職能・業績の伸びに応じて賃金が上昇するシステム」という定義づけに変えていく必要がある，② 定期昇給という言葉は毎年定期に賃金が上昇するとの意味合いが強く，今後の経営環境の変化にそぐわない点もあるため，“定期”昇給という言葉は使わず，単に“昇給”あるいは“昇給制度”という言葉を使用するべきである」（日本経営者団体連盟編 1995：83）と主張している．

（2）雇用ポートフォリオを支える理論的背景

　『新時代の「日本的経営」』において日経連が提唱した「雇用の多様化」が，日経連の従来の思想の延長線上にあるものかについては検証する必要がある．ここで若干時間を遡るが，1990年代前半に公表された日経連の報告書を検討する．

　日経連の「これからの経営と労働のあり方を考える特別委員会」は，1992年８月に「これからの経営と労働を考える」と題する報告書を発表した．本報告書は，日本の経営と労働を支えてきた諸条件と成果を踏まえ，これからの経営と労働のあり方，労使関係の新しい展望，世界の中の日本企業，求められる新しい経営者像について論じている．日経連が考える「日本的経営」に関する総括として位置づけられ，今後の指針とされることを目的として取りまとめられた．

　同報告書は，日本的経営の中で「変えてはいけないもの」として，第一に「長期的視野に立った経営」を挙げる（日経連これからの経営と労働のあり方を考える特別委員会 1992：12-13）．その理由として，「このことが日本の企業の発展と競争力の源泉であるからである」とする[5]．そして「それを可能にしたのは，日本の企業における資本と経営の分離，長期取引を重視する慣行などの環境」であり，「幸いこれらの条件は今後も大きく変わらないと思われる」としている．これ

は端的に言えば，支払能力論で示された，企業の存続・発展のモデル（第3章参照）の維持であり，同時に「株主（所有）と経営の分離」による「従業員を中心」とする「日本型コーポレート・ガバナンス」の強調である．

　「変えてはいけないもの」の第二に挙げられるのは「人間中心（尊重）の経営」である（日経連これからの経営と労働のあり方を考える特別委員会 1992：13-14）．これは端的にいえば「雇用維持のために企業が努力する姿勢」であり，その根底には「人間関係が経営の基本であるという哲学がある」ためである．そして「従業員の企業に対する帰属意識もその結果生まれる」としている．

　一方で「変えなければならない」ものとして，「人不足社会の人事管理のあり方」を挙げている．ここでいう「人不足」とは，「正社員になりうる男性の不足」と解釈される．そのため，企業としては人事管理を「ストック型従業員」と「フロー型従業員」とに分けざるを得ないと主張している（日経連これからの経営と労働のあり方を考える特別委員会 1992：14-15）．「ストック型従業員」とは，「雇用期間については生涯少なくとも相当長期に亘ることを前提として企業に入り，従業員の中核になるもの」である．「フロー型従業員」とは，「働く意志はあるが，フルタイムの勤務は難しい労働力を雇用期間や勤務に弾力性を持たせて活用するもの」である．そして「このような複合的な従業員の構成に対して，新しい人事管理や制度の工夫が求められるのは当然である」と主張している．そして新しい人事制度の具体的な課題として，年功序列賃金の再検討，従業員の多様化に応じたキメの細かい人事管理，高齢者の活用，女性活用，外国人材活用を挙げている．ここで提起された諸課題は，3年後に『新時代の「日本的経営」』で提起された「雇用ポートフォリオ」へと展開された[6]．

　日経連は，「日本的経営を守る」ために「変えなければいけないもの」の対策として，「フロー型従業員」「ストック型従業員」を提案した．それが1995年に「雇用ポートフォリオ」へと発展し，結果的に日本の雇用のあり方を大きく変化させる方向へと，世論を導いていくことになる[7]．

　一方で「変えてはいけないもの」として「長期的視野に立った経営」や「人間中心（尊重）」という理念は，本当に変わっていなかったのか．「長期的視野に立った経営」は支払能力論による「ゴーイング・コンサーン（事業継続）」の

理論で，その趣旨は一貫している．ここで問題にすべきは「人間中心（尊重）」に込められた意味である．

『能力主義管理』(1969) で主張された「人間尊重」は，「従業員の能力の伸びに即応した処遇を行い，将来への希望を与え，やる気を起させる」，「従業員個人の能力の最大発揮の場を与え，能力ある者を年功学歴に関係なく厚遇する」(日経連労務管理委員会・日経連能力主義管理研究会 1969（2001年復刻盤）: 65) ことである．この当時の人間尊重は，「人間能力の不断の伸張とその最大限の発揮を追求することであるので，企業の求める能力主義管理と目指す方向は同じ」と思われていた（日経連労務管理委員会・日経連能力主義管理研究会 1969 : 66)．能力主義管理の時代の「人間尊重」は，人間の能力伸張に対する可能性を強調し，能力を基にした従業員の序列づけ，すなわち職能資格制度を形成する基盤となってきた（日経連労務管理委員会・日経連能力主義管理研究会 1969 : 66)．[8]

一方で1990年代の「人間尊重」は，『能力主義管理』で示されている「企業能率主義」，すなわち企業レベルでの実績・能率向上の追求という意味で使われていると言える．ここで『新時代の「日本的経営」』における「人間中心（尊重）」について改めて想起したい．ここでは「人間中心（尊重）」を，「集団と個人の関係については，従来，ともすれば集団の価値・意思が優先され，個人が集団に埋没してしまうとの批判があったが，これからは，多様な個性を確立した個人を凝集力ある人間集団に組織するという方向に，『人間中心（尊重）の経営』を深化させる必要があろう」（日本経営者団体連盟編 1995 : 27) と説明している．[9] これは突き詰めて考えれば，経営側が従業員の能力を識別した上で，企業にとって最適な配置を行うことに重点を置いているという意味である．「雇用の維持」はその前提の上で行われる．

換言すれば，「能力主義管理」の時代から1990年代にかけての「人間尊重」の変化の特徴は，その「尊重の重点」が「従業員（労働の供給サイド）」から「企業（労働の需要サイド）」にシフトしているのである．[10] この変化は，これまでの日経連の賃金管理の哲学を根本的に変えるものであるといえる．その変化の背景には，従業員の年齢構成の高齢化により能力の伸張が望めない年齢層の従業員が増えたこと，ICT（情報通信技術）の発展などの技術革新により能力の伸張

と勤続年数の関係が従来以上に見込めなくなったこと，経済情勢の悪化により多くの企業は従業員の雇用の保障だけで手いっぱいになり賃金の上昇に楽観的な見解を取れなくなったことなどが挙げられる．しかし何よりも大きな要因は，経営側が抱いた日本経済の「高コスト構造」への危機感であると考えられる．

（3）「高コスト構造」に直面する日本経済

　当時の賃金水準において日経連が問題としていたのは，賃金を中心とした日本の「高コスト構造」である．『労働問題研究委員会報告』では，総額人件費の抑制，内外価格差の是正と物価の引き下げ，規制改革を主として論じてきた．その背景には，1985年のプラザ合意後に急速に進んだ円高と，その後の資産価格の暴騰がもたらした国内の「高コスト構造」を是正しない限り，賃金を上昇させても労働者の生活は豊かにはならないという，日経連（経営側）の危機感があった．

　表4-1は日経連が作成した，1994年時点における賃金の国際比較である．

表 4-1　賃金の国際比較 ③　（製造業・生産労働者・1994年）

	時間当たり賃金額		月当たり賃金	
	金額（円）	格差	金額（円）	格差
日本	1,833	100	300,293	100
アメリカ	1,233	67		
イギリス	991	54		
ドイツ	1,551	85		
フランス	994	54		
韓国			130,076	43
台湾			118,698	40
シンガポール			125,102	40
中国			5,309	2

注：1）94年の為替レートについては各国賃金の同年平均為替レートで算出
　　　（1ドル＝102.2円）．
　　2）日本の賃金は事業所規模5人以上の生産労働者についての推計．
　　3）フランス，シンガポールについては93年の水準を，中国については
　　　92年の水準を採用．
出所：日本経営者団体連盟（1996）『春季労使交渉の手引き（1996年版）』．
資料：労働省「毎月勤労統計」，ILO「Bulletin of Labour Statistics」
　　　各国）ILO "Year Book of Labour Statistics",
　　　　　台湾行政院経済建設委員会「自由中国の工業」．
　　　為替レート）IMF "International Financial Statistics".

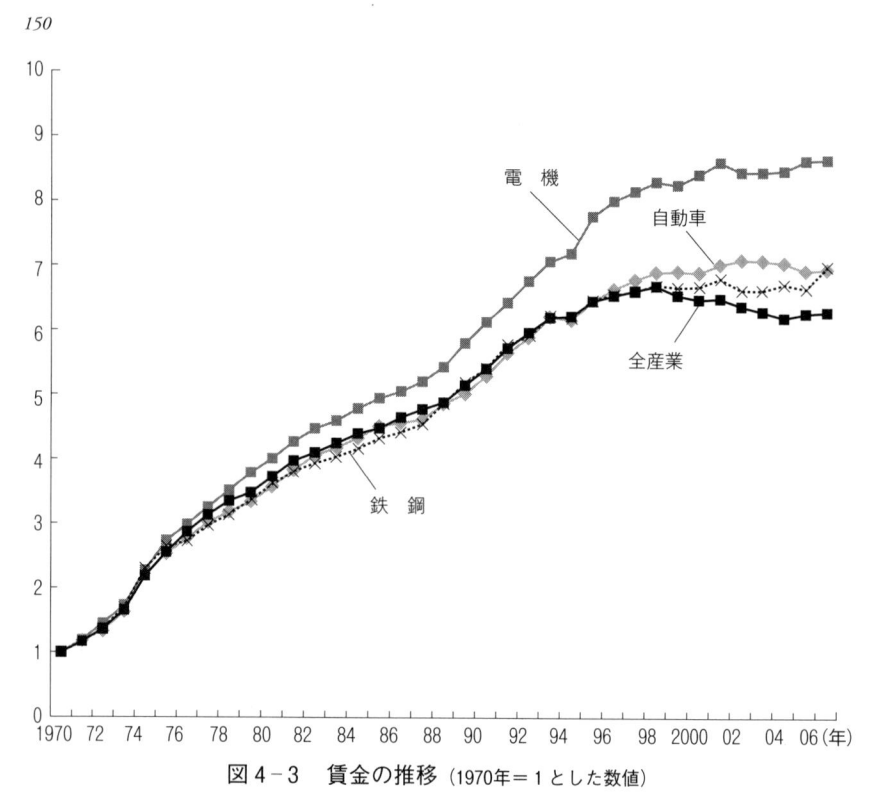

図4-3　賃金の推移（1970年＝1とした数値）

注：鉄鋼，電機，自動車（同部品）は従業員500人以上の平均，全産業は規模計の平均値．
資料：厚生労働省「毎月勤労統計」．

主要先進国の中でも，日本の賃金水準の高さはトップクラスであることがわか
る．また，途上国との比較でも，賃金コストという面で圧倒的に不利な状況に
あることがわかる．国際競争という観点からすれば，賃金の高コスト体質は日
本にとって由々しき問題であった．

　図4-3は，1970年の賃金を1とした時に，賃金水準がどのように変化して
きたのかを示す図である．全産業のみでなく，当時春闘において「パターンセッ
ター（春闘時に賃金相場の形成に大きな影響を与える業界）」と呼ばれた自動車，電機，
鉄鋼についても記している．賃金水準は次第に上昇しているが，1990年代に入
ると，上昇のペースが加速していることが見て取れる．その理由として，年齢
構成が高齢化した高賃金の正規従業員の雇用を維持するために，企業が努力を

してきたということが考えられる.

　雇用の保障は企業のコスト負担感を次第に高めていく. 企業の総額人件費管理が厳しくなる中で, やがて多くの企業は「雇用か賃金か」という選択肢を迫られることになる.

　『労働問題研究委員会報告 (1998年版)』は, 日本の名目賃金が世界でもトップクラスの高コスト・高物価国になった危機感を示している. そして「右肩上がりのカーブ」はもはや維持できないと断言している. 換言すれば, 「毎年賃金が上がっていく」現象に対する疑念である. しかしここではあくまでも「一般論」という形に止まっており, 具体的な対応は個別企業に委ねられている. そして今後の方向性としては, 「個々人の業績, 企業への貢献度を反映した賃金, 人事処遇制度」へと進んでいくことを示す. ここでは, 日経連による賃金の個別管理への指向が強まってきている.

　　「日経連が従来から指摘してきたように, 企業の生産性や支払能力に差
　　異があるにもかかわらず, 横並びの世間相場重視型の賃金決定を継続して
　　きたことにより, わが国の名目賃金は世界のトップクラスの高コスト・高
　　物価国になってしまった. 名目賃金は高いにもかかわらず, それに見合っ
　　た豊かさを実感できない現状でもある.」(日本経営者団体連盟 (1998：50)『労
　働問題研究委員会報告 (1998年版)』)

　　「経済の高度成長と豊富な若年労働力の供給を背景に, 多くの企業で右
　　肩上がりのカーブが維持されてきたが, いまやこの前提が崩れた. …前提
　　に変化が生じてきた以上, 賃金カーブのあり方など賃金・退職金制度はみ
　　なおさざるをえないが, どのような方向で見直すかは, 個別企業のおかれ
　　た経営環境や労務構成, 人員管理方針, 労使関係などによって異なる.」(日
　本経営者団体連盟 (1998：57)『労働問題研究委員会報告 (1998年版)』)

　　「基本的には, 個々人の業績, 企業への貢献度を反映した賃金, 人事処
　　遇制度をめざす方向にあり, 昨今は労働組合もこうした方向を支持する姿
　　勢に切り替わってきた.」(日本経営者団体連盟 (1998：58)『労働問題研究委員会
　報告 (1998年版)』)

（4）日経連による新たな賃金制度の提唱

（ⅰ）個別的管理のさらなる強調

　この時代の賃金管理は，総額人件費管理と，いわゆる「成果主義」による個人の成果，業績や（顕在）能力に対する管理とが絡んで進んでいくことになる．総額人件費管理においては，企業レベルでの人件費の制御，「成果主義」においては，「雇用ポートフォリオ」に基づく，正規従業員，非正規従業員といった多様な就業形態の従業員を個別の能力，業績，成果に基づいて管理していくという考え方である．

　定期昇給においては，集団的管理から個別的管理への比重の移行が進むことが想定された．ここで日経連による定期昇給制度に関する当時の議論を代表するものとして今村 (1993) を検討する．

　今村は今後の定期昇給制度のあり方について，以下のように提言する．

　　「定期昇給は，集団管理から個別管理への転換が進む時代に，賃金体系の能力主義的な体質改善と公正な人事評定制度の整備と適用によって，個別賃金の公正化の軸となる重要な役割を果たすものとして雇用管理の中で果たす意義は大きい．定期昇給については，この意義に沿う制度設計と運用が望まれる．基本的には，次のことが考えられる．

　　第一に，定期昇給制度は，企業の実態（業態，労務構成，従業員意識，支払能力など）に適合する能力主義賃金体系の設定を先決とする．具体的には，人の努力過程を通じて無限に向上していく動態的な職務遂行能力をとらえる『職能資格（等級）制度』による職能給体系をとることが有用である．

　　第二に，年齢・勤続といった年功的要素を含み，あるいは生計費要素を考慮した総合決定基本給の場合は，定期昇給率は一般に高くなる．この類型は，年功体系から職能給体系への改革と定期昇給制度の体質改善が必要である．職務・職能要素の高い基本給ほど年功要素は排除され，定期昇給率は一般に年功基本給の場合に比して低くなるだろう．いずれにしても，その企業の特性を活かしつつも，モデレートな定期昇給率で従業員意識に応えるものである．

　第三に，職能資格（等級）制度における『職能給』に大幅な号棒が設定されると，定期昇給の累積によって『職能給』が『年功給』に結果することになる．これを回避するためには，

① 職能給制度の号棒の数，金額に一定の節度を設ける

②『賃金をいくら上げる』という積み上げ方式によらず，『上がった後の賃金をいくらにする』という『洗い替え』方式をとる

③ 資格段階ごとに，たとえば五段階勤務成績別に格差づけた『資格給』を併用する，などの方法により，職能給の純度を保つことが考えられる．」(今村 1993 : 16-20)

　今村は，従業員の能力の伸張に対する可能性を強調しており，その意味では，「能力主義管理」における「人間尊重」の理念を受け継いでいる．一方で賃金管理の比重が今後は「集団的管理から個別的管理への転換」が進むとした上で，定期昇給について，今後は賃金体系の能力主義的な体質改善と公正な人事評定制度の整備と適用という，いわば査定的昇給を重視すべきと主張している．また，定期昇給制度に職能資格制度を結び付け，職能給の運用の一環として定期昇給制度を効果的に活用することを提案している．つまり，定期昇給の年功的な運用（機械的昇給）を抑制して，査定に基づく考課的昇給を強化すべきであるという主張である．

（ⅱ）「人事・賃金制度の見直し」の本格化

　日経連の公式文書である『労働問題研究委員会報告』においても，賃金の個別的管理の必要性を訴える主張が強まっている．

　1993年版の『労働問題研究委員会報告』は，賃金の個別管理として「従業員個々人の能力・業績に着目する個別管理の徹底」を，集団的管理として「多様な処遇システム，雇用・就労の仕組み」を示している．しかし集団的管理といっても，もはや一律な管理では対応できない時代がきていることを，日経連も意識し始めていたと考えられる．

　「年功要素偏重の人事処遇制度は改めなければならない．各企業とも従業員の能力・成果を重視した人事処遇の運用を唱えているが，現実の運用

は，学歴，年齢，勤続などの属人的要素に拘泥しがちである．……こうした前提に立って，より具体的に今後の人事処遇制度の方向を描くとすれば，従業員個々人の能力・業績に着目する個別管理の徹底と従業員のニーズに則した多様な処遇システム，雇用・就労の仕組みを用意することがますます重要になろう．」(日本経営者団体連盟 (1993：32)『労働問題研究委員会報告 (1993年版)』)

　1995年版の『労働問題研究委員会報告』は，『新時代の「日本的経営」』が発表された時期であったこともあり，昇給制度の見直しや多様な労働形態の活用，中途採用者の活用など，『新時代の「日本的経営」』を意識した記述がみられる．定期昇給については「定期」という言葉をあえてはずして，機械的昇給を抑制して考課的昇給を重視すべきとの議論を進めている．

　　「賃金・退職金制度については，年齢・勤続要素偏重の年功的制度を改め，能力・業績を反映する仕組みへの切り替えが求められる．昇給についてもある一定の時期に全員を対象に賃金が上昇する仕組みでなく，一定資格以降は能力・業績の個別評価によって賃金が決定される運用を図るべきであろう．……賃金・処遇面でのこうした制度設計・運用の見直しによって，転職が不利となる仕組みが是正され，中途採用もハンディキャップを負わないシステムが可能となる．労働移動の円滑化という観点からは，とくに退職金・年金制度の見直しが必要であるし，中途入社者の通年採用制の導入も検討されてよい．」(日本経営者団体連盟 (1995：30)『労働問題研究委員会報告 (1993年版)』)

　「昇給についてもある一定の時期に全員を対象に賃金が上昇する仕組みでなく，一定資格以降は能力・業績の個別評価によって賃金が決定される運用を図るべきであろう」とは，若年層の時代は「一定に賃金が上昇する」ことを認容する一方で，管理職以上については，個別評価に基づいて賃金を引き上げるという意味である．この場合，若年層については機械的昇給及び考課的昇給を含む定期昇給を，管理職層については，考課的昇給を中心とした定期昇給を念頭

においていると思われる.

　またここでは，中途採用者の採用を含めた，労働力の流動化についても言及している．中途採用が基幹労働者になることを期待しているかは不明だが，企業内従業員秩序の中に，外部の人材を積極的に採り入れようという意図が感じられる．それは雇用形態の多様化がもたらす労働移動の活発化がもたらす，必然的な流れであると言えよう．一方で，機械的昇給の根拠である「外部労働市場の未整備」という考え方を部分的にではあれ否定しているようにも見える.

　以後，1999年までは，日経連の主張はほぼ同じ論調で展開される．新たに大きな進展がみられるのは，『労働問題研究委員会報告（2000年版）』からである.
　『労働問題研究委員会報告（2000年版）』では，高コスト構造是正のために総額人件費の削減が必要であり，そのためには賃金の見直しが必要である，という主張が展開されている．賃金水準引き下げのために，賃金カーブのピークを中堅層にして，それ以降は業績による配分（考課昇給）のみ，すなわち「機械的昇給」を排除するという考え方が提起されている．ただし若年層については，「右肩上がりのカーブ」を容認しており，定期昇給による企業内秩序の維持を前提としていることが伺える.

　　「年功的な人事・賃金制度からの脱却を徹底すべきである．すでに，多くの企業労使はこうした方向をめざしているが，従業員の理解と納得を得ながら，年齢・勤続要素に偏重した仕組みを早急に改革する必要がある．……具体的には，若年層の習熟過程は別にして，すべての従業員に対し，企業業績への貢献度に応じた賃金・賞与などの処遇が必要である．年齢・勤続要素に偏重した賃金制度は右肩上がりのカーブを描くが，業績貢献度に応じた賃金配分によって，賃金カーブのピークは中堅層に前倒しとなり，その後の賃金は個々人ごとにばらつく．成果に応じて賃金が上がる場合と下がる場合が出てきて，いわゆるラッパ型の分布になるはずである.」（日本経営者団体連盟 2000：36）
　　「企業の競争力を強化するためには，高コスト構造を是正しなければな

らない．経営コストの中で最も比重の高いのは企業の人件費負担である．雇用を確保するためには，雇用と賃金の積であるこの総額人件費を引き下げざるをえないことを，労使は客観的に認識すべきである.」（日本経営者団体連盟 2000：38）

『労働問題研究委員会報告（2002年版)』では，職務の価値・責任に応じての処遇の必要性が示されている．また，総額人件費管理において賃金管理を行う「雇用ポートフォリオ」の側面が一層強調されている．すなわち，勤務時間の短い従業員，長期勤続の従業員ごとに雇用管理を実施することである．さらに，労働時間管理の面から，ワークシェアリングについても言及している．一方で賃金管理については，管理職層と一般職層に分けて，前者は職務の価値に即した貢献・成果による管理，後者は職務遂行能力の進捗による管理の必要性を主張している．定期昇給についても，国際競争力の維持という観点から，凍結・見直しの必要性を訴えている．

　「これからの賃金体系・人事制度の基本は，企業への貢献度に応じた処遇を徹底することである．貢献度をどのように測定するかは企業の実情によって異なるが，少なくとも仕事（職掌・職種）と責任（経営上の役割・経営への影響度など）の差異に応じてその成果を適切に評価することが必要である．一般に，年齢・勤続・学歴などの属人的な要素が重視されがちだが，それらが貢献・成果に結びつかない場合は，それらの要素を極力排除する運用が大事である．……もちろん，人事賃金管理は企業運営の方針によって異なるが，一般的には，勤務期間の短い従業員に対しては，職務の価値を反映したその時々の市場価値を踏まえた上で，短期的な貢献・成果を処遇に反映すべきである．長期勤続の従業員については，一般職層の間は，職務の差異に応じつつ，職能給管理で運用し，管理・専門職層は職務の価値に即した貢献・成果を基本とする．なかでも生産職においては，技能・技術の向上・伝承の観点から熟練の形成を重視した処遇という観点も大事になる.」（日本経営者団体連盟 2002：38）
　「もちろん国際競争力の維持という観点からは，これ以上の賃金引き上

げは論外である．場合によってはベ・ア見送りにとどまらず，定昇の凍結・見直しや，さらには緊急避難的なワークシェアリングも含め，これまでにない施策にも思い切って踏み込むことが求められる．」（日本経営者団体連盟 2002：54）

　ここまで，日経連の賃金に関する主張が，総額人件費管理という集団的管理の枠組みの下で，賃金体系の見直しによる個別的管理に基づく格差の形成へと比重を移していくプロセスを検証した．定期昇給については，個別的管理の強化への流れの中，一定資格・年齢までは機械的昇給と考課的昇給の両方を認めつつも，一定資格・年齢以上は考課的昇給のみを認めるという主張を，日経連は展開してきた．同時に，定期昇給の対象となるのは，あくまでも正規従業員であるという含意も見て取れる．ちなみにここで強調されているのは，総額人件費管理という「企業内部の問題」であり，外部労働市場の問題については少なくとも正規従業員に関してはあまり触れられていないことも指摘しておくべきであろう．

　『新時代の「日本的経営」』からここまで示した『労働問題研究委員会報告』での主張を基にして，日経連が新たな賃金システムとして提唱したのが，次項で検討する「多立型賃金体系」である．

（ⅲ）成果主義時代の賃金システムのあり方──多立型賃金体系に向けて（2002年）──

　日経連名義による賃金に関する最後の報告書となった同報告書[11]においても，総額人件費に基づく要員管理，人事管理の観点から賃金制度を考えていくべきであるという主張は一貫している．

　まず同報告書は，会社組織の中には，さまざまな職務・役割があり，それぞれの職務，役割の遂行を通じて現れる成果，組織貢献のあり様も区々である[12]ので，今後は成果の質と現れ方の差異に着眼し，例えば職務，役割，階層などを切り口として，「会社一律的な賃金体系」から，成果・貢献度に基づく「多立型の賃金体系」への転換が，いま求められていると主張している（日本経営者団体連盟 2002：16-17）．

　同報告書は，多立型賃金の体系において業務を「定型的業務」[13]と「非定型的

区分	職務（例）	組織役割	処遇決定の要素
定型的職務	一般技能職 一般事務職 販売職	定められた手順・方法、システムによる製品・情報加工、サービスのアウトプット	職務 習熟
	監督技能職 高度技能職	構築された諸システムの円滑運営のための調整・保守。習得困難な所定手順・方法、システムによる製品・情報加工、サービスのアウトプット	職能 役割 成果
非定型的職務	企画調査職 研究開発職 営業職 管理職	新たな利益につながるシステムの創造、既存システムの更新をシステム化	

図4－4　定型的業務と非定型的業務の区分

資料：日本経営者団体連盟（2002：23）.

業務」に分類し、それぞれの業務に適当な処遇決定要素を指摘し、それに相応しい賃金支払方式を採用することを提案している（図4－4）。具体的には、以下のとおりである。[14]

①定型的職務従事群
　基準内賃金＝職務給（定額）＋習熟給（累積）、もしくは
　基準内賃金＝職務給（定額）
②非定型的職務従事群
（課業未軟型）
（職務内容・範囲が組織的には定まっておらず、随時課業達成が変化する職務従事群）
　基準内賃金＝職能給（範囲・累積）、もしくは
　基準内賃金＝職能給（定額・累積）＋成果給（洗い替え）
③非定型的職務従事群・役割設定型
（職務内容・範囲が組織的に役割・職責として明確に定められ、職務遂行に際して自由裁量性の高い職務従事群）
　基準内賃金＝役割給（定額）＋成果給（洗い替え）

（日本経営者団体連盟　2002：29-34）

同報告書で示されている多立型賃金体系は、「長期蓄積能力活用型（いわゆる正規従業員）」を対象にして職務遂行能力をベースにして職種を区分している。

一方で定型的職務従事群における説明では「正規従業員に限らず非正規従業員の活用も可能になる領域といえる」(日本経営者団体連盟 2002：22) と述べていることから，雇用の面からの人件費適正化へのアプローチとして，多様な雇用形態を組み合わせる「雇用のポートフォリオ」の実践の有効性も主張している．

　同報告書は，賃金体系の分類を定型的，非定型的として議論を始めた嚆矢であったという意味で，その後の経営側の賃金に関する理論に大きな影響を与えたといえる．2007年に公表される「仕事・役割・貢献度を基軸とした賃金制度」の理論的な基礎もここに萌芽が見られる．

　ところで同報告書は，同一価値労働同一賃金について，『2002年版連合白書』に対する反論という形で，意見を表明している．同報告書によれば，「同一価値の評価要素には，「仕事の困難度・複雑度・責任度」「拘束性 (転勤・配転・課業配分の自由度，残業の有無)」「雇用契約期間の長短」「就業継続時間の長短」「就業時間帯の相違」「企業の生産性 (収益性)」「地域の賃金水準」「時間管理の有無」などがあり，これらが同一の場合，はじめて同一価値という概念が成り立つ．(中略) 雇用形態が異なれば，就業継続期間の長短とそれに伴う期待度の相違，就業時間帯の違いと労働力の需給状況，長期の育成・配置方針の有無などによって，その価値も違ってくる．また，時間当たりの成果が同じだとしても，フルタイマーとパートタイマーでは成果にかかる企業のコストは異なってくる」(日本経営者団体連盟 2002：52) ということである．よって，連合が主張するような「同じ仕事をして同様な成果を上げている場合，どういった雇用形態であれ同一の賃金が支払われるべき」とする「均等待遇」の主張を肯定することはできないとしている (日本経営者団体連盟 2002：52)．

　1980年代までの日経連の主張は，「役職・能力に基づく賃金秩序の構築」という意図から，企業内における「同一価値労働同一賃金」に対して肯定的な立場にあったという感もあった．しかし，就業形態の多様化の促進によりパートタイマーなどの非正規従業員者が増加してきたこの時代において，かなり踏み込んだ表現で，「同一価値労働同一賃金」に関する労働組合の見解を批判している．その背景には，パートタイマーの増加と，フルタイマーとパートタイマーの「労働」の違いを意識したことを契機とする，日経連の主張の変化があるも

のと思われる．つまり，非正規従業員が予想を上回るペースで増加していったことから，正規従業員と非正規従業員の間では異なるルールが働いていることを強調しないと，正規従業員と非正規従業員との間の仕事とそれに伴う待遇がなぜ違うのかを説得力をもって説明できない，またひいては企業内における従業員間の秩序を維持できなくなるという危機感を日経連がもったことが背景にあると言える．

（5）1990年代における賃金管理をめぐる変化

この時代の賃金管理においては，日経連は『労働問題研究委員会報告』を中心にして，集団的管理という観点からは総額人件費管理と雇用ポートフォリオを，個別的管理という観点からは能力・成果に基づく「成果主義」を打ち出した．一方定期昇給については，個別的管理としての考課的昇給の重視，集団的管理としての機械的昇給の抑制もしくは停止という意見を提示してきた．賃金の集団的管理の主たる施策は総額人件費管理となる．個別的管理については，「成果主義」に基づく人事考課・査定が主たる施策となり，定期昇給の考課的昇給の側面がこれに結びつくことになった．

日経連は1992年8月に発表した「これからの経営と労働を考える」（「これからの経営と労働を考える特別委員会」報告）において，日本的経営において変えてはいけないものとして，「人間尊重の経営」と「長期的視野に立った経営」を提示した．それ以降，日経連が発表してきた報告書はこの路線に則っており，『新時代の「日本的経営」』はそれを「雇用ポートフォリオ」という形で具体化したものである．

しかしここで打ち出された「人間尊重」は，『能力主義管理』以来言われてきた，従業員の能力伸張に応じて処遇するという発想から，企業レベルでの実績・能率向上の追求のために従業員の多様性を活用して適正配置を行うという発想へと変化を遂げた．これは，労働力における供給サイドの重視から需要サイドの重視への企業側の比重の変化を反映している．そして需要サイド重視の概念を具体化したのが雇用ポートフォリオである．

1990年代を通じて企業内で起こったことは，総額人件費管理を目的とした雇

用の多様化がもたらした，新たな従業員秩序の形成である．例えば『労働問題研究委員会報告書（1999年版）』においては，「賃金分割をともなうワークシェアリングの考え方の導入や，企業内における多様な雇用形態（長期雇用を前提とする基幹的社員，専門能力を活用する有期雇用契約社員，パート社員など）を一層適切に組み合わせること，さらには能力や成果・貢献度に応じた賃金配分の徹底を目指す方向で，総額人件費の引き下げを含め，その柔軟化を視野に入れることが望まれる．」（日本経営者団体連盟 1999：50）との主張が登場する．ここに，当時の厳しい経済情勢の中，総額人件費管理という観点から，雇用ポートフォリオの活用と合わせて，従来の年功的な賃金制度を改め，能力や成果・貢献度に応じた賃金配分を実施していくべきであるという主張が展開されている．本書の分析枠組みに則ってこの主張を考えれば，企業レベルにおける集団的格差と個別的格差の双方に言及していると言える．その内容は，総額人件費の枠組みを保ちつつ，考課・査定を重視するというものである．日経連はその主張を，集団的管理については賃金原資の管理に徹底するとともに，個々の従業員に対しては個別的に格差を顕著に付けるという方向へと比重を移していることを示している．

　定期昇給制度に関して言えば，その対象となる基幹従業員（長期雇用従業員もしくは非定型的業務）に対しては，一般職までは「機械的昇給」を認めた上での勤続年数に基づいた秩序，管理職以降は「考課的昇給」のみの業績・成果に基づいた秩序を提案している[15]．加えて「定期」という言葉をはずして「昇給」とし，場合によっては降給もありうることにも言及している．この時期における管理職に対する「機械的昇給の否定」は，外部労働市場の変化もさることながら，直接的には企業におけるコスト抑制圧力の強化という内的要因からきている．しかし一般職には機会的昇給を認めた理由としては，生活給の水準や外部労働市場の未整備から何とはなしに形成される賃金の「世間相場」を否定しきれなかったことによると考えられる．

　一方で定期昇給制度の対象とならない基幹従業員以外（定型的業務）の場合，高度専門能力活用型[16]については年俸制，雇用柔軟型については職務給に基づく賃金を提案している．彼等は定期昇給の対象とはならない従業員である．

　長期雇用の対象となる基幹従業員とそれ以外の従業員との「分離された従業員層」から成る，企業内における従業員の新たな秩序形成という課題は，本書の分析枠組みに鑑みれば，マクロ的な意味での社会的格差の問題と言える．この時代に顕在化した社会的格差の問題は，後の「仕事・役割・貢献度を基軸とした賃金制度」にも引き継がれることとなる．1990年代で示された考え方が2000年代以降，いかに展開していくかを考察することが，次の検討事項となる．

2．「仕事・役割・貢献度を基軸とした賃金制度」の成立と課題
——2002年から現在まで——

　2002年に日経連は経団連と統合し，日本経済団体連合会（以下，日本経団連）が設立された．日本経団連は日経連の主張を引き継いで現在(2012年時点)に至っている．

　1990年代に起こった賃金をめぐる変化の特徴は，高コスト構造に苦しむ中，企業が総額人件費管理を徹底させてきたこと，賃金体系についても集団的管理から個別的管理への比重の移行が顕著に起こってきたことである．日本経団連は2002年以降も引き続き，総額人件費管理の観点から多様な雇用形態の従業員を活用する「雇用ポートフォリオ」を推進し，賃金決定における考課・査定の比重を高める内容の提言を続けていくことになる．

　定期昇給に関しては，日本経団連の主張によれば，その対象となるのは長期雇用従業員などのいわゆる「正規従業員（正社員）」である．ここに，定期昇給が適用される「正規従業員（正社員）」と，適用されない「非正規従業員（非正社員）」との区別が，定期昇給が適用されるか否かという基準で形成される一因となる．しかし「正規従業員（正社員）」に対する定期昇給についても「従来型」ではなく，「考課的昇給」を重視して「機械的昇給」を否定するかのような論調が強化されていく．

　日本経団連の賃金政策を検討する前に，まずは賃金決定をめぐるこの当時の状況について確認しておく．

（1）賃金決定をめぐる状況

（ⅰ）賃金決定における企業業績の重視

　賃金決定という観点からまず指摘できるのは，賃金決定に与える企業業績の比重の増加である（図4-5）.「企業業績」の比重はかねてから高かったが,「世間相場」の比重の大幅な低下により，その重要性はより顕著になっている．換言すれば，いわゆる他社の状況を見た上での「横並び」指向が影をひそめ,「支払能力」に基づく賃金決定の重要性が，1990年代から企業により強く意識されるようになったということである.

　日経連はかねてから，支払能力の重要性を説いていたが，実際には多くの企業が他社の動向をみながら賃金決定を行ってきた．しかしそのような傾向はこの時期においてかなり弱まっていることが見て取れる.

（ⅱ）労働分配率をめぐる論争

　生産性基準原理は「労働分配率一定」を前提としているが，現実には労働分

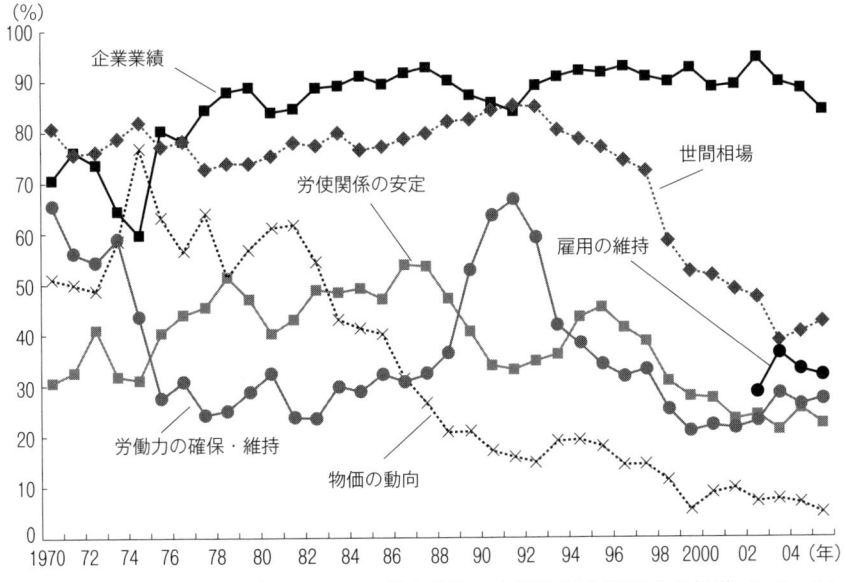

図4-5　賃金の改定の決定に当たり最も重視した要素別企業割合の推移（複数回答）

資料：厚生労働省「賃金引上げの実態に関する調査」.

配率は年ごとに変化してきた．そのような状況を受けて，経営側と労働側の間
では，労働分配率に関する論争が事あるごとに行われてきた．

　賃金決定に際しては労働分配率を重視すべきであるという主張は，かねてか
ら労働組合から提起されてきた[17]．その要旨は「日本の労働分配率は国際的に見
ても低いので，もっと高めるべきである」というものである．近年はそれに加
えて「2002年以降景気が回復しているにも関わらず，日本の労働分配率は急速
に低下している．これは株主重視，従業員軽視の結果である[19]」という主張が展
開されている．これに対して日本経団連は「労働分配率は付加価値と賃金が決
定した後の結果として事後的に計算されるものであり，当年度や将来に渡る賃
金決定の指標にはなりえない[20]」と一貫して主張している．

　図4-6は，労働分配率と現金給与総額（増減率）をみたものである．労働分
配率は過去50年間の傾向としては上昇しているが，この背景には，自営業者の
減少・雇用者の増加という産業構造の変化がある．1990年代をみると，労働分

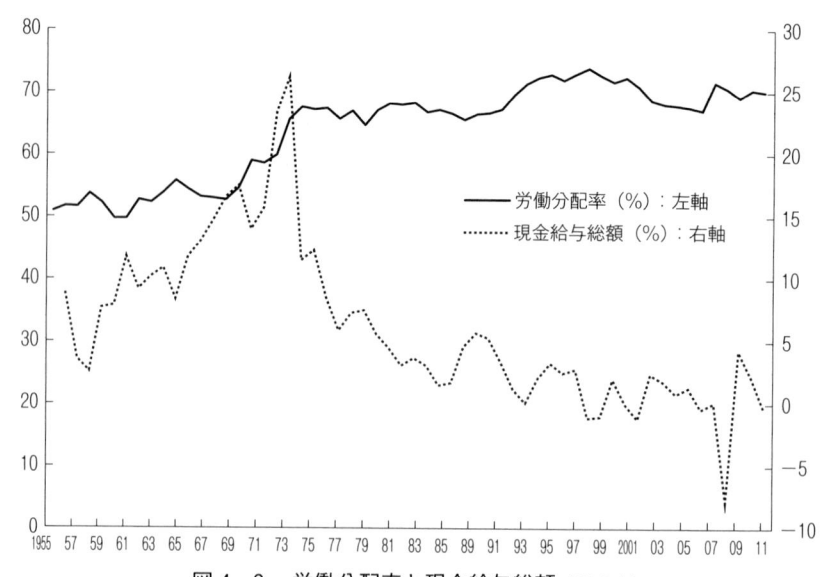

図4-6　労働分配率と現金給与総額（増減率）

注：労働分配率は，雇用者報酬÷分配国民所得で計算した．
　　現金給与総額は，30人以上製造業の名目値の対前年度増減率を使用した．
資料出所：内閣府「国民経済計算」，厚生労働省「毎月勤労統計」．

配率は急速に上昇する一方で，現金給与総額は横ばいもしくは若干下降気味である．このことは，企業が賃上げを抑制したものの，「雇用を守る」ために多くの人員を抱えていたことが理由として考えられる．一方で2000年代に入ると，労働分配率が低下すると同時に，現金給与総額の伸び率も1990年代より一層低迷している．このことは，企業が余剰人員の整理（早期退職優遇措置や定年退職者の不補充など）を行う一方で，賃金の低い非正規労働者の採用を積極的に行ってきたことを示唆している．

　非正規社員の採用は，前述のように1995年に日経連が「雇用ポートフォリオ」を喧伝したことを契機にして，企業に広まっていった．それは結果として，非正規労働者の比率が増加することにより，企業の人件費負担を抑制するという効果をもたらしてきたと言える．

（iii）賃金の国際比較（その2）

　賃金水準という面からみれば，賃金の国際比較は依然として重要な要因である．表4-2は2005年における賃金の国際比較を示すものである．1990年代に比べて途上国の賃金水準が急速に高まっているとはいえ，日本の賃金水準は依然として世界的にみてトップクラスの水準であることが分かる．先進国と比較

表4-2　賃金の国際比較④　（製造業・生産労働者・2005年）

	時間当たり賃金額		月当たり賃金	
	金額（円）	格差	金額（円）	格差
日本	1,974	100	325,450	100
アメリカ	1,825	92		
イギリス			373,490	115
ドイツ	1,801	91		
韓国			185,700	57
台湾			139,133	43
シンガポール			231,439	71
中国			14,589	4

資料：厚生労働省「毎月勤労統計」，ILO「Bulletin of Labour Statistics」．
　　　各国）ILO "Year Book of Labour Statistics",
　　　　　台湾行政院経済建設委員会「自由中国の工業」．
　　　為替レート）IMF "International Financial Statistics".
出所：日本経済団体連合会(2007)『春季労使交渉・協議の手引き(2007年版)』．

すると，格差は90年代ほどには大きくなっていないが，依然として高い水準にある．一方でアジア諸国に比べると，賃金コストの劣位は明らかである．

　賃金の国際比較という観点からは，日本の賃金水準は1990年代に入ってからは常に下降の圧力がかかっていたと言える．このような中で，定められた総額人件費を従業員に対していかに分配していくかは，経営側にとっての大きな関心事であった．

（iv）従業員間の賃金格差の拡大

　図4-7は年齢階級間所定内給与額の格差の推移を示したものである．これは20〜24歳の給与を100とした場合，賃金カーブがどのように変化していくかを見たものである．ここで，1987年から2011年までの24年間で，賃金カーブの傾斜が緩やかになっていることが見て取れる．このことは，賃金の年齢間格差が縮小していることを意味する．

　図4-8はそれぞれの年齢階級において，グループ内の賃金格差がどの程度あるかを，1997年と2011年で比較してみたものである．2011年は1997年に比べて，年齢階級グループ内での賃金格差が拡大していることがわかる．

　図4-7と図4-8を合わせてみると，年齢グループ間の格差は縮小している

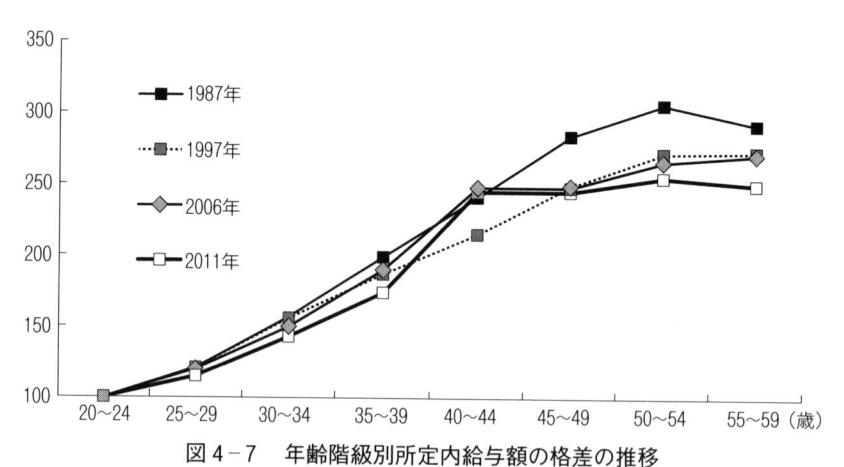

図4-7　年齢階級別所定内給与額の格差の推移

注：産業・規模計，大卒・大学院卒，男性労働者．
資料：厚生労働省「賃金構造基本統計調査」．

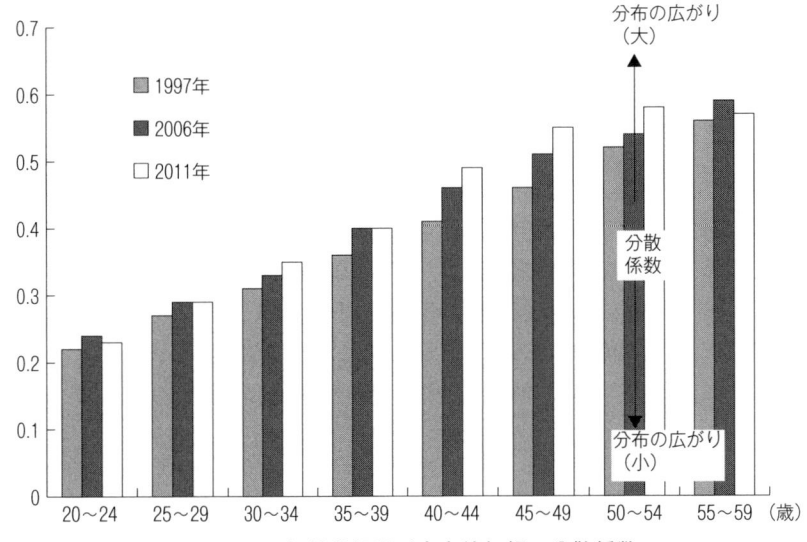

図4-8　年齢階級間所定内給与額の分散係数

注：産業・規模計，大卒・大学院卒，男性労働者
　　分散係数（十分位係数）とは，｛（第9・十分位係数－第1・十分位係数）÷（2×中位数）｝により計算され
　　た数値で，値が小さいほど，分布の広がりの程度が小さいことを示す.
資料：厚生労働省「賃金構造基本統計調査」.

一方で，年齢グループ内の格差は拡大していることが見て取れる．このことは
企業の賃金管理の面において，勤続年数を中心とした一律的な集団的管理から，
個別従業員の能力や業績に基づいた個別的管理へと，その比重がシフトしてい
ることを示している.

（2）雇用ポートフォリオにおける長期雇用従業員の賃金体系

　日本経団連は2004年に「多様化する雇用・就労形態における人材活性化と人
事・賃金管理（2004年5月18日）を発表した．この報告書は2002年に発表した「多
立型賃金体系」の概念に則り，雇用ポートフォリオを実践するための賃金政策
について議論を展開している（http://www.keidanren.or.jp/japanese/policy/2004/
041/）．ここでその内容を説明する. [21]
　長期雇用従業員（いわゆる正社員）の賃金制度については，以下のように議論

を展開する．基本的な論調は，先に示した2002年の「多立型賃金制度」を引き
継いでいる．ここで注目すべきは，賃金決定において「公正性」,「納得性」が
強調されていることである．

> 「長期雇用従業員について，活性化を図ると同時に，合理的・効率的な人
> 件費管理を行うためには，企業の実態に応じて，人事・賃金管理の軸を細
> 分化し，複数設定していくことが望まれる．全社一律型の人事・賃金管理
> から，『複線型・多立型の人事・賃金管理』へ転換していくにあたっては，
> 『公正性』『納得性』の観点から，『仕事・役割・貢献度』と『賃金』との
> 整合性を確保することが何より重要となる.」

「複線型・多立型の人事・賃金管理」へ転換する際に,「仕事・役割・貢献度」
と「賃金」との整合性を確保するためには「公正性」「納得性」が重要になる
という主張の背景には，賃金体系が「労働力の需要サイド」重視，すなわち企
業の理論が重視されるようになる中，その運用を円滑に行うためには，処遇の
仕方に対して個々の従業員（労働力の供給サイド）から支持を得る必要があると，
日本経団連が考えていたことが伺える．

　賃金体系については，年齢給や勤続給を廃止して，考課・査定や成果に基づ
く賃金決定の必要性を訴えている．ここでは，個別的管理における考課・査定
を重視しているのであれば，賃金体系としては（職能給，職務給，習熟給，役割給，
成果給など）何であっても構わないのではないかという日本経団連の発想が見
て取れる．

> 「仕事・役割・貢献度と賃金の整合性を確保し，長期雇用従業員のモチベー
> ションを向上するために，複線型・多立型の賃金体系を構築するにあたっ
> ては，それぞれの職群・コースにおいて，年齢，勤続年数などの属人要素
> に基づく賃金管理からできるかぎり離脱することが大切である．つまり，
> 年齢給や勤続給を縮小あるいは廃止して，（中略）職能給，職務給，習熟給，
> 役割給，成果給などを賃金体系の中心に据えていくことが望まれる.」

　定期昇給については，「人事考課結果によっては降給もあり得る『定期賃金

改定』『定期昇降給制度』への見直し」の必要性を訴えている．上記で紹介した記述も合わせて，考課的昇給のさらなる強化，機械的昇給の抑制あるいは廃止がその趣旨である．

> 「長期雇用従業員間の公正性を実現するためには，仕事と役割の分類に応じた複線型・多立型の賃金体系を確立するとともに，同じ仕事・役割を担う従業員間において，人事考課に基づいて賃金や賞与に差をつけることが求められる．差をつけることで，公正性を確保するとともに，自分の賃金等は自分で稼ぐという自立意識を高め，良い意味での従業員間の競争意識も育むことができよう．さらに，賃金体系にかかわりなく『毎年だれしもが昇給する』という『定期昇給制度』を行ってきた企業は多いが，今後は，人事考課結果によっては降給もあり得る『定期賃金改定』『定期昇降給制度』への見直しが検討されることも増えるであろう．すでに，入社から一定期間経過後の定期昇給制度を廃止・見直した企業は数多い．」

　本書の分析枠組みに則って考察すれば，日本経団連は，総額人件費管理，雇用ポートフォリオという集団的管理の水準 (総額人件費管理)，格差 (雇用ポートフォリオや複線型・多立型賃金体系) の枠組みを明確に定めた上で，個別的管理における格差である考課の強調を訴えている．その中で日本経団連は，総額人件費管理の観点から長期雇用従業員の賃金について，年齢給や勤続給に代表される「誰もが毎年必ず昇給する仕組み」を否定している．そして職能給，職務給，習熟給，役割給，成果給などを賃金体系の中心にすべきであると論じている．

　一方で「個人」に焦点を合わせたこれらの賃金管理は，従業員による「公正性」「納得性」を得ることがその実現のために必要であるという自覚を，日本経団連は持っていたようである．それは前述のとおり，賃金管理の「供給サイド」から「需要サイド」への比重の移行がもたらした作用であるとも言える．従業員の納得性が得られなければ，企業内は混乱し，従業員秩序は保てなくなるという懸念が，その背景にあったものと思われる．

　さらに集団的管理の格差の側面から，「同一価値労働同一賃金」について，

以下のように論じている.

> 「企業の中にはさまざまな仕事と役割があり，その仕事，役割の遂行を通じて現われる成果や貢献度のありようもそれぞれである．限定的な内容の仕事を遂行することで得られる成果と，未知なる分野において新しい価値を創造する職務を遂行することで得られる成果とでは，いずれも『成果』であることに変わりはないものの，その質や貢献度，現われ方はまったく異なる．したがって，複線型の人事・賃金管理を構築するには，成果の質と現われ方の差異に着眼し，仕事，役割，階層などを切り口として分類し，それぞれにおいて最適な人事・賃金制度を設定することが合理的であろう.」

この文章が意味する事は，「表面上の成果」は同じであっても，従事している仕事や役割によってその成果には「質と現われ方の差異」があり，その違いが処遇の違いとなって表れてくるということである．日本経団連は日経連の主張を引き継いで，この論理を「正規従業員と非正規従業員との違い」として当てはめても成立するとしている．

問題は，ここに示された同一価値労働同一賃金の考え方が，従業員全体の中で「公正性」「納得性」を得られるものなのかということである．この点については次項で取り上げる「仕事・役割・貢献度を基軸とした賃金制度」で再度検討することとする.

（3）「仕事・役割・貢献度を基軸とした賃金制度」の成立

2002年の「多立型賃金体系」以降に検討したさまざまな主張を踏まえて日本経団連がとりまとめたのが，「仕事・役割・貢献度を基軸とした賃金制度」である．その内容を簡潔に述べれば，多様な人材に対応した賃金制度の確立である．以下，この賃金制度について説明する.

（ⅰ）「今後の賃金制度における基本的な考え方
　　──従業員のモチベーションを高める賃金制度の構築に向けて──[22]」
　　（日本経団連　2007年5月15日）

「仕事・役割・貢献度を基軸とした賃金制度」という概念が確立したのは，同報告書においてである．「仕事・役割・貢献度」という言葉は，日本経団連はこれまで折に触れて使用してきたが，ここに1つの体系として取りまとめられた．

　同報告書はまず，担っている仕事と賃金，労働時間の関係を改めて考えることの必要性を示している（日本経済団体連合会 2008：98）．「仕事・役割・貢献度を基軸とした賃金制度」は，多様な雇用形態，就業形態の活用を前提とした上で，担っている仕事や役割などを軸にした公正な賃金を目的とすべきと強調している（日本経済団体連合会 2008：101）．そして，「仕事・役割・貢献度」を基軸にすることでもたらされる効果として，全体として，従業員のモチベーション向上と再チャレンジ促進に資すると考えるとした上で，下記の点を指摘している（日本経済団体連合会 2008：102-103）．

① グローバル経済下での企業の競争力が強化され，従業員の雇用の維持・拡大が図られる．

② 中途入社が不利にならないため，人材を必要としている産業・企業への労働移動が円滑となる．意欲と能力のある若年層の就業促進につながる．

③ 公正性，納得性を高めることで，女性，高齢者，外国人など多様な人材の活用が進む．

④ 多様な雇用形態や就労形態で働く従業員間の納得性が確保され，モチベーションの維持・向上につながる．

⑤ 仕事の価値と賃金に対する従業員間の公正さが確保される．また，従業員自らがキャリアを考える契機となり，自立意識の醸成や自発的な能力開発の促進も期待できる．さらに，個々人の担当する仕事や役割が明確になることで，多様な労働時間管理が確立しやすくなる．

この報告書の中では「仕事・役割・貢献度」の定義付けは明確には行われていない．しかしこれまで発表された日本経団連の文書より，仕事，役割，貢献度はそれぞれ以下のように定義される．

    ・「仕事」とは，定型的な仕事が中心，非定型的な仕事が中心という分類
    ・「役割」とは，責任や経営・業績への影響による分類に加えて，将来的に経営幹部として育成されていくことが期待されている人，もっぱら専門能力の発揮を期待されている人，実務担当者として一定の貢献が期待されている人など，期待される役割に着目した分類（日本経済団体連合会（2004：46-47）『経営労働政策委員会報告（2004年版）』）
    ・「貢献度」とは，達成された成果の度合いに着目した分類

換言すると，「仕事」は「職務，もしくは投入される労働力（インプット）」を表し，「貢献度」は「労働力によりもたらされた成果（アウトプット）」を表すものである．「役割」は世間一般では「仕事」，「職務」と同じ意味に使われているが，ここでは「企業が持つ従業員に対する将来の期待の度合い」を意味している．つまり，この制度は，① 労働力の投入（インプット），② それによってもたらされる成果（アウトプット），そして③ 従業員（ここでは主として長期雇用従業員）に対する企業側の期待の度合い，という3つの要因により構成されていることを意味する[24]．

（ⅱ）「仕事・役割・貢献度を基軸とした賃金制度の構築・運用に向けて」
    （日本経団連　2008年5月20日）

この報告書では，先に示した「今後の賃金制度における基本的な考え方――従業員のモチベーションを高める賃金制度の構築に向けて――」（2007年5月15日）を，企業において具体的に展開していくための施策について説明している．

同報告書は冒頭，賃金決定について，① 長期雇用を基盤として企業成長に向けた全体最適を図る「企業戦略」の視点，② 従業員のモチベーションの維持や再チャレンジを促進するための「公正性」の視点から賃金制度の改革の必要性を述べている（日本経済団体連合会 2008：3）．長期雇用従業員に対しては，賃金を介した「会社の期待」というメッセージを明確にするには，職種・職群・

職掌・階層ごとに期待する仕事・役割・貢献度や能力を明確にする賃金制度を構築することがとりわけ重要になると主張している（日本経済団体連合会 2008：12）．一方で長期雇用従業員以外の従業員に対しては，人材が多様になれば，[26] 価値観・就労観もより多様になることを踏まえ，モチベーションをもって働いてもらうために，雇用形態や就労形態の多様化により対応していく必要があるとしている（日本経済団体連合会 2008：16）．

同報告書は，仕事・役割・貢献度を基軸とした賃金制度とするには，仕事・役割の相対的価値序列に基づく賃金等級を適切に設定し，仕事・役割と処遇の相関を進めることが基本となること，賃金等級を設定する上で何よりも重要なのは，格付ける基準・ルールを明らかにし，遂行する仕事，求められる役割・貢献度を長期雇用従業員が意識できるようにすることであると主張している（日本経済団体連合会 2008：20）．そして，今後の賃金を考えていく際の視点として，以下のものが重要であるとしている（日本経済団体連合会 2008：20）．

- ・「賃金制度」の設計にあたり全従業員が企業戦略に沿った行動をとれるよう，できるだけシンプルで分かりやすい制度とすること
- ・長期雇用の長所を最大限活かすよう，人材育成や中長期的なモチベーション維持の視点を踏まえること
- ・公正なチャレンジ機会の確保・充実，多様な人材の公正性確保，ワーク・ライフ・バランス促進の視点を踏まえること
- ・「賃金体系」を仕事・役割・貢献度に応じたものとなるよう工夫すること
- ・「賃金制度」の運用にあたり，制度内容の理解促進と制度の透明化を図ること
- ・「賃金水準」の決定にあたり，「仕事」そのものを中心に，「労働市場における需給関係」「企業の支払能力」「人材の確保と定着」「従業員のモチベーションの維持・向上」の要素を重視していくこと

そして，職務群の分類として，先に論じた「成果主義時代の賃金システムのあり方——多立型賃金体系に向けて——(2002年)」に則って，単一型賃金体系，複線型賃金体系の2つを設定し，複線型賃金体系については，定型職群，非定

○単一型賃金体系
　一つの賃金制度を長期雇用従業員に一律に適用するもの　　＜望ましい賃金項目＞
　　・全職群に共通の賃金等級を設ける制度　　　　　　　― 「職務給」「役割給」「発揮され
　　　　　　　　　　　　　　　　　　　　　　　　　　　　　た能力による職能給」
　　・賃金水準やレンジ幅を職群別の分ける制度　　　　　―　　　　　　 〃

○複線型賃金体系
　　長期雇用従業員の職種や職群・職掌などごとに，賃金制度を異にするもの
　　Ａ　定型職群の賃金制度　　― 「職務給＋習熟給」や「範囲職務給」等
　　Ｂ　非定型職群の賃金制度　―
　　　　　　　　Ｂ１　職務可変（柔軟）型職群の賃金制度―「範囲職務給」や「発揮された
　　　　　　　　　　　（育成期間中の幹部候補や　　　　 能力による範囲職務給」等
　　　　　　　　　　　企画，調査，折衝を行う職群）
　　　　　　　　Ｂ２　役割明確型の賃金制度　　　　　　―「範囲役割給」や「役割給＋業
　　　　　　　　　　　（管理監督者や研究開発，　　　　　績給」等
　　　　　　　　　　　営業，ソフト開発の職群）

図4-9　仕事・役割・貢献度を基軸とした賃金制度の体系

資料：（社）日本経済団体連合会（2008：39）．

型職群に職群を分類した上で，それぞれに望ましい賃金項目を提示している(図
4-9)．

　同報告書は，「仕事・役割・貢献度と基軸とした」と主張してはいるものの，
それらの言葉や使用方法について厳密に定義しているわけではない[27]．また，職
務給と職能給の関係については，「職能給のうち，その基準が発揮された能力
による職能給（職務遂行能力の発揮度に基づく職能給）は，職務給に類似するもの
も少なくない」(日本経済団体連合会 2008：24) という記述がある．これは，『能
力主義管理』(1969) における「能力」の定義である「企業における構成員とし
て，企業目的達成のために貢献する職務遂行能力であり，業績として顕現化さ
れなければならないもの」(日経連労務管理委員会・日経連能力主義管理研究会編
1969：11) を想起させるものである．この定義をみる限り，日本経団連の主張
する賃金体系は「職務給に近い職能給」もしくは「顕在化された能力を通じて
発揮された業績・成果に対する報酬」であるように見える．しかし文言は似て
いても，経営側が賃金決定において強調する視点は，「供給サイド」から「需

要サイド」へと比重が移行していることを改めて指摘しておく.

（ⅲ）「仕事・役割・貢献度を基軸とした賃金制度」の意義

「仕事・役割・貢献度を基軸とした賃金制度」の意義を端的に説明すると,『新時代の「日本的経営」』で示された,経営側における賃金決定の基準を,能力という「労働力の供給重視」から仕事・役割・貢献度という「労働力の需要重視」へと転換させるという,1990年代からの日経連の主張をより鮮明に打ち出したということにある.その意味で,従来からの『能力主義管理』の影響を受けた賃金体系とは一線を画した制度であると言える.換言すれば,能力を保持していること自体は評価の対象にはならず,能力は査定を通じた業績評価という形で顕在化された時において評価されるということである.この考えは以前から唱えられてはいたが,ここにきて一層強調されている.賃金においては,（範囲）職務給,（範囲）役割給,職能給,職務給,発揮された能力による（範囲）職務給・職能給など,これまで経営側が検討してきたさまざまな種類の賃金を包含している.これらの組み合わせによってさまざまな職群に対応できるような配慮がなされている.このことは,本書の分析枠組みに鑑みれば,個別的管理における賃金格差の顕在化と考課・査定に基づく従業員秩序の形成をさらに加速させることを意味するといえる.

（4）「仕事・役割・貢献度を基軸とした賃金制度」における定期昇給制度
（ⅰ）2000年代における定期昇給制度に関する経営側の主張

「仕事・役割・貢献度を基軸とした賃金制度」における定期昇給制度について検討するために,ここで2000年代後半における定期昇給に関する日本経団連の主張を確認する.

2000年代においては久しく定期昇給に関する記述が見られなかったが,これが復活するのは,2005年版の『経営労働政策委員会報告』である.ここで「毎年誰もが自動的に昇給するという定昇制度が未検討のまま残っているとすれば,廃止を含めて制度の抜本的な改革を急ぐべきであろう」（日本経済団体連合会 (2005：52)『経営労働政策委員会報告 (2005年版)』）という主張が登場する.当時,「能力や成果・貢献度に応じた賃金配分」という主張を掲げていた経営側としては,

「毎年誰もが自動的に昇給する」という賃上げは容認するのが難しいものになっていたことが推測される.

2006年版では,「今次交渉・協議においては,定期昇給制度の見直しが引き続き重要な課題となろう.毎年,誰もが自動的に昇給するという従来の運用ではなく,能力・役割・業績を中心とした制度への抜本的な改革を急ぐべきである」(日本経済団体連合会 (2006：55)『経営労働政策委員会報告 (2006年版)』) との主張になっている.経営側が問題にしているのは「定期昇給そのもの」ではなく,「査定や評価もなくして,毎年自動的に賃金が上がる」ことであることが,より明確になっている.

2009年版では,定期昇給があるために,従業員の賃金は毎年上昇しているという記述が登場する.[28] 翌年 (2010年版) は,評価査定による昇給と,勤続や年齢に応じて自動的に昇給する「厳密な意味の定期昇給」と区別 (「定期賃金改定」と呼ばれる) した上で,「自社の付加価値の伸びに適合しない形で多くの従業員の所定内給与が前年より上がるような制度・運用であれば,総額人件費管理としては不徹底となる」と指摘している (日本経済団体連合会 (2010：57)『経営労働政策委員会報告 (2010年版)』).2011年版では,定期昇給の維持をめぐる賃金交渉を行う企業が大半を占めると見込まれると主張している (日本経済団体連合会 (2011：70)『経営労働政策委員会報告 (2011年版)』).

そして2012年版の経営労働政策委員会報告では,「定期昇給に関しては,労務構成が変わらない限り総額人件費は同じであること (定期昇給原資内転論) を根拠として,企業の負担は小さいという見方がある.しかし,昇給のベースとなる賃金水準がすでに競争力を失っている中で,企業環境は激変した.新興国を中心に,コスト競争力を持ちながら高い技術力で市場を席巻する企業も出てきており,労使は定期昇給の負担の重さを十分認識する必要がある」(日本経済団体連合会 (2012：58)『経営労働政策委員会報告 (2012年版)』) と,企業経営のグローバル化の観点から,定期昇給制度の存在意義に疑問を呈している.しかしここで否定されているのはあくまでも機械的昇給の部分であり,考課的昇給については否定されていない.

（ⅱ）「仕事・役割・貢献度を基軸とした賃金制度」における定期昇給制度の位置づけ

　定期昇給は，「仕事・役割・貢献度を基軸とした賃金制度」において，いかなる位置づけがされるのであろうか．日本経団連は，「毎年誰もが上がる」という意味での定期昇給は「仕事・役割・貢献度を基軸とした賃金制度」とは相いれないものであると主張している[29]．しかし，定期昇給への批判が「個々人の貢献・能力発揮がみられない場合」とする限定列挙の指摘は，定期昇給の「考課的昇給部分」までは否定はしていないことを意味する．「査定や評価もなくして，毎年自動的に上がる賃金」とは「機械的昇給」の部分を意味する．

　40歳以降で賃金カーブの傾きが水平化し，年齢階層内格差が拡大しているという傾向は，企業が中高年層において業績評価の傾向を強め，同時に40歳以降の年齢層に対して「将来の期待」を以前よりも持たなくなったからであるという見方もできる．しかし一方で，定期昇給は過去20年間，平均で毎年ほぼ2％を保っている（**図序-3参照**）．この昇給分の少なからぬ部分が，現在においても「将来の期待」が持てない一方で賃金水準の高い50歳以上の従業員にも配分されているのではないかという日本経団連の認識が，現在の定期昇給の特に「機械的昇給」に対する批判の根底に存在しているものと思われる．

　機械的昇給に対する批判の理由は第一に，総額人件費の相対的・絶対的増加による高コスト構造是正の必要性である．さらに日本の生活水準がすでに十分に高くなっていたという実態も要因として挙げられる．外部労働市場の変化はこれらに付随する要因として考える必要がある．

　機械的昇給のベースとなる年齢・勤続は，企業内において日本における外部労働市場を補完するための従業員の序列づけを担ってきたことは，第2章で論じた通りである．「毎年昇給基準線に則って誰もが賃上げする」という定期昇給は，この前提に立って成立していた．換言すれば，機械的昇給が否定されるためには，外部労働市場が成立し，機能しているという認識があるはずである．経営側がこの時代の日本において，「外部労働市場」が従来に比べれば企業により強い影響を与えるような変容をきたしていたと考えていた要因があるとすれば，以下の4点が挙げられよう．

　第一に，賃金の国際比較である．1980年代において日本の賃金が国際的に最

高水準になったことはすでに説明したが，賃金を中心とした日本の高コスト構造に対する危機感が，日本の賃金水準の引き下げ圧力となった．この作用が「労働市場のグローバル化」を日本の経営者に意識させることとなり，「外部労働市場」の変容として受け取られたものと考えられる．

第二に，技術進歩，特にICT（情報通信技術）の導入である．ICTの導入により，ホワイトカラーやブルーカラーの仕事の多くがルーティン化された．そのため，熟練を必要としない非正規労働者に置き換えられる仕事が増加し，正社員の必要数が減少していった．

第三に，労働法制の一連の改正である．1980年代に労働者派遣法，パートタイム労働法が相次いで制定され，企業にとってはいわゆる「非正規従業員」の活用が容易となった．非正規従業員はいわゆる「雇用の調整弁」として使われるため，好不況に応じて非正規従業員は流動することになる．労働法制の規制改革は雇用ポートフォリオにおける「雇用柔軟型」の従業員の増加を促進させるソフト面での「インフラ整備」という機能を果たした．

第四は第三とも関連するが，非正規従業員の増加に伴う「市場賃金適用労働者」の増加である．非正規従業員の賃金は，その時々の労働市場の需給関係で決まる．非正規従業員が増えることは，市場賃金が適用される労働者が増えることを意味する．日本経団連が示した「同一価値労働同一賃金」においては，正規従業員と非正規従業員とでは「成果の質と現われ方の差異」があるために，両者の処遇については「同一価値労働同一賃金」は成立しないと説明されている．しかし市場賃金適用労働者の増加の影響は正規従業員すなわち長期雇用従業員の賃金にも及ばずにはいられない．

以上のように，少なくとも経営側は，「外部労働市場」は1990年代において「雇用柔軟型労働者」を中心にして発展してきたとの認識を持っていたといえる．上記の4つの要因は企業にとって，主として外部環境からの「賃金の引き下げ圧力」として認識されてきた．図4-6が示す，近年現金給与総額が伸び悩んでいる状況は，非正規従業員の増加に伴う「賃金の引き下げ圧力」が顕在化していることを示している．

ただし機械的昇給に関しては，「生活水準に基づいた賃金の相場感の形成」

という機能は最後まで残ることになる．そのことは経営側が，少なくとも一般職については機械的昇給を認める主張をしてきたことから伺い知ることができる．

（ⅲ）定期昇給をめぐる正規従業員と非正規従業員との「格差」

定期昇給に関して，非正規労働者の増加による「賃金の引き下げ圧力」が誘発した問題をここで指摘しておく．それは，定期昇給が正規従業員と非正規従業員との処遇を区別する「制度」として浮かび上がってきたことである．定期昇給の有無は，非正規従業員が少数であった1980年代末までにおいてはさほど大きな注目を浴びることはなかった．しかし非正規従業員の雇用者に占める割合が40％近くなった今日においては（図4-10），定期昇給には正規従業員と非正規従業員とを区別し，企業内の秩序を維持するための新たな意味を付与されるようになったと言える．

日経連・日本経団連は正規従業員，非正規従業員との関係を「仕事」という概念で区別した．「仕事」とは，非定型的な仕事が中心，定型的な仕事が中心という分類である．非定形的な仕事が中心の従業員の大半は，長期雇用が期待される，雇用ポートフォリオで言えば「長期蓄積能力活用型」の正規従業員であり，査定による考課的昇給とともに，勤続・年齢に応じた機械的昇給の対象

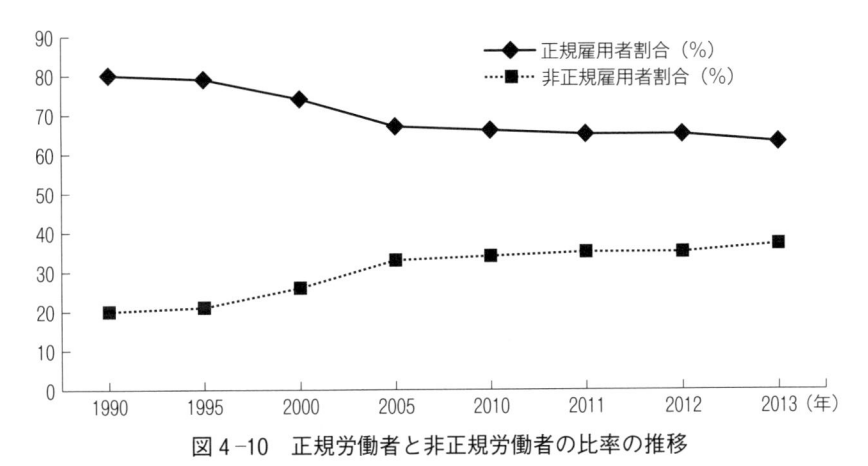

図4-10　正規労働者と非正規労働者の比率の推移

資料：総務省「労働力調査」．

となる．一方で定型的な仕事が中心の従業員の大半は「雇用柔軟型」の非正規
従業員である．彼等は定期昇給の対象とはならず，仕事に対して決められた給
与の下，ほとんどが昇給の対象とはならない．その理由として日本経団連が主
張しているのが，先に説明した「同一価値労働同一賃金」の原則である[30]．しか
し「同一価値労働同一賃金」は，昇給の有無を区別する「格差の要因」として
今後も妥当なものであり続けられるのかについては疑問が残る．

　この時代に定期昇給が従業員（正規従業員，非正規従業員ともに）に対して付与
した意味合いは，いささか誇張した表現を使えば，働く人に対する「社会的な
公正」に対する問いかけを促す性格のものへとなってきている．つまり，正規
従業員のみに考課的昇給や機械的昇給を付与することが，これまで経営側が強
調してきた従業員間の「公正性」「納得性」にかなうことなのかという疑問で
ある．この「雇用の二極構造」ともいえる現象は企業内における正規従業員と
非正規従業員の間の秩序形成における「格差の許容範囲」を超えて，かつて日
経連が提起した「労使は社会の安定帯」という主張を揺るがすことになる可能
性を孕むかもしれない．

3.「人間中心」に問われる課題

　ここまで，90年代から2000年代にかけての，日経連および日本経団連の賃金
政策を，定期昇給に焦点を上げながら論じてきた．

　本書の分析枠組みに則って考察すれば，1990年代において日経連は賃金の水
準及び集団的格差の面から総額人件費管理や雇用ポートフォリオを取り上げ，
定期昇給はこの文脈の中で総額人件費を抑制するという目的から議論されてき
た．やがて定期昇給は，個別的管理における従業員間の賃金格差を顕在化させ
るために，考課的昇給の側面がより明確に示されることとなった．

　90年代以降は経営側による総額人件費管理が強化された時代である．「雇用
ポートフォリオ」に代表される雇用形態の多様化も，総額人件費をいかに制御
するかという観点から経営側により推進されてきた．これに併せる形で賃金体
系については個別的管理が進み，いわゆる「成果主義」が謳われることとなっ

た．日経連，日本経団連も，仕事や「顕在能力」により生み出された業績を従来以上に密接に連動させた賃金体系の必要性を強調し始めた．そして1つの結論として到達したのが，「仕事・役割・貢献度に応じた賃金制度」である．そこでの主張は，定期昇給における「考課的昇給」を一層強調する一方で，「機械的昇給」部分，すなわち毎年自動的に昇給する部分は完全に否定されつつあるかの如くである．

　「機械的昇給を否定する」という日本経団連の主張には，総額人件費管理を徹底したいという含意がある．そのためには，賃金水準が生活をカバーする程度にまでは高まっていることが前提となる．定期昇給が日経連により推進されはじめた1950年代に比べれば，日本の賃金水準が世界的にみてトップクラスの高さになっていることは事実である．しかしそれをもって，機械的昇給が不要であると言い切れるがどうかは疑問である．機械的昇給の根拠となっていた「外部労働市場」は正規従業員に対しては未だ十分に発展をしているとは言いがたい．さらに生活給をベースとした賃金の「相場感」を形成するという機能を機械的昇給が担ってきたことを鑑みると，機械的昇給が完全に否定されるとは思えない．

　上記の状況を勘案するに，企業内における従業員の秩序が，今後は業績や顕在能力に対する考課・査定のみで成立しうるかについては，疑問なしとしないところである．

（1）変わったもの
──「能力（供給サイド）」から「仕事・役割・貢献度（需要サイド）」への転換──

　日経連の「これからの経営と労働について」（1992年）は，今後の日本的経営の中で「変えてはいけないもの」は，「長期的視野に立った経営」と「人間中心の経営」であると主張している．しかし，「人間中心の経営」は，『能力主義管理』の時代における「人間の能力伸張に対する期待」という労働の供給側を重視した概念から，「企業能率主義」すなわち企業レベルでの実績・能率向上の追求という労働の需要側を重視した概念へと転換した．このことは，企業が従業員に求めるものが，「（労働者が示す）能力（の伸張）」から「（企業が示す）仕

事・役割・貢献度（への適応)」への転換であることの反映である．

　1970年代から1980年代までにおいて経営側が正規従業員の賃金決定の中心に据えてきた要因は端的に言えば「能力の伸張」であり，その背景にあるのは，従業員に対する会社への関与に対する「期待」であった．能力主義管理に始まり，職能資格制度により序列化された職務遂行能力に基づく職能給は，長い間，日本の賃金制度の主流であった．ここで重視されているのは，従業員の立場に立った「人間尊重」である

　一方で「仕事・役割・貢献度を基軸とした賃金制度」が重視しているのは，仕事を提供する企業側の立場に立った，換言すれば労働力の需要側である企業が主体となって従業員の特性を考慮した上で活躍の機会を提供するという意味での「人間尊重」である．「仕事・役割・貢献度を基軸とした賃金制度」の中には，「職能給のうち，その基準が発揮された能力による職能給（職務遂行能力の発揮度に基づく職能給）は，職務給に類似するものも少なくない」（日本経済団体連合会 2008：24) との説明があるが，重視しているのはあくまでも仕事・役割・貢献度であって，従業員の能力の方ではない．もちろん日本経団連は能力そのものを軽視しているわけではないが，能力は「貢献度」として顕在化することで初めて意味をもつという立場に立つ．

　「能力」から「仕事・役割・貢献度」への転換は，定期昇給に関する経営側（日本経団連）の姿勢の変化をもたらすのだろうか．「能力や成果を示せば賃金が上がる」という考課的昇給は，企業にとっては従業員が能力の顕在化の証明として示した業績や成果を上げた結果として提供するものであり，従業員にとっては「顕在化された能力・成果」に対する報酬である．場合によっては降給もありうるとの可能性が示唆されている．

　しかしよほどのことがない限り，定期昇給の下では，少なくとも一定の年齢までは，正規従業員の賃金は上がり続けるのが実態である（図序-3参照）．また一定年齢までは機械的昇給を認めると日経連・日本経団連が述べていることや，非正規労働者の市場から間接的な影響を受けているとはいえ正社員の労働市場は未だ整備されているとは言い難い現状から，機械的昇給や「顕在化しない能力」に対する昇給が完全に消滅することは，当面はありえないと考える．

定期昇給はその内訳を変えることはあっても，外部労働市場において「仕事・役割・貢献度」に対する客観的評価が確立し，「社会性」「納得性」を十分に得られる賃金制度が確立するまでは，広い意味での「能力」に対する対価として，経営側は今後も存続を認めていくことであろう．

　正規従業員に関して言えば，内訳において考課的昇給の比率が上昇し，機械的昇給の比率が低下するとしても，両者を合わせた全体としての定期昇給自体が消滅することはない．考課的昇給こそが，長年に渡る労働側との闘いの末に経営側が勝ち取った経営権の源泉であり，個別的管理の面からも，従業員に対して考課に基づいて毎年賃金を決定するという経営側が獲得した権利は容易に手放せるものではない．集団的管理の面からも，新卒一括採用や「同期」をベースとした雇用管理が残る限り，また少なくとも正規従業員についての労働市場の流動性が低い状況が続く限り，また生活給をベースとした賃金の相場感が労使で共有されている限りにおいて，機械的昇給のメリットは存在し続ける．考課的昇給と機械的昇給が相まってこそ，定期昇給はその存在感を示すことができるのである．しかし非正規従業員について，企業との間にこのような関係がないことに留意すべきである．

（2）「公正性」と「納得性」をめぐる課題

　ここで，日本経団連が賃金決定について強調している「公正性」と「納得性」について検討したい．この概念は，正規従業員の間の賃金決定に止まらない問題を社会に提起する．

　定期昇給は長期雇用従業員に対する報酬であり続けた．非正規従業員が増加する中，定期昇給が企業内における賃金秩序の形成の手段として機能していることが妥当なのかという議論が出てくる．日本経団連自身が指摘するように，ICT（情報通信技術）が発展し，仕事が定型化・マニュアル化されることで，経験年数の短い正規従業員（長期雇用従業員）や非正規従業員（有期雇用従業員）が担える場面が広がれば（日本経済団体連合会 2008：18），有期雇用従業員に対しても仕事の内容が高度化していき，「仕事・役割・貢献度」が高まっていくことは想像に難くない．そうなれば結果的に，正規従業員と非正規従業員を定期昇

給の有無により区別することについて「公正性」や「納得性」を見出すことは難しくなることが懸念される．

そうであるならば，経営側が非正規従業員に対して，もし正規従業員との処遇上の公正性，納得性を高めるために，いくつかの方法を講じる必要が出てくる可能性がある．

第一に，正規従業員に報いるために，賃金以外の報酬を重視することも考慮すべきでかもしれない．例えば，ESOP（従業員持株制度），ストックオプションの充実などである．ここに例として挙げた報酬は，いずれも企業の業績と密接に関連するものである．企業に対する関与の度合いが強い従業員である正規従業員は，いささか大仰な言い方をすれば「企業と運命を共にすること」が期待される従業員であるとも言える．そうであるならば，正規従業員に対しては，むしろ企業業績を密接に反映させる報酬を増やしていく方が，日本経団連に代表される経営側が主張するところの「公正性」「納得性」が高まるのではと考えられる．

第二に，正規従業員，非正規従業員を問わずに定期昇給を付与することが考えられる．現状では非正規従業員に対する昇給は，労働契約を更新する際に時給の引き上げをするか否かという場合に限られるが，更新が期待されるのであれば，はじめから昇給の可能性を織り込んで契約を締結するということである．その際の昇給額・率は正規従業員と同じにする必要はない．そもそも正規従業員に対してでさえ「定期昇降給」と言われるように，降給もありうる時代である．重要なことは，定期昇（降）給の仕組みを企業内で働くすべての従業員に適用することで，企業内の秩序を正規従業員・非正規従業員を含めた形で再編成するという発想をすることである．換言すれば，「社会的公正」という立場から，全雇用者の約40％を占めるまで至った非正規従業員に対しても考課・査定を導入し，定期昇給の適用者にするという選択肢も考慮すべきであるということである．その場合には，これまでの定期昇給に対する考え方が大きく変容する可能性が出てくることも予想される．

しかしそのような仕組みを導入することは，企業経営にいかなる影響を与えることになるのだろうか．その問題を含めて，次章の結論部分では，ここまで

の議論をまとめる形で，経営者団体（日経連，日本経団連）の提起した賃金体系，
その中でも定期昇給の過去・現在・未来に焦点を当てて考察することとする．

注

1）総務省統計局「労働力調査（詳細集計）」によれば，2014年における雇用者に占める
　非正規の職員・従業員の比率は37.4％である．

2）成瀬はこの区分を「従来は便宜的に男女ということで，その区分をしていたのである
　が，いよいよ便宜的なものでなく正式な区分で人事管理をする必要が，均等法の施行
　によって，強制されることになる」と正直かつ率直に述べている（成瀬 1987：117）．

3）この報告書は「人間中心（尊重）の経営」「長期的視野に立った経営」を謳った報告
　書「これからの経営と労働のあり方」の思想をベースとしている．

4）「一般職層の間は，職務の差異に応じつつ，職能給管理で運用し，管理・専門職層は
　職務の価値に即した貢献・成果を基本とする．なかで生産職においては，技能・技術
　の向上・伝承の観点から熟練の形成を重視した処遇という観点も大事になる」と，日
　経連（2002）『労働問題研究委員会報告2002年版』に記述されている．年齢給がこの
　時期において指摘されているのは，若年層の仕事に対する習熟の重要性を経営側も認
　めていたためと考えられる．

5）「長期的視野に立った経営」が何を意味するのかは必ずしも定かではないが，「このよ
　うな経営は株主軽視，不当に安い価格設定につながると批判されることがある」（14
　頁）という文書は直後に出てくることから，「目先の株価に左右されることなく，人
　材育成や研究開発投資など，時間のかかることを地道に行い，持続的に発展すること
　を目指す経営」と表現することができよう．

6）「これからの経営と労働を考える」が『新時代の「日本的経営」』へと展開していった
　ことを勘案すれば，1995年に発表された「雇用ポートフォリオ」が，そもそもは企業
　の「人手不足感」を解消するために考案されたものである可能性が高いことである．
　巷間言われているような「人件費の節約」「非正規労働の増大」をそもそも目的とし
　たものではなかったことは，ここで留意しておくべき点かもしれない．

7）2015年1月31日に，慶應義塾大学において「『新時代の「日本的経営」』発表20周年記
　念シンポジウム」が開催され，多数の出席者が集った．このことが，この報告書のイ
　ンパクトが現在においても続いていることを示していると言えよう．

8）「能力主義管理の理念は，企業における経済合理性と人間尊重の調和にあり，企業に
　おける人間尊重とは，業務の上から考える限り，従業員の職務遂行能力を発見し，十
　二分に開発し，かつ発揮する機会と場所を与え，またそれに応じて処遇することであ
　り，能力主義管理の実践に他ならない」との記述が日経連労務管理委員会・日経連能

力主義管理研究会（1969：18）にみられる.

9）この報告書が,「人間中心（尊重）の経営」「長期的視野に立った経営」を謳った報告書「これからの経営と労働のあり方」（日経連これからの経営と労働のあり方を考える特別委員会 1992）の思想をベースとしていることは, 既述のとおりである.

10）今野浩一郎はこの変化を労働力の「供給重視」から「需要重視」という言葉で表現している（今野 1998：87-91）.

11）2002年5月28日に日経連と経団連は統合し, 日本経済団体連合会が発足したために, 日経連名義としては最後のものとなっている.

12）具体的には「限定的な内容の仕事, 職務を遂行することから得られる成果と, 未知なる分野において新しい価値を創出する職務を遂行することで得られる成果とでは, いずれも「成果」であることには変わりないが, その質や貢献度はまったく異なる.」と説明している（日本経営者団体連盟 2002：16）.

13）定型的業務とは,「基本的には法律, 社内規則・規定, マニュアル, 作業標準, 社内慣行などに定められた手順・方法や判断により製品やサービスなどの成果物をアウトプットする職務」である（日本経営者団体連盟 2002：21）.

14）非定型的業務とは,「個々人のもつ課題対応能力, 人間対応能力, 知識, 技能により新たな利益につながるシステムの開発や既存のシステムの改善, 人事管理, 業務管理, 組織管理, 販売, 購買, ソフト開発などを行う職務」であり, ①「職務内容が能力段階に対応してその時々で変わる職務（企画, 調査, 各種の折衝・調整など）」と, ②「経営目的を達成するためにあらかじめ標準化された職務（職務監督, 管理, 研究開発, 訪問販売, ソフト開発, インストラクターなど）」とに分類される（日本経営者団体連盟 2002：23）.

15）一般職までは「機械的昇給」を認める理由として, 若年時は能力の蓄積期間であるためという理由が日経連から示されている. 例えば日本経営者団体連盟（2002：38）『労働問題研究委員会報告2002年版』などにそのような記述がある.

16）高度専門能力活用型従業員の中には「非定型業務」に従事する者も少なからずいる.

17）総評は1960年代から賃上げ目標として労働分配率の上昇を主張してきた. 最近では『連合白書』や IMF-JC の春闘関連資料を参照. 特に2000年以降は両者において労働分配率に関する記述が頻出している.

18）特に連合会長に高木剛氏が就任した2005年以降,『連合白書』において労働分配率に関する記述が増加していた.

19）2006年版以降の『連合白書』において, このような主張がされている.

20）日本経団連『経営労働政策委員会報告』の2005年版以降を参照.

21）最終アクセス日は2018年8月21日.

22）本書では, この報告書については, 日本経団連が発行した『仕事・役割・貢献度を基

軸とした賃金制度の構築・運用に向けて』（2008年5月20日）に「参考5」として掲載されたものを使用した．そのため，2008年報告書のページ数を参照の際につけている．

23) 日本経営者団体連盟（2002）の『成果主義時代の賃金システムのあり方——多立型賃金体系に向けて——』では，「役割」は「職務」と同じ意味で使われていた．ここでは「役割」は従来の日経連の定義とは異なる意味で使われている．

24) 日経連の2002年の報告書では，「役割」は「仕事」「職務」とほぼ同じ意味で使われていたが，ここではそれとは異なる，新たな意味を付されている．

25) ここでいう長期雇用従業員は，「雇用ポートフォリオ」における「長期蓄積能力活用型」に相当する．

26) ここで対象となっているのは，長期雇用従業員としては働けない女性や，高齢者，外国人である（日本経済団体連合会 2008：16）．

27) 同報告書による用語の定義については，同報告書の最後に「参考」として添付されている．

28) 「ところで，賃金交渉の妥結結果に対しては，とかくベース・アップの有無ばかりがクローズアップされがちであるが，多くの企業においては，査定昇給や昇格昇給などが実施されており，従業員一人ひとりの成長や貢献度の向上を反映して，賃金は対前年比でみて上がっている場合が多い．大手企業では，昇給・ベース・アップや，それ以外の賃金改定額を含め，組合員平均でみると毎年5,000円以上の賃金改定が実施されており（2008年は6,721円，約2％増：日本経団連「昇給・ベース・アップ調査」より），労使とも賃金改定の重みを再認識する時期にある．こうした点については，必ずしも従業員，社会一般の認識が十分とはいえない面があり，企業は説明に努める必要があろう．」（日本経済団体連合会（2009：16-17）『経営労働政策委員会報告（2009年版）』）．ここでの含意は，「労働組合がいろいろ言おうと言うまいとも，結局多くの従業員の賃金は毎年上がっているだろう」ということである．

29) 「毎年，誰もが自動的に昇給する定期昇給は，個々人の貢献・能力発揮がみられない場合にも，昇給する分の賃金の積み上げがあるため，仕事・役割・貢献度と適切な賃金水準との間の乖離が生じやすい．」（日本経済団体連合会（2012：59）『経営労働政策委員会報告（2012年版）』）．

30) 労働政策研究・研修機構の濱口桂一郎主席統括研究員によれば，日本経団連のいう「同一価値労働同一賃金」は世界的に確定している定義とは異なる独自のものであり，「通常の用語法における同一価値労働同一賃金とは逆に，同一労働であっても（中長期的に）同一価値ではないから同一賃金にする必要がない，というロジック」であると説明している（濱口 2015：135）．換言すれば，「会社に対する関与の度合い」がちがう従業員が一時的に同じ価値を生み出す職務に従事していても，支払われる賃金は異な

ることに違和感はないというのが日本経団連の解釈であり，それは世界的に見て他に
類例のない用法であるということである．濱口は日本経団連の意味するところは「同
一価値労働同一賃金」ではなく「同一労働力同一賃金」であるとしている．

第5章　定期昇給とは何だったのか

　ここまで，日経連および日本経団連の賃金政策について，定期昇給に焦点を当てながら論じてきた．ここで，これまでの議論を基に，結論を述べることとする．

1.　賃金体系の底流に存在し続けてきた定期昇給

　定期昇給は，戦後一貫して，日本の賃金体系の底流に存在し続けていた．そして日経連・日本経団連が定期昇給に付与してきた焦点の当て方は時代により若干異なるものの，ほぼ一貫していたことは，すでに見てきたとおりである．

　第2章で取り上げた1950年代から60年代における日経連の最大の関心は，定期昇給においては考課的昇給の確立であった．経営側が従業員を自らの意志で序列化し，賃金に基づく企業内の秩序を維持することが，賃金決定における労働側からの「経営権の奪還」と意味づけられるものであった．企業内の秩序とは，主に学歴によってホワイトカラーとブルーカラーを分け，そのなかでは生活水準や勤続年数に基づく能力の積み上げを考慮しつつ賃金の相場観を形成し（機械的昇給），同程度の能力保有と見做される集団の中では考課によって個人ごとに差をつける（考課的昇給）．ただし，個々人の努力によってはその差の縮小あるいは逆転をも可能とするような「従業員秩序」を意味する．1960年代に日経連が導入を試みた職務給の導入が首尾よく進まなかったのは，欧米的な賃

金制度が日本に適応しなかったことや職務分析が不十分であったことも去ることながら，定期昇給が保有する能力に対する評価を基にした「考課的昇給」を維持したかったという日経連をはじめとする経営側の思惑があったからと考えられる．職務給は「従業員集団を職務の序列にしたがって序列づける」という賃金管理だが，従業員個々人の能力や業績を評価する「考課」を賃金決定の中心に据えたい経営側にとって，職務給はその意を十分に満たすものではなかった．

　第3章で取り上げた1970年代から1980年代は，生産性基準原理と能力主義管理の時代であったが，本書が注目したのは生産性と定期昇給の関連である．生産性基準原理を基本とした支払能力論は，定期昇給，ベース・アップを含めた賃金原資を経営計画の中で決定するという理論である．経済成長のスピードが減速する中で，従来は内転原資論により財務上の追加負担がないとみなされていた定期昇給についても生産性に基づく制約が課させるようになった．生産性基準原理というマクロの理論が定期昇給という個別企業の賃金決定と両立しえたのは，1960年代後半から70年代前半にかけてのインフレの時期において賃金抑制のための基準としての生産性に対する経営側の意識が高まったこと，生産性を基本としたミクロ（企業単位）の理論である支払能力論（付加価値労働生産性を基準とした賃金決定の理論）が生産性基準原理と定期昇給を媒介する機能を果たしたこと，付加価値労働生産性を個々の従業員が高めたか否かという議論が賃金の個別的管理における従業員秩序を形成する「考課的昇給」と結びついたこと，などが挙げられる．

　能力主義管理に関して言えば，定期昇給は能力主義管理において推奨された職能給の下で展開されたが，職務分析を基本とする職能給は，職務を職能と置き換えれば，職務給と同様の問題を内含していた．日経連は，定期昇給のもつ考課的昇給と機械的昇給の特徴とに結びつけて，職能給を従業員の集団的管理の手段として確立させた．「同期」といわれる集団を，能力の伸張に対する期待と考課により管理するという手法が，日本の職能給の特徴である．それは一見，「勤続年数の伸張に伴って能力が伸長する」という機械的昇給を重視した「修正的な年功主義」にも見えるのだが，日経連をはじめとする経営側はあく

までも「考課」を重視した上での集団的管理を指向していた.

　第4章で取り上げた1990年代以降は，国際競争の激化などの経営環境の激変により，雇用をめぐる状況は厳しくなり，企業は「雇用か賃金か」という選択を余儀なくされた．このことは，賃金決定における考慮要因の比重が供給サイド（従業員の能力）から需要サイド（企業での仕事・役割・貢献度）へとシフトさせるという影響をもたらした．『能力主義管理』の時代の「人間尊重」は従業員の能力の伸張に期待を抱き，能力を勘案して賃金を決定するという職能資格制度を導入していた．しかし1995年に日経連が公表した「雇用ポートフォリオ」や2000年代に日本経団連が打ち出した「仕事・役割・貢献度を基軸とする賃金制度」は，仕事・役割，もしくは顕在化された能力によりもたらされた業績や貢献度で賃金を決めるという考え方である．これは従業員の能力に対して賃金を支払うというよりも，企業が用意した仕事や，発揮された成果や業績として顕在化した能力に対して賃金を支払うという性格が色濃く出ている．これに伴い，日本経団連は定期昇給における考課的昇給の重要性をますます強調している.

　しかし考課が入るにしても「定期昇給」の下では，個人差があるとしてもほとんどの場合に「誰もが毎年賃金が上がり続ける」という状況は多くの企業で続いている．「誰もが毎年賃金が上がり続ける」制度を導入している理由としては，一方で長期雇用を前提とした正規従業員に対する企業への引き止めという要因が，他方で生活給をベースとした賃金の「相場感」を経営側が未だに否定できないことが指摘できる．長期雇用従業員の多くは「コア社員」として将来において経営の一端を担うことが期待されている．彼等は内部労働市場において，人事考課や勤続年数を基準として組織内で秩序づけられる．最近では秩序形成に人事考課の比率が高まっていることはこれまで指摘してきた通りであるが，正社員の外部労働市場が未だ十分に整備されていないことの代替措置として，かなり広い意味での「能力」を評価基準にせざるを得ないという状況も無視できない.

　一方で労働法制の規制改革や国際的にみた賃金の高コスト化は，主として非正規従業員の「外部労働市場」を発達させた．ほとんどの非正規従業員は定期

昇給とは無縁であり，あらかじめ決められた仕事に当てはめられ，「雇用の調整弁」として使われる．留意すべきは，そのような労働者が，ここ20年間一貫して増加し続けていることである．

　以上のように，経営側にとって定期昇給は常に賃金体系の基底に存在し続けた．定期昇給は経営側にとって賃金決定の主導権の根本をなすものである．経営側の定期昇給へのこだわりの根底には，企業内の従業員秩序の形成に対する強い思いがある．それを実現する「考課的昇給」は，個別従業員に対する評価を基本とした従業員の序列付けの手段として機能してきた．考課的昇給こそが，戦後一貫して，経営側がこだわり続けた賃金決定方式である．このことは，職務給，職能給，「成果主義」，「仕事・役割・貢献度賃金」など戦後さまざまな賃金体系が日経連・日本経団連によって導入されようとも，経営側（日経連・日本経団連）が守ってきた一線である．

　一方で「機械的昇給」は，外部労働市場すなわち職務や職能に基づく第三者による市場賃金を形成する場が未整備な状況において，勤続年数，学歴，年齢の伸長を従業員の「能力の伸張」として推定することに，加えて生活給をベースとした賃金の「相場感」の形成に寄与してきた．

　考課的昇給は機械的昇給のもつ「勤続年数に基づく能力伸張の推定（もしくは外部労働市場の代替機能）」という性質と表裏一体の関係にある．日本経団連が若年層に対しては機械的昇給を現在も認めている状況は，勤続年数の増加が能力伸張と正比例の関係にあるという考えが経営側の間に今も共有されていることを示している．この考課的昇給と機械的昇給の「微妙なバランス」が，日本の賃金体系において定期昇給を存続させてきた最大の要因であると考えられる．

　定期昇給については，労使の長い対立を経て，1980年代には労働組合も「定昇＋ベース・アップ」という要求を前面に打ち出すことにより，その存在を受け入れることとなった．その変化は経営側にとっては賃金決定の主導権を確たるものにしたという意味をもつが，労働組合にとって定期昇給の受容は，「必ず確保できる賃上げ分」を保障されたことにより組合員の求心力を保つというメリットがあった．定期昇給に関する労使の「取引」は，ベース・アップがほ

ぼ消滅している中において，一定の賃上げ率を確保できるという意味で労働組合に対してもメリットを提供している．

さらに「長期にわたって賃金が上がり続ける」という定期昇給という仕組みは，正規従業員に対してライフ・サイクルの見通しを立たせるというインセンティブの役割を持つ．正規従業員の数は相対的に減少しているとはいえ，企業を安定的に維持・発展させていくためには，正規従業員の存在が不可欠である．経営側は賃金体系を労働の「供給重視」から「需要重視」へとシフトさせたとはいっても，長期的に企業に貢献することが期待される正規従業員に対しては，一定期間までは生活の安定をもたらす保障給としての機械的昇給（そこには同時に能力の伸張への期待が込められている）を認め，それ以降については業績を中心に査定するという賃金制度を付与するという方向に動いている．一方でその過程で正規従業員に対する評価や選抜のプロセスは厳しくなっている．

次節からは，序章で示した分析枠組みを基に，これまで分析の対象としてきた時代ごとに定期昇給の特徴について考察する．

2．定期昇給の時代ごとの役割

（1）1950年代
——個別企業単位での賃金格差，そのなかでも個別的な賃金管理と定期昇給——

1950年代において定期昇給は，個別企業単位での賃金格差なかんずく個別的な賃金管理の要と位置付けられた．通説もこの点を指摘しているが（例えば，遠藤（1999）），この点はより強調されるべきである．

1950年代において，日経連は定期昇給の普及に尽力した．その根底にあった考え方が，労働権に対抗する形での経営権の奪還であり，経営側による賃金決定権の確立である．「経営権の奪還としての定期昇給」において日経連が強調したのが，経営側の評価に基づいて，従業員を企業内での賃金を決定する考課的昇給である．能力や業績に対して考課を行わなければ，企業の賃金秩序は野放図になり，企業活動は停滞を余儀なくされる．労働争議やベース・アップ闘争により賃金秩序が崩壊していた戦後の時代においては，経営側が評価に基づ

いて従業員を序列づける仕組みの回復は急務であった．この時代は何よりも，賃金決定における経営側の主導権の奪還であり，考課による従業員の選別，区別が重要な課題であった．一方で機械的昇給は，外部労働市場の未整備を補うために賃金の相場感を形成し，企業内秩序をもたらすためにこの時期に重要な機能を果たしていた．

　考課的昇給はホワイトカラーのみならず，ブルーカラーも対象とした．考課を基にした昇給制度を，全従業員を対象に行ったことは，日本の特徴である．考課の対象を全従業員に拡大することで，企業は従業員全体に対する統制を獲得し，従業員はホワイトカラーもブルーカラーも含めて，賃金が毎年上昇するという仕組みを獲得した．このことは，ベース・アップ闘争が激しかった時代にはあまり意識されなかったが，時代を追ってベース・アップの比率が低下するに従って注目されるようになった．

（2）1960年代
──個別企業単位での賃金格差・賃金水準と定期昇給──

　1960年代は，定期昇給が個別企業単位での賃金格差・賃金水準を制御する役割を担った時代である．通説によれば（例えば，兵藤（1997a；1997b）），定期昇給は，賃金水準を抑えるために，1954年ごろより経営側が提唱したとされる．ただし，定期昇給が企業単位の賃金水準を規制する役割を現実的に担ったのは，むしろ1960年代からである．それは，職務給による個別企業内での集団的管理との対立・共存の過程や，内転原資論との関連で浮き彫りにされてきた．

　職務給は職務分析に基づいて職務を規定し，職務に従業員を当てはめていくという意味で，賃金における集団的管理の手法である．しかし，職務分析が十分に行われなかったことや，米国のように労働協約に基づいた集団的管理に馴染みがない日本においては，職務給は定期昇給とは共存が難しい手法だった．定期昇給が個別的管理の手法としての考課的昇給を含んでいたことが，両者の共存を難しくしていた最大の理由であると考えられる．

　1960年代末には能力主義管理の台頭と機を一にする形で，職務給に関する議論は表舞台からは退く．しかし「職務・職能給」という表現で，職務給は日経

連の中では一応の存在感を保っていた．職務給（というより「職務給的な議論」）に関する議論は2000年代において「仕事・役割・貢献度を基軸とした賃金制度」において経営側より再度提示されるが，それは集団的管理というよりは，個別的管理による従業員秩序を形成する手段という色彩が強い．

　一方でこの時期には，定期昇給における内転原資論が強調される．内転原資論の背景にあるのは，昇給基準線に則って賃金秩序を維持すべきという考え方である．定期昇給は昇給基準線に則って行われる．個人別の査定による昇進・昇格のスピードの変動はあるものの，おおむね後輩が先輩の後を追って賃金が上昇していくというのが，昇給基準線に基づく賃金決定である．昇給基準線に則って定期昇給が行われる限りにおいては，内転原資により賃金原資を賄うことができるために，企業にとって財務上の追加負担はほとんどないという説明が，日経連からは行われていた．

　内転原資による定期昇給の運営は，従業員の人員構成が「ピラミッド型」を維持している間は円滑に進んだ．しかし1970年代に入り，従業員の高齢化や定年延長の動きが進むにつれて，内転原資だけで定期昇給の原資を賄うことは不可能となっていった．そして80年代に入ると，定期昇給は生産性基準原理を基本とした支払能力論と結び付けられるようになり，日経連は定期昇給の原資も生産性上昇率の範囲内に抑制すべきであるという議論を展開するようになる．この傾向は，1990年代以降においても続いている．

（3）1970年代
——個別企業単位での賃金格差，そのなかでも集団的な賃金管理と定期昇給——

　定期昇給が，個別企業単位での賃金格差を律する集団的管理の中核を担うようになったのは，通説とは異なり，1970年代である．通説によれば（例えば，石田（1990）），定期昇給に妥協する形で成立した1970年代の職能給は，個別管理の完成を意味するものであった．ただし，本研究の関心からすると，職能給は，定期昇給の果たす従業員秩序形成機能を内包する，集団的管理の要として日本の企業に広く普及したといえよう．

　職能給は職務給と異なる賃金体系のように見えるが，集団的管理という観点

から見たときに，職務分析に基づいて職務・職能を厳密に規定すれば，賃金はそれぞれ職能・職務にあらかじめ付与された基準で決定されることになる．つまりあらかじめ付与された基準で決定されることに対して労使の合意があれば，従業員を一度職務や職能に位置付けてしまえば，その後に経営側に恣意性が入る余地がなくなることを意味する．一方で職能に対する位置づけが労使間の交渉あるいは労使間の慣行ではなく，経営側の考課により決められる場合には，経営側は賃金決定に対して引き続き主導権を持つことになる．

　日本では厳密な意味での職能給は実現しなかった．その理由は，欧米式の職務分析に基づいた純粋な意味での職能給が日本では生まれなかったことにある．そのために能力に対する評価としての考課的昇給は職能給と共存し，融合していった．そこで生まれた職能給は，「勤続年数が増えれば能力が高まる」という前提に基づく，潜在能力も含めた広い意味での能力に対する考課的昇給を中心とした「日本的な職能給」であった．

　職能給を提起した能力主義管理の中の重要な概念に「能力開発」がある．人間の能力は教育訓練によって常に向上していくという能力開発の概念は考課と結び付き，考課は従業員に対する能力向上に対するインセンティブとなった．それが「同期」と称される集団内における競争を促進することで，企業内を活性化させるという効果も生み出してきた．

　一方で機械的昇給は「従業員の誰もが毎年賃金が上がる」という部分である．機械的昇給は，1954年に日経連が定期昇給を喧伝し始めた時点から，否定的な見解が示されていた．それでも機械的昇給がなくならなかったのは，日本の賃金水準がもともと低かったことにより毎年賃金を上げることで生活給を補う必要があったことに加えて，企業内において外部労働市場を補完するための序列づけを担ってきたのが，年齢・勤続を基にした機械的昇給であったことによる．年齢・勤続に基づく昇給は生活に配慮すると同時に，勤続年数が何年であれば，この程度の能力は身につけているはずであるという前提に立って実施する．つまり，勤続年数を能力伸張の代理変数とすることで，内部労働市場を形成したということである．「毎年昇給基準線に則って誰もが賃上げする」という定期昇給は，この前提に立って成立していた．

　日経連に代表される経営側は，職能給を，定期昇給のもつ考課的昇給と機械的昇給の特徴とに結びつけて，職能給を従業員の集団的管理の手段として確立させた．査定に基づく多少の変動はあっても，昇給自体は「集団」を単位に行われてきたという意味で，この時代は個別的管理というよりは，集団的管理の時代であったと言える．

　しかし集団的管理としての職能給については，1970年代後半における従業員構成の変化（高齢化・定年延長の動き）により，「同期」という従業員集団を単位とした能力の伸張に応じた賃金の集団的管理は次第に困難になる．そのような状況を受けて80年代以降，定期昇給は生産性と結び付けられた形で議論されるようになる．さらに「生産性と賃金の結び付き」は日経連において，個別的管理での従業員格差を明確にする方向での議論を促すことになる．

（4）1980年代
——マクロ的な意味での賃金水準と定期昇給 ①——

　定期昇給が，マクロ的な意味での賃金水準を律する役割を担うようになったのは，1980年代からである．このことについては今まであまり指摘されてこなかった．ただし，本研究の関心からすると，このマクロ的な役割はより重視してよいことになる．

　1980年代から90年代にかけて，一貫して定期昇給は2％台で推移してきた．一方でベース・アップは急速に縮小し，定期昇給を下回る水準にまで低下することもあった．このような状況を受けて，労働組合も「ベース・アップ＋定期昇給」という形での賃上げ要求を明確にするようになり，定期昇給は春闘という「マクロ的な意味での賃金決定方式」においても中心的なテーマとなった．

　経営側は「（生産性基準原理・支払能力論に勘案して：筆者補足）定期昇給について，賃金体系維持上不可欠であるという論に立ったとしても，定期昇給は実施すべきものであるという考え方は根拠にならない（関東経営者協会 1983）」という見解を示している．このことはこの時期に，定期昇給がミクロ的な賃金水準の議論に止まらない，マクロ的な意味での議論が強調されていることを示唆している．

　加えて1980年代において日経連が定期昇給を生産性と結び付けて議論し始めた背景には，従来の昇給基準線に基づく内転原資論が従業員構成の高齢化や定年延長の動きなどにより立ち行かなくなったことや，日本の賃金水準が国際的に世界でもトップクラスの水準になったことにある．日経連は定期昇給を自社の支払能力に結び付けて議論するようになった．

　集団的管理という観点から着目すべきは，総額人件費管理と雇用ポートフォリオの台頭である．ともに1980年代より議論されていたが，表舞台に出てきたのは1990年代に入ってからである．1995年に日経連が公表した『新時代の「日本的経営」』では，総額人件費管理の下で雇用ポートフォリオを活用することで賃金水準を抑制すべきであるという議論が展開されている．

（5）1990年代
——マクロ的な意味での賃金水準と定期昇給 ②——

　1990年代に入ると，日本をめぐる競争環境はさらに激化し，総額人件費管理を背景とした賃金の引き下げ圧力はますます強まっていく．日経連は1995年に『新時代の「日本的経営」』において「雇用ポートフォリオ」に基づいて，限られた総額人件費を3つの雇用形態（長期蓄積能力活用グループ，高度能力活用型グループ，雇用柔軟型グループ）へと適切に配分すべきと打ち出した．総額人件費管理と雇用ポートフォリオの組み合わせは，賃金における集団的管理の側面を示している．ここでの集団的管理は，企業レベルのミクロ的な性格と同時に，日本経済全体の効率的な人的資源の配分をも考慮したマクロ的な性格も見て取れる．

　定期昇給については，賃金を付加価値労働生産性に結びつける傾向が強まり，「定期」をはずして「昇給」とする，「降給」もありうるという「定期昇降給」という言葉を使うなどの見解が日経連から出されている．換言すれば，個別的管理に基づく考課的昇給を重視する勢いが加速しているということである．その背景には，とりわけ1990年代後半においては，「雇用か賃金か」という厳しい選択が迫られる中で，定期昇給も企業の維持・存続のためにはある程度犠牲にせざるをえないというマクロ的な集団的管理の事情や，「成果主義」という

言葉に代表される，個々の従業員の賃金の格差をより明確につけるべきであるというミクロ的な個別的管理からの意見の台頭があった．

　さらにこの時期に確立した考え方である「多立型賃金体系」は，業務を「定型的業務」と「非定型的業務」とに分類することで，従業員に付与する業務に応じて賃金制度を複数用意するという意味で，個別的管理を強化するものであった．

（6）2000年代以降
──マクロ的な意味での賃金格差と定期昇給──

　2000年代以降の日本経団連は，定期昇給そのものが賃金水準を引き上げているという認識を示している．「昇給のベースとなる賃金水準がすでに競争力を失っている中で，企業環境は激変した．新興国を中心に，コスト競争力を持ちながら高い技術力で市場を席巻する企業も出てきており，労使は定期昇給の負担の重さを十分認識する必要がある」（『経営労働政策委員会報告（2012年版）』，58頁）という記述にその一端がみられる．しかし否定的に見られているのは機械的昇給の部分であり，考課的昇給については肯定されている．

　日経連は，定期昇給は能力主義管理の下では，従業員の「能力の伸張」に対して支払われるべきと考えてきた．「仕事・役割・貢献度を基軸とした賃金制度」の下で日本経団連は，企業が提供する「仕事・役割・貢献度」に対して，考課的昇給をより強化した形で定期昇給は行われるべきと考えている．しかしここでいう定期昇給は，長期雇用を前提とした正規従業員に対して行われるものである．

　日本経団連は「仕事・役割・貢献度を基軸とした賃金制度」において，「長期雇用従業員[1]に対しては，賃金を介した『会社の期待』というメッセージを明確にするには，職種・職群・職掌・階層ごとに期待する仕事・役割・貢献度や能力を明確にする賃金制度を構築することがとりわけ重要になる」と主張している．「仕事・役割・貢献度や能力を明確にする賃金制度」である以上，考課・査定に基づく賃金決定が中心になるが，その機能を担うのが定期昇給，なかんずく考課的昇給である．このような「会社の期待」は非正規従業員に対しては

見られない．しかし非正規従業員が雇用者全体の4割近くを占める近年の上昇に鑑みるに，「会社の期待」が正規従業員のみに止まりうるものなのかについては，議論の余地があるだろう．

日経連が打ち出した総額人件費管理と雇用ポートフォリオの議論を契機として，90年代には非正規労働者の雇用者に占める比率は大幅に増加した．労働者派遣法等の一連の労働法改正がその後押しをしたことは否めない．このことは，定期昇給に付与される意味付けに影響を与えることとなった．定期昇給の対象となるのは正規従業員である．換言すれば非正規従業員は定期昇給の対象とはならない．正規従業員に付与される定期昇給の意味付けを，非正規従業員との比較でいかに考えるべきか．

企業は「ゴーイング・コンサーン（継続事業）」を前提とする．企業は資本と労働とで構成される組織として毎年付加価値を創造し，付加価値創造に貢献した人々に応分な配分を行うという活動を毎年続けていく使命を持っていることは，支払能力論を説明する際（第3章）に示した通りである．企業にとっては事業の継続が何よりも優先する．非正規従業員の増加も，経済環境が変化する中で，事業の存続を図るために，雇用の調整を容易にすべく行われてきた．しかし，不安定な雇用である非正規従業員の増加は，正規従業員との「格差」の問題を近年浮き彫りにすることとなっている．その格差の象徴ともなっているのが，正規従業員にのみ付与されている「定期昇給」である．

正規従業員と非正規従業員との間の「格差」は現在，社会的公正や納得性に対する問題として各方面から注目されている．このような「格差」は，企業にとっての「事業継続」のためにはどこまで許容されるのであろうか．定期昇給を正規従業員・非正規従業員を問わずにすべての従業員に対して付与すべきか．それとも定期昇給は止めて正規従業員には「会社の期待」に沿う形での報酬を新たに設定すべきか．この問題への取り組みは，定期昇給の今後を考えるのみならず，日本企業の賃金制度の今後を考える上で，避けては通れない道であると思われる．

3. 賃金制度の根幹であり続けた定期昇給制度

　本書では，定期昇給を賃金制度の根幹に据えるべきであると日経連が提唱した1950年代以降，さまざまな経緯を遂げながらも，日経連・日本経団連が定期昇給の存在意義を一貫して「従業員に対する考課の実施並びに賃金の相場感を形成することによる企業内秩序の維持」と位置づけて展開してきたことを示してきた．考課的昇給のみならず機械的昇給も含めた定期昇給による，初任給から昇給基準線を基にして毎年何らかの形で賃金が上昇していくという仕組みは，日本で客観的な職務分析が普及しない限り，また賃金が外部労働市場では決定されにくい状況が続く限りにおいては，企業内での賃金水準，賃金格差を形成する手段として，付加価値労働生産性という制約は付けられてはいるものの，少なくとも正規従業員に対しては今後も存続していくことであろう．加えて日本の企業における新規学卒一括採用が形成する「同期」という集団の存在も，機械的昇給を伴う昇給基準線に則した一律の昇給を必要としてきた．

　内部労働市場における従業員の査定・考課の仕組み（考課的昇給）と，外部労働市場を補完する仕組み（機械的昇給）が相まって，さまざまな課題に直面しながらも，日経連・日本経団連は定期昇給の議論を時代に適応させてきた．本書は職務給，職能給，「仕事・役割・貢献度賃金」など，日経連，日本経団連が提唱してきた賃金体系を説明し，これらが定期昇給といかなる関連を持ってきたかを示した上で，1950年代から現在に至るまで，日経連・日本経団連に代表される経営側が，定期昇給を常に日本の賃金制度の根底に流れるものとして維持・存続させてきたことを明らかにしてきた．

　今後定期昇給が問題となるとすれば，マクロ的な意味での賃金格差という観点から，正規従業員と非正規従業員との「格差」の要因として定期昇給が俎上に載る時であろう．「社会的公正」「納得性」という見解から，定期昇給は正規従業員のみに止めておくべき仕組みなのかという議論が本格的に沸き起こった時，定期昇給は新たな課題に直面することとなる．その時に定期昇給に対して経営側がいかなる対応を取るのか．定期昇給が今後いかなる変容を遂げるのか，

また遂げないのかは，これからの日本の賃金体系の方向性を検討する上で，注視すべき論点であるという問題提起を本書は行った．

4．残された3つの課題

　日経連・日本経団連の賃金政策は，日本の経営者が賃金の「あるべき姿」をいかに捉えるかという「理想の姿の描写」である．しかし「理想」は眼前に起こっている「現実」に対する妥協を繰り返し続けてきた．本書は賃金政策における経営側の「理想」と「妥協」のプロセスを，定期昇給を機軸として論じてきた．また，本書は，日経連・日本経団連に代表される経営側が定期昇給を維持・展開してきた歴史を，戦後から現代まで時系列に，さまざまな観点から分析を行ってきた．しかし，なおも以下の課題が残る．

　第一に，本研究で扱ったテーマを今後深めていくためには，日経連・日本経団連に関与した会員企業が，賃金制度や定期昇給に関していかなる見解をもっていたのかについてのさらなる研究が必要となる．個別企業の意見の「合成」は，必ずしもそのまま経営者団体の「集団」の意見となるわけではない．経営者団体（日経連・日本経団連）における政策決定プロセスと会員企業との関与がいかなる形で進み，それが賃金政策（定期昇給を含む）などの政策決定へと結びついてきたのかについては，今後の課題となる．

　第二に，本書は日経連・日本経団連の主張に基づいた経営側の視点に立って，定期昇給をはじめとする賃金政策について検討してきた．その過程では，労働組合側の見解についてほとんど触れる機会がなかった．賃金政策に関する理解を深めていくためには，「経営側にはすべて反対」という偏向した立場とは異なる，客観的な分析に基づく労働側からみた賃金研究が行われることで，賃金政策に対する理解が深まることが期待される．

　第三に，本書が定期昇給の議論を通じて提起してきたテーマは，経営側の「規範」に関する問題である．それが政府による法政策といかに関連してきたかについては議論する機会がなかった．筆者は「法が規範をつくる」のではなく「規範が法をつくる」という立場に立つ．賃金問題は基本的には「労使自治に基づ

く規範」の世界なので，法政策が直接的に規制をかけている分野は現状では最低賃金法である．しかし近年，「働き方改革」の名の下に，労働に関するさまざまな法政策が政府から提案されている．これらの法政策が，「労使自治」の名の下に規範を重視してきた賃金問題，ひいては労働問題全体に対して，今後いかなる影響を与えていくかについては，重要な課題として注視していく必要がある．

注

1）ここでいう長期雇用従業員は，「雇用ポートフォリオ」における「長期蓄積能力活用型」に相当する．

あ と が き

　この論文の発端は1992年まで遡る.

　当時，偶然にも放送大学での黒澤一清教授の講義を，ラジオにて聞く機会があった（番組名は失念してしまったが）．自分が当時従事していた業務に関連する分野について，数式や図表を駆使しながら定式化していく様に感銘を受け，もしかすると自分の仕事に「学問的な意味」があるのかもしれないという意を強くした.

　幸いなことに黒澤教授からは，後に研究会に参加する機会を頂いた．その際の教えで最も強い印象を私に与えた言葉が「研究者は方法論で勝負する」ということであった．どういう意味か．学問上の成果には普遍性が求められる．つまり最初は突拍子もないと思われるアイディアでも，最終的には「何だ，そういうことか」といわれるくらいに，多くの人々に理解してもらえるようにする必要があるということである．それを可能にするのが，結論を導くための方法論である．自然科学でいえば，地動説，相対性理論等の重要な発見を普遍的に流布させているのが，それを発見するに至る方法論である．同様なことは，社会科学，自然科学にも当てはまる.

　自分の研究が偉大なる先人と比較の対象になるとはまったくもって思わない．しかし，研究者として持つべき姿勢は，プロ，アマを問わずに変わらないはずである．研究者としての姿勢をあの時に黒澤教授に教えて頂く機会がなかったならば，後年，私がこのような形で研究成果をとりまとめ，公表することはなかったであろう．残念ながら黒澤教授には本書を報告する機会を失してしまったが（2012年に御逝去），その思想はある程度引き継ぐことはできたと考える.

　何が言いたいのかといえば，本書を執筆する作業に費やした時間は3年間（2013〜2015年）だったが，実はそれ以前に長い「準備（助走）期間」があったことである．本書は私自身の社会人としての業務を通じての，20年以上に渡る思

考実験と試行錯誤の1つの成果である.

　社会人として勤務しながら博士論文を執筆することは，確かに大変な作業であった．しかし不思議なことに，それを苦痛に思ったことは1度もなかった．その理由としては2つ挙げられよう．

　第一に，論文執筆の作業そのものが，自分自身が従事してきた仕事が歴史的にいかなる意味を持つものであるかを探る「ルーツ探しの旅」であったことである．それを知るほどに，例えば自分が従事していた業務が，自分が生まれる前に活動していた人々とも強く繋がっていることを実感できることは愉快な経験であった（いわゆる「タテの感覚」）．第二に，資料等を通じて，その時代を代表する人物の主張やその読者と「語り合える」という作業は歴史研究の醍醐味である．その作業を通じて自分が知らなかった時代の空気を感じられるということに爽快感を感じていた（いわゆる「ヨコの感覚」）．その「タテの感覚」と「ヨコの感覚」が互いに織り成すような形で，自然と論文の骨格が現れてきたと言えるだろう.

　思うに日経連の時代は，有名な方，そうではない方を含めて，経営者や労働問題に従事する多くの方々が日経連の名の下に集い，経営者側の主張をあらゆる機会を通じて展開していった．その彩りに溢れた豊かな個性が活躍する様は「神々の時代」と呼ぶにふさわしい．しかし日本をめぐる状況が大きく変化し，一方で強烈な主張や個性を持つ経営者や労働担当者が減少していく中，日経連は経団連と統合して消滅する．その後の推移を見ると，日経連の終焉は「神々の黄昏（たそがれ）」であるかの感慨を抱かずにはいられない.

　「神話の時代」が過ぎ去った現在，求められるのは「人間の手による哲学」である．昨今の「働き方改革」に関する議論は，新たな「哲学」が形成されるためのプロセスであると，後世において位置づけられるであろう．その意味で私たちは現在，労働問題においては歴史的に重要な時期を迎えている．「働き方改革」の議論に参画し，政策決定の過程に関与されている方々には，そのような歴史的な認識を持って頂ければと思う次第である.

　本書をまとめるに当たって，多くの方のご支援を頂いた．この場を借りて御

礼を申し上げたい.

　主指導をお願いした埼玉大学人文社会科学研究科の禹宗杬教授には,「研究者が方法論で勝負」するためには何をすべきかについて徹底的に議論にお付き合いして頂き, 適切なアドバイスを頂き, 進むべき方向性を示して頂いた. 禹教授の御指導がなければ, ３年で作業を完成させるどころか, 本書をまとめることさえ不可能であっただろう.「学恩」という言葉以外に, 感謝の表現を見つけられない.

　副指導を頂いた金井郁准教授には論文執筆にあたっての論理展開の方法論について, 大石直樹准教授には史料を読むためのアプローチについて, 最後に審査に加わって頂いた末松栄一郎教授には博士論文を書くことの意義について, 貴重な御教示を賜った.

　禹教授, 金井准教授が主催する労働研究会では, 社会人・留学生など多様な立場の参加者より, 論文の構想から完成に至るまでの段階において多数の有益な意見・コメントを頂くことができた. さらに埼玉大学大学院のアカデミック（学究指向な校風）でグローバル（留学生が多い）な雰囲気は, 研究を進めていく上で刺激的な環境である. 昨今の社会人大学院としてはユニークな「研究型の大学院」を構成する先生方・事務局の方々の恩恵を受けられたことは幸いであった.

　本書を執筆するに当たり, 日経連の成瀬健生元常務理事には, ご多忙な中, 貴重なご意見を多数頂いた. 現場を知る当事者によるさまざまな観点からの証言は, 私自身の資料の解釈が独善的にならないように都度方向を修正できたという意味で, 極めて重要であった.

　本書がこのような形で世に出るきっかけとなったのは, 2018年５月26日に開催された社会政策学会第136回大会での博士論文報告会である. 直近５年間に博士論文を執筆した人が学術書出版社の担当者の前で報告を行い, 論文出版のためのマッチングを図るという企画である. このような貴重な場で発表する機会を御提供頂いた, 社会政策学会代表幹事の遠藤公嗣・明治大学教授, 社会政策学会春季大会企画委員会委員長の榎一江・法政大学教授, 同委員の鬼丸朋子・中央大学教授に御礼を申し上げたい.

　上記の企画において，望外にも晃洋書房編集部の山本博子氏より，出版のお声がけを頂いた．今まで業務において，組織の名の下に原稿を執筆したことはあるが，自分の名前を冠しての単著の出版は初めての経験である．山本氏には本書の位置づけについて，出版の立場から客観的なアドバイスを数多く頂き，読みやすいものにするために必要な「読者の視点」を提供して頂いた．学術論文を，内容を変えずにわかりやすく書くというのは意外に難しい作業であったが，山本氏のご支援により，何とか完成させることができた．昨今の出版事情が厳しい中，お声がけ頂いた山本氏をはじめとする晃洋書房の方々には，心より感謝申し上げたい．

　現在私は，本書とは直接的には関係ない別のテーマに取り組んでいる．進行中の話なので内容については差し控えるが，本書との共通点が2つある．1つは，私自身が従事した業務に関係あること，もう1つは，研究の出発点に放送大学があることである．いずれかの機会に，これについても世に問うことができればと考えている．

　最後になるが，平日は仕事，休日は研究という，勤務労働者としてはいささか特異な生活を暖かく支えてくれている妻りょう子に，心からの感謝の意を表したい．

　　2018年12月

田 中 恒 行

参考文献一覧

1．先行研究等

石田光男（1990）『賃金の社会科学』中央経済社.

————（2009）「日本の人事制度改革」，石田光男・樋口純平『人事制度の日米比較』ミネルヴァ書房.

石田光男・樋口純平（2009）『人事制度の日米比較』ミネルヴァ書房.

今野浩一郎（1998）『勝ち抜く賃金改革』日本経済新聞社.

遠藤公嗣（1999）『日本の人事査定』ミネルヴァ書房.

大谷健（1987）『櫻田武の人と哲学』日経連弘報部.

小野旭（1989）『日本的慣行と労働市場』，東洋経済新報社.

金子美雄（1983）「第7章　定昇問題と賃金決定」，金子美雄・矢加部勝美他『定昇問題と賃金決定』日本生産性本部.

栗田健（1994）『日本の労働社会』東京大学出版会.

小池和男（1966）『賃金』ダイヤモンド社.

————（1991）『仕事の経済学（初版）』東洋経済新報社.

————（1999）『仕事の経済学（第2版）』東洋経済新報社.

————（2005）『仕事の経済学（第3版）』東洋経済新報社.

幸田浩文（2013）『賃金・人事処遇制度の史的展開と公正性』学文社.

昭和同人会編（1960）『わが国賃金構造の史的考察』至誠堂.

白井泰四郎・花見忠・神代和欣（1986）『労働組合読本』東洋経済新報社.

津田真澂（1976）『日本的経営の擁護』東洋経済新報社.

中央労働委員会事務局編（1954）『労働委員会年報8』.

野村正實（2001）『知的熟練批判』ミネルヴァ書房.

————（2007）『日本的雇用慣行――全体像構築の試み――』ミネルヴァ書房.

間宏（1981）『日本の使用者団体と労使関係――社会史的研究』日本労働協会.

濱口桂一郎（2015）『働く女子の運命』文藝春秋社.

物価・所得・生産性委員会（1972）『現代インフレと所得政策』経済企画協会.

物価・賃金・所得・生産性研究委員会（1968）『物価安定と所得政策』経済企画協会.

舟橋尚道（1961）「企業内賃金構造」，篠原三代平・舟橋尚道編『日本型賃金構造の研究』労働法学研究所.

兵藤釗（1997a）『戦後の労働史　上』東京大学出版会.

————（1997b）『戦後の労働史　下』東京大学出版会.

丸尾直美（1993）『入門経済政策』中央経済社.

矢加部勝美他（1983）『定昇問題と賃金決定』日本生産性本部.

八代充史・島西智輝・南雲智映　編集，慶應義塾大学産業研究所（2010）『戦後労働史研究
　　　能力主義管理研究会オーラルヒストリー　日本的人事管理の基盤形成』應義塾大学出
　　　版会.

八代充史・牛島利明・南雲智映　編集（2015）『戦後労働史研究『新時代の「日本的経営」』
　　　オーラルヒストリー　雇用多様化論の起源』慶應義塾大学出版会.

2．日本経営者団体連盟および日本経済団体連合会が発表した資料

青木憲一・調査研究部調査室（1974）「賃金体系の現状と課題」，日本経営者団体連盟調査部
　　　『労政資料』No. 151，9月25日.

荒川春（1979）「「労働力高齢化問題小委員会報告」のポイント（その2）」，日本経営者団体
　　　連盟調査部『労政資料』No. 228，9月.

岩佐朝実（1978）「定昇制度について――新しい展開のために――」，日本経営者団体連盟調
　　　査部『労政資料』No. 214，7月.

関東経営者協会（1953a）『日経連タイムス』No. 239，3月8日付.

―――（1953b）「昇給制度調査（昭和28年2月）・183社回答」『日経連タイムス』No. 254，
　　　6月11日付.

関東経営者協会人事賃金委員会（1983）「賃金決定と定期昇給」11月.

―――（1993）『人事革新の具体策』日経連広報部.

関東経営者協会賃金委員会（1980）『賃金・人事処遇制度の新方向』日経連弘報部.

成瀬健生・調査研究部調査室（1974）「賃金管理の最近の問題点（試論）」，日本経営者団体
　　　連盟調査部『労政資料』No. 145，6月25日.

日経連職務分析センター編（1969）『能力主義時代の人事考課』日経連弘報部.

―――（1973）『職務・職能管理の方向と実際』日経連弘報部.

―――（1974）『人事考課制度運用の実際』日経連弘報部.

―――（1977）『管理職――活用と処遇――』日経連弘報部.

―――（1980）『新職能資格制度――設計と運用――』日経連弘報部.

―――（1981）『職務分析入門』日経連弘報部.

―――（1982）『職能資格基準のつくり方』日経連弘報部.

―――（1983）『職能給の導入と運用』日経連弘報部.

―――（1986）『職務分析・調査入門』日経連弘報部.

―――（1989a）『新人事考課制度の設計と運用』日経連広報部.

―――（1989b）『職能資格制度と職務調査』日経連広報部.

―――（1989c）『新人事考課制度の設計と活用』日経連広報部.

────（1994）『新時代の管理職処遇』日経連広報部.

────（1997）『日本型年俸制の設計と運用』日経連広報部.

────（1999）『これからの一般職賃金』日経連広報部.

────（2002）『職務区分別人事考課の考え方と実際』日経連広報部.

日経連調査研究部調査室（1974）「問答・春闘にどう対処するか」,『経営者』2月号.

日経連労務管理委員会・日経連能力主義管理研究会（1969）『能力主義管理』日経連広報部
　　（復刻版は2001年発行）.

日本経営者団体連盟（1948）「経営権確保に関する意見書」5月10日.

────（1950a）「新労務管理に関する見解」（5月9日）（労務管理委員会委員長　山本浅
　　吾の名義で公表）.

────（1950b）『当面の利益分配的諸要素に対する経営者の態度』10月18日.

────（1951）「賃金体系の合理化進む」,『経営者』9月号.

────（1952）『職務評価と職階給制度』日経連弘報部.

────（1953a）「基本的労働対策にかんする意見」6月4日.

────（1953b）『当面する賃金問題の解決の方向』日経連弘報部.

────（1954a）座談会「直面する課題：定期昇給制」,『経営者』4月号, 10-19頁.

────（1954b）『昇給制度』日経連弘報部.

────（1956）『賃金制度のあり方・考え方』日経連弘報部.

────（1957a）『経済調整期下における賃金問題について──秋季労働攻勢についての補
　　遺──』日経連弘報部.

────（1957b）『現下の賃金政策と賃金問題──現下の日本経済の課題──』日経連弘報部.

────（1957c）『転機に立つ日本経済と秋季労働攻勢』日経連弘報部.

────（1958a）『当面の日本経済と賃金問題』日経連弘報部.

────（1958b）『日経連十年史』.

────（1959a）『昇給制度のつくり方・考え方』日経連弘報部.

────（1959b）『わが国労働経済の現況と賃金問題』日経連弘報部.

────（1960a）『日本経済の安定成長への課題と賃金問題』日経連弘報部 1月.

────（1960b）『賃金体系の近代化と職務分析』日経連弘報部, 12月.

────（1961）『新段階の日本経済と賃金問題──安定賃金・職務給への要請──』日経
　　連弘報部.

────（1962a）『景気調整下の日本経済と賃金問題──貿易自由化を背景として──』日
　　経連弘報部.

────（1962b）『賃金管理近代化の基本方向──年功賃金から職務給へ』日経連弘報部.

────（1963a）『日経連の歩み　昭和33年4月〜昭和38年3月』.

────（1963b）『日本経済の展望と賃金問題』日経連弘報部.

———（1964a）『岐路に立つ日本経済と賃金問題——高成長から安定成長へ——』日経連弘報部.

———（1964b）『賃金近代化への道——年功賃金の再討と職務化の方向——』日経連弘報部.

———（1964c）『当面の経済情勢と賃金問題』日経連弘報部.

———（1965a）『構造変動下の日本経済と賃金問題——ひずみ激化と企業防衛——』日経連弘報部.

———（1965b）『日本における職務評価と職務給』日経連弘報部.

———（1966）『不況下の春闘と賃金問題——経営責任体制の確立を——』日経連弘報部.

———（1967）『自由化の新段階と賃金問題——企業に実力を　賃上げに節度を——（普及編）』日経連弘報部.

———（1968a）『激動する国際環境と日本経済——産業平和と賃金合理化——』日経連弘報部.

———（1968b）『日経連二十年史』.

———（1968c）『能力主義管理の実際』日経連弘報部.

———（1969）『新情勢をむかえる物価動向と賃金問題——賃金の安定上昇と少数精鋭主義』日経連弘報部.

———（1970）『70年代をむかえた日本経済と賃金問題——生産性基準原理の確立と高能力経営化（本文編）』日経連弘報部.

———（1971）『転機を迎えた賃金問題と日本経済』日経連弘報部.

———（1973a）『座談会「あのとき・あのころ」（特集・日経連25周年とこれからの労使関係）』『経営者』5月号.

———（1973b）『日経連の歩み　昭和43年4月〜昭和48年3月』.

———（1974）『大幅賃上げの行方研究委員会報告』（11月）.

———（1976a）『賃金問題研究委員会報告』（1月）.

———（1976b）『賃金問題研究委員会報告』（12月）.

———（1977）『賃金問題研究委員会報告』（12月）.

———（1978）『日経連三十年史』.

———（1978-1987）『賃金交渉の手引き』（1978年版〜1987年版）

———（1979）『賃金問題研究委員会報告』（12月）.

———（1980）『新職能資格制度』日経連弘報部.

———（1980-2002）『労働問題研究委員会報告』（1980年版〜2002年版）.

———（1988-2002）『春季労使交渉の手引き』（1988年版〜2002年版）

———（1989）『日経連四十年史』.

———（1998）『日経連五十年史』.

———（2002）『成果主義時代の賃金システムのあり方——多立型賃金体系に向けて——』.

日本経営者団体連盟編（1955a）『職務給の研究』日経連弘報部.

―――――（1955b）『総額賃金をいかにきめるか』日経連弘報部

―――――（1971）『1972年版経営労務の指針』日経連弘報部.

―――――（1972）『1973年版経営労務の指針』日経連弘報部.

―――――（1973）『1974年版経営労務の指針』日経連弘報部.

―――――（1974）『1975年版経営労務の指針』日経連弘報部.

―――――（1975）『1976年版経営労務の指針』日経連弘報部.

―――――（1976）『1977年版経営労務の指針』日経連弘報部.

―――――（1977）『1978年版経営労務の指針』日経連弘報部.

―――――（1978）『1979年版経営労務の指針』日経連弘報部.

―――――（1979）『1980年版経営労務の指針』日経連弘報部.

―――――（1995）『新時代の「日本的経営」』.

日本経営者団体連盟・関東経営者協会（1954）「定期昇給制度に関する一考察」10月.

日本経営者団体連盟これからの経営と労働のあり方を考える特別委員会（1992）『これからの経営と労働を考える』8月.

日本経営者団体連盟事務局（1979）「問答・賃金問題の焦点」,『経営者』2月号.

日本経営者団体連盟調査部編（1988）『定期昇給Q&A』日経連弘報部.

日本経営者団体連盟労務資料（1950）No.16「最近における賃金実態の一側面」5月27日.

日本経済団体連合会（2003-2004）『春季労使交渉の手引き』（2003年版～2004年版）.

―――――（2005-2012）『経営労働政策委員会報告』（2005年版～2012年版）.

―――――（2005-2014）『春季労使交渉・労使協議の手引き』（2005年版～2014年版）.

―――――（2007）「今後の賃金制度における基本的な考え方――従業員のモチベーションを高める賃金制度の構築に向けて――」年5月15日.

―――――（2008）『仕事・役割・貢献度を基軸とした賃金制度の構築・運用に向けて』2008年5月20日.

日本経団連人事賃金センター（2010）『役割・貢献度賃金』日本経団連出版.

日本経団連労政第一本部（2008）『支払能力システムの使い方』日本経団連出版.

藤井得三（1979）「高齢化社会における賃金体系のあり方――基本給および諸手当の合理化方向を探る」, 日本経営者団体連盟調査部『労政資料』No.227, 8月.

藤井得三（調査部長）（1975）「低成長経済と労働問題のあり方をめぐって（その3）――賃金体系に予想される変化――」, 日本経営者団体連盟調査部『労政資料』No.177, 10月25日.

藤井得三（調査部長）（1977）「転換期に立つ賃金問題（その1）――賃金思想の5つの流れ――」, 日本経営者団体連盟調査部『労政資料』No.195, 12月, 1-12頁.

藤井得三（調査部長）（1978）「転換期に立つ賃金問題（その2）――賃金政策・制度における模索――」, 日本経営者団体連盟調査部『労政資料』No.196, 1月, 1-14頁.

3．日本経営者団体連盟および日本経済団体連合会の名義で発行された資料ではないが，両団体の関係者による両団体の意見が反映された資料

浅沢誠夫（1969）「賃金管理と人事考課の課題（2）」，『経営者』10月号．

―――（1984）「処遇問題」，『経営者』4月号，17-21頁．

館脇匡雄（1959）「動く賃金体系と静止する賃金体系――賃金管理の二重構造について」，『経営者』6月号．

石橋大（1959）「定期昇給の必要性と賃金支払形態の選択――合理的賃金増額方式の一考察」，『経営者』2月号，19-23頁．

板倉正明（1953）「賃金ベース・アップと定期昇給との調整」，日経連『当面する賃金問題の解決の方向』日経連弘報部．

今村久寿輝（1954）「昇給とベース・アップの原理」，『経営者』1月号，56-59頁．

―――（1971a）「生産性基準原理に対する批判論に答える」，『経営者』4月号．

―――（1971b）「付加価値生産性の向上を目指せ」，『経営者』11月号，35-39頁．

―――（1976）「わが国賃金決定のメカニズム」，関西経営者協会『関西経協』7月号（今村久寿輝（1992）『人事・労務・労使関係　戦後45年の軌跡――ある労務担当者の一筋道』今村労働研究所より引用）．

―――（1993）「定期昇給の新視点」，『経営者』Vol. 557，6月号，16-20頁．

入江庮雄（1957）「新しい資格制度の考え方」，『経営者』6月号，1-3頁．

―――（1960）「新しい賃金政策の方向」，『経営者』6月号，19-21頁．

―――（1963）「賃金管理の日本的基盤」，『経営者』9月号，25-27頁．

宇佐美卓三（1957）「資格制度と賃金制度の合理化」，『経営者』6月号，8-11頁．

大橋吉郎（1960）「これからの賃金体系――職務給への漸進的移行方策」，『経営者』3月，28-30頁．

大槻文平（1984）「59年賃金交渉と労使の課題」，『経営者』2月号，8-11頁．

神埼彰（1961）「具体的段階に入った職務給化」，『経営者』3月号，50-53頁．

工藤信男（1961）「賃金管理の当面する基本課題――今後における賃金制度のあり方をめぐって」，『経営者』10月号，56-59頁．

―――（1968）『賃金管理の理論と実際』ダイヤモンド社．

―――（1974）「明確な賃金ビジョンの設定」，『経営者』3月号，40-44頁．

―――（1975）「これからの人件費対策と賃金合理化」，『経営者』10月号，38-44頁．

―――（1984）「定昇制度と賃金決定」，『経営者』1月号，98-101頁．

櫻田武（1987）『櫻田武論集』初版，日経連弘報部（2000年復刻刊行）．

―――（2000）「経営力とは何か――昭和29年6月（1954年）「評」執筆」，『櫻田武論集』日経連広報部，9-12頁．

佐藤秀利（1957）「賃金合理化の一考察――今後の昇給制度の問題点について――」，『経営

者』2月号，30-33頁.

田中文雄（1972）「不況下こそ労使協力が必要なとき」，『経営者』2月号，12-13頁.

丹生谷龍（1956）「賃金管理　今後の基本課題」，『経営者』7月号，36-41頁.

永田敬生（1977）「新しい交渉パターンが進展：労使の認識と理解深まる」，『経営者』6月号，12-15頁.

成瀬健生（1987）『人事トータル・システムの設計と運用』中央経済社.

藤井得三（日経連労政第一部次長）（1971）「問答　生産性基準原理とは」，『経営者』2月号.

―――― （1979）『人件費の安定化計画』中央経済社.

藤田至孝（1976）『賃金管理の基礎知識』日本経営出版会.

山下勇（1976）「経済混乱避けた労使の良識――春闘方式から企業方式の段階へ」，『経営者』6月号，20-21頁.

《著者紹介》

田 中 恒 行 (たなか つねゆき)

上智大学大学院外国語学研究科国際関係論専攻修了. 1989年日本経営者団体連盟 (日経連) 入職. 1993年から2008年まで, 日経連及び日本経済団体連合会にて, 賃金政策に携わる. 経済学博士 (埼玉大学・2016年). 社会保険労務士 (東京都千代田統括支部千代田支部所属).

日経連の賃金政策
──定期昇給の系譜──

2019年2月20日 初版第1刷発行		＊定価はカバーに表示してあります

著者の了解により検印省略

著　者　田 中 恒 行ⓒ
発行者　植 田　　実
印刷者　藤 森 英 夫

発行所　株式会社　晃 洋 書 房

〒615-0026 京都市右京区西院北矢掛町7番地
電話　075(312)0788番(代)
振替口座　01040-6-32280

装丁　野田和浩　　　印刷・製本　亜細亜印刷㈱
ISBN978-4-7710-3157-9